全国一级建造师执业资格考试红宝书

建设工程项目管理

历年真题解析及预测

2024 版

主　编　左红军
副主编　林子婷
主　审　李向国　顾永才

机 械 工 业 出 版 社

本书以一级建造师考试大纲及教材为纲领，以现行法律法规、标准规范为依据，以历年真题为载体，在突出考点分布和答题技巧的同时，兼顾建立本科目知识体系框架，并与各专业实务中的专业管理呼应，提供管理依据及法理基础。

本书以考点为框架，通过一建、二建经典真题与考点的筛选、解析，方便考生抓住应试要点，并通过经典题目将考点激活，从而解决了死记硬背的问题，真正做到“三度”：

“广度”——考试范围的锁定，本书通过对考试大纲及命题考查范围的把控，确保覆盖95分的考点。

“深度”——考试要求的把握，本书通过对历年真题及命题考查要求的解析，确保内容的难易程度适宜，与考试要求契合。

“速度”——学习效率的提高，本书通过对历年真题及命题考查热点的筛选，确保重点突出65分的常考、必考内容，精准锁定25分非常规考点，以便提高学习效率。

本书适合2024年参加一级建造师执业资格考试的考生使用，同时可作为二级建造师、监理工程师考试的重要参考资料。

图书在版编目（CIP）数据

建设工程项目管理：历年真题解析及预测：2024版/左红军主编. —4版. —北京：机械工业出版社，2024. 1

（全国一级建造师执业资格考试红宝书）

ISBN 978-7-111-75029-1

Ⅰ. ①建… Ⅱ. ①左… Ⅲ. ①基本建设项目-工程项目管理-资格考试-习题集 Ⅳ. ①F284-44

中国国家版本馆CIP数据核字（2024）第018127号

机械工业出版社（北京市百万庄大街22号 邮政编码100037）

策划编辑：王春雨　　责任编辑：王春雨　李含杨

责任校对：郑　雪　李小宝　　封面设计：马精明

责任印制：郜　敏

三河市国英印务有限公司印刷

2024年3月第4版第1次印刷

184mm×260mm · 15.25印张 · 373千字

标准书号：ISBN 978-7-111-75029-1

定价：49.00元

电话服务　　网络服务

客服电话：010-88361066　　机　工　官　网：www.cmpbook.com

010-88379833　　机　工　官　博：weibo.com/cmp1952

010-68326294　　金　书　网：www.golden-book.com

　机工教育服务网：www.cmpedu.com

本书编审人员

主　　编　左红军

副 主 编　林子婷

主　　审　李向国　顾永才

编写人员　左红军　林子婷　刘　帅　柳婉颖　杨刚刚　舒红芳
李　婧　李艳娇　谢文婷　黄　华　吴　杰　张　丽
张海文　陈利娟　刘　净　杨小丽　张岳飞　黎　飞
李　明　周　翔　杨娟莉　马　环　孙　飞　赵存芳
刘洪江　徐林静　黄金书　朱海宇　张　静　张　魏
徐　周　王益强　代彬赟　刘　锦　林　林　郭丽敏
郭　雷　宋　萍　崔东东　张　娟　林　丰　李　玥
梁存龙

前　　言

——104 分须知

一、核心价值

本书依据最新考试大纲及相关法律法规、部门规章，全面梳理逻辑框架、精准把脉核心考点，按照知识体系进行二次构建，整合为“项目管理总论”及“三控与三管”两篇。将本科目所对应的教材（简称教材）各章节中一体同宗的内容整理为同一考点。

为降低考生认知门槛，有效提升学习效率，老师们倾力打造全国独创的网校 2.0 模式，实现全程跟进式授课和督导。通过在线直播，梳理知识脉络、搭建体系框架、突出核心考点；通过钉钉实战，细化知识体系、掌握答题技巧、训练语感题感；通过模拟强化，模拟历年真题，测试学习情况、强化必要考点；通过考前预测，精准预测考情、缩小复习范围，锁定 104 分。本书从梳理基础知识、搭建体系，到细节填充、应试实操，手把手为考生搭建一套清晰完整的知识体系。

二、考试简介

一级建造师执业资格考试时间通常为每年 9 月中下旬的周六和周日，四个考试科目分两天进行。

科目	考试时长	总分	合格分	题型题量
工程经济	2 小时	100 分	60 分	单选：60×1 多选：20×2
工程法规	3 小时	130 分	78 分	单选：70×1 多选：30×2
项目管理	3 小时	130 分	78 分	单选：70×1 多选：30×2
专业实务	4 小时	160 分	96 分	单选：20×1 多选：10×2 案例：5 道共 120 分

三、考试题型

1. 单项选择题 70 分

规则：4 个备选项中，只有 1 个最符合题意。

要求：在考场上，题干读 3 遍，细想 3 秒钟，看全备选项。

例外：没有复习到的考点先放行，可能在案例部分对其有提示。

技巧：设置计算题的目的在于通过数字考核概念；设置图形题的目的在于考核现场应知应会；综合题目就是考核专业语感；有正反选项的单选题，其正确答案必是其中一个；偏题的 B、C 选项正确概率高。

2. 多项选择题 60 分

规则：①至少有 2 个备选项是正确的；②至少有 1 个备选项是错误的；③错选，不得分；④少选，所选的每个正确选项得 0.5 分。

技巧：

1）依据规则①：如果用排除法已经排除三个备选项，剩下的两个备选项必须全选！

2）依据规则②：如果每个备选项均不能排除，说明该考点基本上已经掌握，但没有完全掌握到位，在考场上你应当怎么办？必须按照规则②执行！

3）依据规则③：如果已经选定了两个正确的备选项，第三个不能确定，在考场上你应当怎么办？必须按照规则③执行！

4）依据规则④：如果该考点是根本就没有复习到的极偏的专业知识，在考场上你应当怎么办？必须按照规则④执行！

上述一系列的怎么办，请考生参照历年真题精解中的应试技巧。

四、基本题型

根据试题的设问方法和考查角度，把本科目考试题型划分为三大类：综合论述题、细节填空题、判断应用题。

1. 综合论述题

这是近年来一级建造师考试公共课命题的热点及趋势，也是目前考试的主打题型。此类型题目最大的特点是考查的知识点多、涉及面广，要求考生能够系统而全面地掌握相关知识，增加了考试通过的难度。

在复习备考的过程中，考生需要系统而全面地对每科知识进行复习，通过知识体系框架的建立及习题练习，来保障对考试知识点的覆盖程度。注意一级建造师的考试最重要的是对知识面的考查。

2. 细节填空题

细节填空题分为两类：一类是对重要的知识点细节，即重要的期限、数字、组成、主体等进行考查；另一类是对一些易混淆、易忽视、含义深的知识点进行考查，题目会根据考生平时的思维惯性、复习盲区等设置干扰选项。

在复习备考的过程中，由于这类题具有比较强的规律性，考生应当通过历年真题的练习和老师的讲解，对这些知识点进行重点标注、归纳总结，同时在日常练习中注意培养自己形成本科目专业的“语感”和“题感”。

3. 判断应用题

这种题型是考试的难点题型，需要考生对项目管理各个部分的有关理论体系、采用的专业管理工具及方法论有深入而精准的认识和理解，能够站在项目管理者的角度，运用上述内容对项目建设过程中出现的实际问题进行分析判断，进行合理有效的处理。

这部分知识点需要考生借助专业人士或辅导老师深入浅出的讲解来掌握。

五、考生须知

1. 理解基础上记忆

在公共课整个应试学习过程中，死记硬背是最低效的一种方式。成人考试，理解是前提、记忆是辅助，特别是首次参加考试的考生，必须借助历年真题解析中的大量图表去理解每一个知识体系的模块。

2. 听课远胜盲目练

职业资格考试，考生要将公共课与案例分析区别对待。

案例题的学习，听课是前提，理解是核心，练习是关键，考过是目的。

而对于公共课，可采用“框架梳理、重复训练”的方式，通过直播课、钉钉课，以及阶段性总结的方式，将所有知识体系融会贯通。在提高听课效率的同时，最大限度地节约学员的复习时间。

因此，考生要严格执行老师交代的学习原则——“听课为主，复习为辅，稳定节奏，张弛有度”。

3. 先实务课，后公共课

《建筑工程管理与实务》考题最大的特点是融合了以下三门公共课：

《建设工程项目管理》的整个课程体系是实务教材管理部分的宏观框架；

《建设工程经济》中的第三章是造价计算的基础；

《建设工程法规及相关知识》中的三法两条例是采购管理、合同管理、质量管理、安全管理的法定依据。

4. 考试通关看心态

我国所有执业资格考试有一个共同的特点——面向的主要群体是已踏入社会的成年人。这意味着此类考试最大的问题是投入的时间成本过高。比这个更难以让人接受的是，一旦时间成本转变为沉没成本，投入的这一大段时间和心血就将付诸东流。

出于这个原因，很多考生从一开始就处于“边拼命学习，边拼命焦虑”的矛盾中。随着考试时间的一步步逼近，这种焦虑和矛盾甚至可能放大到难以控制的地步。最后即便本身拥有 120 分的能力，充其量也只能发挥出 80~90 分的水平……

因此，参加执业资格考试的所有考生，不仅要掌握学习方法，更重要的是要学会调整心态，切忌平日里患得患失，考试时缩手缩脚。要对自己有信心，对长时间的打磨和积淀有信心！我们无法改变过去，只能把握现在，未来终将属于我们。

预祝各位考生通关拿证之路顺风顺水！

六、考生注意

1. 背书肯定考不过

在应试学习过程中，只靠背书是肯定考不过的。切记：体系框架是基础、细节理解是前提、归纳总结是核心、重复记忆是辅助，特别是非专业考生，必须借助历年真题解析中的大量图表去理解每一个知识体系的模块。

2. 勾画教材考不过

从 2014 年开始，靠勾画教材押题通过考试已经成为“历史上的传说”。一建考题的显

著特点是以知识体系为基础的“海阔天空”，试题本身的难度并不大，但涉及的面太广。考生必须首先搭建起属于自己的知识体系框架，然后通过真题的反复演练，在知识体系框架中填充题型。

3. 只听不练难通过

听课不是考试过关的唯一条件，听了一个优秀老师的课程对搭建知识体系框架和突破体系难点会有很大帮助，但如果不进行练习也很难通过考试。听完课后要配合历年真题进行精练，反复矫正答题模板，形成题型定式。

4. 实务课和公共课统一部署、区别对待

实务是历年考试的重中之重，也是能否通过一级建造师考试的关键所在，同时建筑实务这科又融合了三门公共课的主要知识体系，这就需要以实务为龙头形成体系框架，在此基础上跟进公共课的选择题，从而达到“实务带动公共课，公共课助攻实务”的目的。

5. 三遍成活

考生对本书的内容应做到三遍成活：

第一遍：重体系框架、重知识理解，本书通篇内容都要练习。

第二遍：重细节填充、重归纳辨析，对书中考点、难点、重点要反复练习，归纳总结。

第三遍：形成自己针对本科目应试的“语感”，并转化为“题感”。

七、超值服务

扫描下面二维码加入微信群可以获得：

（1）1对1伴学顾问。

（2）2024全章节高频考点习题精讲课。

（3）2024全章节高频考点习题精讲课配套讲义（电子版）。

（4）2024一建全阶段备考白皮书（电子版）。

（5）红宝书备考交流群：群内定期更新不同备考阶段精品资料、课程、指导。

本书编写过程中得到了业内多位专家的启发和帮助，在此深表感谢！由于时间和水平有限，书中难免有疏漏和不当之处，敬请广大读者批评指正。

编　者

目　　录

第一篇　项目管理总论

第一章　建设工程项目的组织与管理

➢ 核心考点

第一节：建设工程项目管理的内涵和任务
第二节：项目管理目标、任务和模式
第三节：项目管理的组织
第四节：建设工程项目策划
第五节：项目管理规划的内容和编制方法
第六节：施工组织设计的内容和编制方法
第七节：项目目标的动态控制（PDCA）
第八节：项目经理的工作性质、任务和职责
第九节：项目的风险和风险管理程序
第十节：监理的工作性质、工作任务和工作方法

第一节　建设工程项目管理的内涵和任务

考点一：工程管理及项目管理内涵
考点二：工程管理及项目管理任务
考点三：项目管理的背景及发展趋势

➢ 实战训练

1. 关于建设工程管理内涵的说法，正确的是（　　）。
A. 建设工程项目管理和设施管理即为建设工程管理
B. 建设工程管理不涉及项目使用期的管理方对工程的管理
C. 建设工程管理是对建设工程的行政事务管理
D. 建设工程管理工作是一种增值服务

考点：工程管理的内涵

解析：

选项 A、B、C 错误，工程管理是横贯工程项目的全寿命周期（即决策、实施和使用三个阶段）的管理。

决策阶段的核心是“开发管理”，实施阶段的核心是“项目管理”，使用阶段的核心是“设施管理”。

选项 D 正确，建设工程管理是一种增值服务。这里的增值主要体现在“建设和使用”两个方面。考生需要在理解这一理念的基础上，掌握建设和使用增值的具体内容。

2. 根据国际设施管理协会的界定，下列设施管理的内容中，属于物业运行管理的是（　　）。

A. 财务管理　　B. 空间管理

C. 用户管理　　D. 维修管理

考点：工程管理——设施管理

解析：

国际设施管理协会规定：“设施”管理的内涵包括物业资产管理和物业运行管理两部分。

所谓“资产”，是指能给组织带来经济利益的资源。物业资产管理，就是对“财务、空间、用户”三大资产进行的管理。

物业运行管理，其核心是运行，即与物业运行有关的“维修”和“现代化”管理。

3. 根据国际设施管理协会的设施管理定义，下列管理事项中属于物业资产管理的有（　　）。

A. 空间管理　　B. 维修管理

C. 用户管理　　D. 财务管理

E. 现代化管理

考点：工程管理——设施管理

解析：

物业资产管理包括：财务管理、空间管理、用户管理；物业运行管理包括：维修和现代化管理。

4. 建设工程项目决策阶段的管理主体是（　　）。

A. 投资方和设计方　　B. 开发方和投资方

C. 开发方和设计方　　D. 开发方和供货方

考点：工程管理的内涵

解析：

主体类别	决策阶段	实施阶段			使用阶段
		准备	设计	施工	
投资方	DM	PM			FM
开发方	DM	PM			

（续）

主体类别	决策阶段	实施阶段			使用阶段
		准备	设计	施工	
设计方			PM		
施工方				PM	
供货方				PM	
项目使用期的管理方					FM

注：DM—开发管理；PM—项目管理；FM—设施管理。

5. 建设工程项目决策阶段管理工作的主要任务是确定项目的定义，包括的内容有（　　）。

A. 确定和落实项目设备品牌　　B. 确定建设项目的质量目标

C. 确定和落实项目建设资金　　D. 确定和落实设计单位

E. 确定和落实建设地点

考点：工程管理的内涵

解析：

决策阶段管理工作的主要任务是确定项目的定义，一般包括如下内容：

（1）确定项目实施的组织。

（2）确定和落实建设地点。

（3）确定建设目的、任务和建设的指导思想及原则。

（4）确定和落实项目建设的资金。

（5）确定建设项目的投资目标、进度目标和质量目标等。

6. 建设工程管理工作的核心任务是（　　）。

A. 项目的目标控制　　B. 为工程的建设和使用增值

C. 为项目建设的决策和实施增值　　D. 实现工程项目实施阶段的建设目标

考点：工程管理的任务

解析：

建设工程管理工作是一种增值服务工作，其核心任务是为工程的建设和使用增值。

7. 建设工程项目的全寿命周期包括项目的（　　）。

A. 决策阶段、实施阶段、使用阶段

B. 可行性研究阶段、施工阶段、使用阶段

C. 决策阶段、实施阶段、保修阶段

D. 可行性研究阶段、设计阶段、施工阶段

考点：工程管理的阶段

解析：

建设工程项目的全寿命周期

8. 项目全寿命管理中，项目决策阶段的管理被称为（　　）。

A. 决策管理　　B. 实施管理

C. 开发管理　　D. 组合管理

考点：工程管理的内涵

解析：

决策阶段的管理被称为开发管理。

9. 建设工程管理工作是一种增值服务工作，下列属于工程建设增值的是（　　）。

A. 确保工程使用安全　　B. 提高工程质量

C. 满足最终用户的使用功能　　D. 有利于工程维护

考点：工程管理的任务

解析：

建设工程管理工作是一种增值工作，其核心任务是为工程的建设和使用增值。其中，确保工程建设安全、提高工程质量、有利于投资控制、有利于进度控制都属于工程建设增值。

10. 下列建设工程管理的任务中，属于为工程使用增值的是（　　）。

A. 有利于环保　　B. 提高工程质量

C. 有利于投资控制　　D. 有利于进度控制

考点：工程管理的任务

解析：

工程使用（运行）增值包括：①确保工程使用安全；②有利于环保；③有利于节能；④满足最终用户的使用功能；⑤有利于工程维护。

11. 建设工程项目的实施阶段包括（　　）。

A. 设计阶段　　B. 设计准备阶段

C. 施工阶段　　D. 招投标阶段

E. 动用前准备阶段

考点：项目管理实施阶段

解析：

项目的实施阶段管理，即“项目管理”，包括：设计前准备→设计→施工→动用前准备→保修阶段。无论是设计前准备、设计阶段还是施工阶段，都可能进行招投标，所以招投标阶段不在时间轴上单列。

12. 编制设计任务书是项目（　　）阶段的工作。

A. 设计准备　　B. 决策

C. 设计　　D. 施工

考点：项目管理实施阶段

解析：

设计任务书是工程设计的初始依据，是业主方设计意图的体现。所以设计任务书一定是先于设计工作，在设计准备阶段编制的。

13. 关于建设工程项目管理的说法，正确的有（　　）。

A. 业主方是建设工程项目生产过程的总组织者

B. 建设工程项目各参与方的工作性质和工作任务不尽相同

C. 建设工程项目管理的核心任务是项目的费用控制

D. 施工方的项目管理是项目管理的核心

E. 实施建设工程项目管理需要有明确的投资、进度和质量目标

考点：项目管理的内涵及任务

解析：

选项 A 正确，业主方是建设工程项目总的组织者和集成者，没有业主方，就不会有其他参建各方。

选项 B 正确，其说法是严谨的。参建各方的工作涉及“质量、进度、成本”三大目标，但各自控制的维度并不一致。考试时，关于各参与方的工作性质和工作任务，表述为“相同”或“不相同”都是错的。

选项 C 错误，项目管理的核心任务是目标控制，其内涵不仅是费用控制，至少还包括质量控制和进度控制。

选项 D 错误，业主方才是项目管理的核心，其他各方均服务于业主方的需求。

14. 根据《项目管理知识体系指南（PMBOK 指南）》，项目经理应具备的技能包括（　　）。

A. 决策能力、领导能力和组织协调能力

B. 项目管理技术、应变能力和生产管理技能

C. 管理能力、应变能力、社交与谈判能力和项目管理经验

D. 项目管理技术、领导力、商业管理技能和战略管理技能

考点：项目管理的背景及发展趋势

解析：

根据《项目管理知识体系指南（PMBOK 指南）》，项目经理应具备的技能包括“商略技术领导力”。

第二节　项目管理目标、任务和模式

考点一：项目各方管理目标及任务

考点二：项目管理采购模式

➤ 实战训练

15. 关于业主方项目管理目标和任务的说法中，正确的有（　　）。

A. 业主方项目管理是建设工程项目管理的核心

B. 业主方项目管理工作不涉及施工阶段的安全管理工作

C. 业主方项目管理目标包括项目的投资目标、进度目标和质量目标

D. 业主方项目管理目标不包括影响项目运行的环境质量

E. 业主方项目管理工作涉及项目实施阶段的全过程

考点：参建各方项目管理目标及任务——业主方

解析：

选项 A 正确，参建各方中，业主方是核心，其他各方本质上均围绕着业主方的需求开

展工作。因此，业主方的项目管理，是整个项目管理的核心。

选项B错误，业主方的项目管理，贯穿整个实施阶段的“三控三管一协调”。其施工阶段的安全管理工作不仅涉及，而且是“业主方项目管理中最重要的任务”。

选项C正确，业主方项目管理的三大目标，即三控——投资、进度、质量。

所谓投资目标，指的是“建设项目的总投资”。

进度目标要一直到“交付动用”目标实现，如工厂投产、道路通车、宾馆开业、办公楼启用等。

质量目标体现在“大质量”，涵盖了从建设阶段的设计、材料、设备质量，到使用阶段项目运行的环境质量。

选项D错误，根据上述解释，D选项自然是错的。

选项E正确。

16. 建设工程项目管理的基本概念中，“进度目标”对业主而言是项目（　　）的时间目标。

A. 动用　　B. 竣工

C. 调试　　D. 试生产

考点：参建各方项目管理目标及任务——业主方

解析：

对业主方而言，进度目标指的是项目动用的时间目标，也即项目交付使用的时间目标。

17. 某业主欲投资建造一座五星级宾馆，业主方项目管理的进度目标指的是（　　）。

A. 宾馆可以开业　　B. 项目竣工结算完成

C. 宾馆开始盈利　　D. 项目通过竣工验收

考点：参建各方项目管理目标及任务——业主方

解析：

对业主方而言，进度目标指的是项目动用的时间目标，也即项目交付使用的时间目标，如工厂建成可以投入生产、道路建成可以通车、办公楼可以启用、旅馆可以开业的时间目标等。

18. 设计方的项目管理工作主要在建设工程项目设计阶段进行，但也会涉及（　　）等阶段。

A. 决策　　B. 动用前准备

C. 施工　　D. 保修

E. 运营

考点：参建各方项目管理目标及任务——设计方

解析：

设计单位的主要工作是在设计阶段，但施工阶段的设计变更、动用前准备阶段的试车考核及保修阶段的结构变更设计方案，都有设计方的参与。因此，设计方的工作贯穿设计→施工→动用前准备→保修阶段。

19. 作为工程项目建设的参与方之一，供货方的项目管理工作主要是在（　　）进行。

A. 设计阶段　　B. 施工阶段

C. 保修阶段　　　　　　　　　　　　D. 动用前准备阶段

考点：参建各方项目管理目标及任务——供货方

解析：

注意，整个实施阶段中并未划分供货阶段。供货是为了施工，因此供货方的项目管理工作主要在施工阶段进行。

20. 建设工程总承包方的项目管理工作主要在项目的（　　）进行。

A. 决策阶段、实施阶段、使用阶段　　B. 实施阶段

C. 设计阶段、施工阶段、保修阶段　　D. 施工阶段

考点：参建各方项目管理目标及任务——工程总承包方

解析：

工程总承包方的工作至少包括设计和施工两个方面，可能涉及勘察、设计、采购、施工、试运行等实行全过程项目管理工作；所以工程总承包方的项目管理主要是在实施阶段。

21. 建设项目工程总承包方的项目管理目标包括（　　）。

A. 施工方的质量目标　　　　　　　　B. 工程建设的安全管理目标

C. 项目的总投资目标　　　　　　　　D. 工程总承包方的成本目标

E. 工程总承包方的进度目标

考点：参建各方项目管理目标及任务——工程总承包方

解析：

工程总承包方的管理目标，主要体现在本方和业主方。本方管理目标可概括为"三控一管"——成本、进度和质量+安全。此外，工程总承包方还可能对业主方的"项目总投资目标"负责。

22. 根据《建设项目工程总承包管理规范》，工程总承包方项目管理工作涉及（　　）。

A. 项目决策管理、设计管理、施工管理和试运行管理

B. 项目设计管理、施工管理、试运行管理和项目收尾

C. 项目决策管理、设计管理、施工管理、试运行管理和项目收尾

D. 项目设计管理、采购管理、施工管理、试运行管理和项目收尾

考点：参建各方项目管理工作——工程总承包方

解析：

工程总承包方项目管理工作

23. 按照建设工程项目不同参与方的工作性质和组织特征划分的项目管理类型，施工方的项目管理不包括（　　）的项目管理。

A. 施工总承包方　　　　　　　　　　B. 建设项目总承包方

C. 施工总承包管理方　　　　　　　　D. 施工分包方

考点：施工方项目管理目标及任务

解析：

从工程管理的角度，施工方的项目管理包括：施工总承包方、施工总承包管理方和施工分包方的项目管理。建设项目总承包方也叫工程总承包方或工程项目总承包方。不同于施工方，其承揽范围更广，至少涵盖设计和施工两个方面，还可能涉及勘察、采购、试运行和项目收尾，因此不能作为施工方考虑。

24. 关于施工方项目管理的说法，正确的是（　　）。

A. 可以采用工程施工总承包管理模式

B. 项目的整体利益和施工方本身的利益是对立关系

C. 施工方项目管理工作涉及项目实施阶段的全过程

D. 施工方项目管理的目标应根据其生产和经营的情况确定

考点：施工方项目管理目标及任务

解析：

选项B，包括施工方在内的参建各方均应在满足自己利益的同时，服务于项目的总体利益。因此，两者的利益有对立的一面，也有统一的一面。

选项C，施工方项目管理工作，主要涉及施工阶段；设计和施工阶段有所交叉时，也可能搭接部分设计阶段；还可能涉及动用前准备阶段和保修阶段。

选项D，仅施工方的“成本管理目标”是根据其生产和经营情况确定的。质量、进度目标主要根据合同确定。安全目标作为施工单位的法定义务，主要根据相关法律法规确定。

25. 施工方项目管理目标和任务的说法，正确的是（　　）。

A. 施工方项目管理仅服务于施工方本身的利益

B. 施工方项目管理不涉及动用前准备阶段

C. 施工方的成本目标由施工企业根据其生产和经营情况自行确定

D. 施工方不对业主方指定分包承担的目标和任务负责

考点：施工方项目管理目标及任务

解析：

选项A，施工方项目管理不仅服务于本身利益，还得兼顾项目的整体利益。

选项C，施工方的成本不同于质量和安全。质量是对业主负责，安全是施工方的法定义务；只有施工成本，是承包人根据自身情况确定的。

26. 采用施工总承包管理模式时，对各分包单位的质量控制由（　　）进行。

A. 业主方　　　　B. 施工总承包管理单位

C. 监理方　　　　D. 施工总承包单位

考点：施工方项目管理目标及任务

解析：

施工总承包管理模式是业主委托其多个分包单位进行施工，并将某一家或一个联合体作为专业的施工总承包管理单位，负责施工管理的模式。施工总承包管理单位要对各分包单位的质量控制负责。

27. 按照国际工程的惯例，当建设工程采用指定分包时，（　　）应对分包工程的工期目标和质量目标负责。

A. 业主方　　B. 施工总承包方

C. 监理方　　D. 劳务分包方

E. 施工总承包管理方

考点：施工方项目管理目标及任务

解析：

按照国际工程惯例，业主可以指定分包，但要经施工总承包方或施工总承包管理方认可；否则施工总承包管理方或施工总承包方不对指定分包方负责。

28. 国际上业主方工程建设物资采购的模式主要有（　　）。

A. 与承包商约定某些物资的指定供应商

B. 业主规定价格，由承包商采购

C. 承包商询价，由业主采购

D. 业主自行采购

E. 承包商采购

考点：项目物资采购模式

解析：

国际上，业主方工程建设物资的采购有多种模式，如业主方自行采购、业主方与承包商约定某些物资的指定供货商、承包商采购等。

29. 按国际工程惯例，对于工业与民用建筑工程的设计任务委托而言，下列专业设计事务所中，通常起主导作用的是（　　）。

A. 测量师事务所　　B. 结构工程师事务所

C. 建筑师事务所　　D. 水电工程师事务所

考点：项目管理委托模式

解析：

国际上，作为设计行业主角的建筑师事务所起主导作用，其他专业设计事务所都属于配角。

30. 我国建设工程的业主方选择设计方案和设计单位的主要方式是（　　）。

A. 设计竞赛　　B. 设计招标

C. 直接委托　　D. 设计竞赛和设计招标相结合

考点：项目管理委托模式

解析：

国际上，设计任务委托的主要方式是设计竞赛，我国则主要采用设计招标的方式。

31. 国际上，民用建筑项目总承包工程多数使用（　　）描述项目。

A. 项目投资　　B. 项目构造

C. 项目功能　　D. 项目质量

考点：项目总承包模式

解析：

在国际上，民用建筑项目工程总承包的招标多数采用项目功能描述的方式，而不采用项目构造描述的方式，因为项目构造描述的招标依据是设计文件，而工程总承包招标时业主方还不可能提供具体的设计文件。

32. 建设工程项目的施工任务采用施工总承包模式，对各个分包单位的工程款项，由（　　）负责支付。

A. 施工总承包单位　　B. 总承包管理单位

C. 业主方　　D. 业主方委托的第三方机构

考点：施工总承包模式

解析：

当采用施工总承包模式时，分包单位由施工总承包单位选择，由业主方认可。对分包单位的付款由施工总承包单位负责支付。

33. 施工单位任命项目经理在（　　）完成。

A. 项目计划阶段　　B. 项目启动阶段

C. 项目实施阶段　　D. 项目收尾阶段

考点：工程总承包方项目管理内容

解析：

项目总承包方的工作程序：

（1）项目启动：任命项目经理，组建项目部。

（2）项目初始阶段：进行项目策划，编制项目计划，召开开工会议。

（3）设计阶段。

（4）采购阶段。

（5）施工阶段：进行施工前的准备工作，现场施工，竣工试验，移交工程资料，办理管理权移交，进行竣工决算。

（6）试运行阶段：对试运行进行指导和服务。

（7）合同收尾：取得合同目标考核证书，办理决算手续，清理各种债权债务；缺陷通知期限满后取得履约证书。

（8）项目管理收尾：办理项目资料归档，进行项目总结，对项目部人员进行考核评价，解散项目部。

34. 下列关于施工总承包管理模式说法正确的有（　　）。

A. 业主合同管理量大

B. 对分包人质量的控制由施工总承包管理单位进行

C. 有利于总投资控制

D. 项目质量的优劣取决于施工总承包管理单位

E. 施工过程发生设计变更，可能引发索赔

考点：施工总承包管理模式

解析：

选项C，在招标时，只确定施工总承包管理费，而不确定工程总造价，这可能成为业主控制总投资的风险。

选项D，工程任务符合质量控制上的“他人控制”原则，对质量控制有利。

选项E，采取施工总承包模式时，在施工过程中发生设计变更，可能引发索赔。

35. 根据《建设项目工程总承包管理规范》，工程总承包方在项目管理收尾阶段的工作

有（　　）。

A. 办理决算手续　　B. 办理项目资料归档

C. 清理各种债权债务　　D. 进行项目总结

E. 考核评价项目部人员

考点： 工程总承包方项目管理内容

解析：

项目管理收尾阶段的工作有：办理项目资料归档，进行项目总结，对项目部人员进行考核评价，解散项目部。

36. 关于施工总承包管理模式的说法，错误的是（　　）。

A. 施工总承包管理模式的招标可在设计阶段进行

B. 施工总承包管理企业负责整个项目的施工协调和管理

C. 建设单位可与多个单位组成的联合体签订施工总承包管理协议

D. 施工总承包管理企业可不经过投标，直接承担部分工程的施工

考点： 施工总承包管理模式

解析：

施工总承包管理方是由业主委托的某家单位或某个联合体，一般只负责项目施工管理，不参与施工。因此，不必等到设计工作全部完成，有部分施工图即可进行招标。

当然，若施工总承包管理方有意承揽具体的施工任务，也可通过竞争（如投标）取得。

采用施工总承包管理模式下的施工单位，一般由业主方指定分包，由施工总承包管理方确认。所以合同价对于业主而言当然是透明的。同时，各分包方通过招投标等方式进行的充分竞争，也有利于业主方的投资控制。因此，B 选项正确，D 选项错误。

37. 关于项目施工总承包模式特点的说法，正确的有（　　）。

A. 项目质量好坏取决于总承包单位的管理水平和技术水平

B. 开工日期不可能太早，建设周期会较长

C. 有利于业主方的总投资控制

D. 与平行发包模式相比，业主组织与管理的工作量大大减少

E. 业主择优选择承包方范围小

考点： 施工总承包模式

解析：

选项 A 慎选，在施工总承包模式下，由于缺少“他人控制”，项目质量好坏很大程度上取决于总包方的管理和技术水平。

选项 B 正确，在施工总承包模式下，需等待设计施工图完成后才能进行招投标，因此开工相对较晚，建设周期随即拉长。

选项 C 正确，出于上述原因，在施工总承包模式下，开工前就有较确定的合同价，因此有利于业主方对总投资的控制。

选项 D 正确，在施工总承包模式下，业主只需与总包方签订合同，只负责总包方的管理及协调，相比平行承发包模式，管理与协调量当然会大幅下降。

选项 E 错误，在施工总承包模式下，业主择优选择承包方的范围并不会小，工程总承

包模式才会存在这种问题。

38. 关于施工总承包管理模式的说法，正确的有（ ）。

A. 施工总承包管理模式下，分包合同价对业主是透明的

B. 施工总承包管理的招标可以不依赖完整的施工图

C. 施工总承包管理单位负责对分包单位的质量、进度进行控制

D. 施工总承包管理单位应自行完成主体结构工程的施工

E. 一般情况下，由施工总承包管理单位与分包单位签订分包合同

考点：施工总承包管理模式

解析：

选项D，一般情况下，施工总承包管理单位不参与具体工程的施工，但如果施工总承包管理单位也想承担部分工程的施工，也可以参加该部分工程的投标，通过竞争取得施工任务。

选项E，一般情况下，所有分包合同的招标投标、合同谈判以及签约工作均由业主负责，业主方的招标及合同管理工作量较大。

第三节 项目管理的组织

考点一：组织论

考点二：三类组织结构模式

考点三：四类组织工具

➢ 实战训练

39. 关于影响系统目标实现因素的说法，正确的是（ ）。

A. 组织是影响系统目标实现的决定性因素

B. 系统组织决定了系统目标

C. 增加人员数量一定会有助于系统目标的实现

D. 生产方法和工具的选择与系统目标实现无关

考点：组织论

解析：

选项A正确，组织是目标能否实现的决定性因素，这是组织论的一个重要结论。大到企业发展转型，小到项目盈利水平，组织的能力直接决定了目标能否实现和实现到哪个程度。

选项B错误，说反了，正确的说法应是系统的目标决定了系统的组织。目标的大小、难易、长短等各个维度，决定了采用哪种组织形式（矩阵制、直线制或直线职能制）。

选项C错误，显然，人数再多也不利于目标的实现。

选项D错误，二者当然有关系，而且是很直接的关系。先进的方法和工具能更高效地实现目标。

40. 如果对一个建设工程的项目管理进行诊断，首先应分析其（ ）方面存在的

问题。

A. 管理　　B. 组织

C. 技术　　D. 经济

考点： 组织论

解析：

项目管理的诊断对象，是目标实现过程中产生的偏差，而组织决定了目标能否实现。故应首先分析其组织方面存在的问题。

41. 下列组织工具中，采用双向箭线表达连接对象之间关系的是（　　）。

A. 项目结构图　　B. 合同结构图

C. 组织结构图　　D. 工作流程图

考点： 组织工具——合同结构图

解析：

合同结构图反映业主方和项目各参与方之间，以及项目各参与方之间的合同关系，矩形框表示建设项目的参与单位，两个单位之间有合同关系，用双向箭线连接。

42. 关于组织结构模式、组织分工和工作流程组织的说法，正确的有（　　）。

A. 组织结构模式反映指令关系

B. 工作流程组织反映工作间的逻辑关系

C. 组织分工是指工作任务分工

D. 组织分工和工作流程组织都是动态组织关系

E. 组织结构模式和组织分工是一种相对静态的组织关系

考点： 组织论

解析：

选项 C，组织分工包括工作任务分工和管理职能分工。

选项 D，工作流程组织是动态组织关系。

43. 下列组织工具中，可以用来对项目的结构进行逐层分解，以反映组成该项目的所有工作任务的是（　　）。

A. 组织结构图　　B. 工作任务分工表

C. 项目结构图　　D. 管理职能分工表

考点： 组织工具——项目结构图

解析：

项目结构图是一个组织工具，它通过树状图的方式对一个项目的结构进行逐层分解，以反映组成该项目的所有工作任务。

44. 项目结构信息编码的依据是（　　）。

A. 项目管理结构图　　B. 项目组织结构图

C. 项目结构图　　D. 系统组织结构图

考点： 组织工具——项目结构图

解析：

项目结构的编码依据项目结构图，项目结构的编码和用于投资控制、进度控制、质量控制、合同管理和信息管理等管理工作的编码有着紧密联系，但它们之间又有区别；项目结构图和项目结构的编码是编制上述其他编码的基础。

45. 用于表示组织系统中各子系统或各元素间指令关系的工具是（　　）。

A. 项目结构图　　B. 工程流程图

C. 组织结构图　　D. 职能分工表

考点：组织工具——组织结构图

解析：

组织结构图，反映的是“组织的指令关系”。专业地讲，就是一个大的组织体系中，各子系统乃至各元素间的指令关系。通俗地讲，就是谁是领导，谁是下属，谁指挥谁。

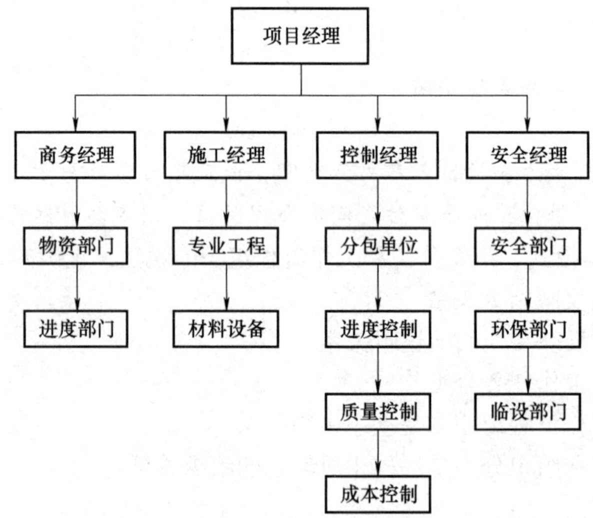

46. 关于项目管理组织结构模式说法正确的有（　　）。

A. 矩阵组织适用于大型组织系统

B. 线性组织结构中可以跨部门下达指令

C. 大型线性组织系统中的指令路径太长

D. 矩阵组织系统中有横向和纵向两个指令源

E. 职能组织结构中每一个工作部门只有一个指令源

考点：组织工具——组织结构图

解析：

<table>
<tr><th colspan="3">三种组织结构模式</th></tr>
<tr><td rowspan="3">线性组织结构</td><td>内涵</td><td>（1）每个工作部门只对直接下属部门下达指令
（2）每个下属部门也只接受唯一的上级部门下达的指令
由此得到：采用线性组织结构模式，每个部门只有唯一的指令源</td></tr>
<tr><td>缺点</td><td>线性模式下指令路径过长，不适用于大型组织系统</td></tr>
<tr><td>应用</td><td>（1）这种组织结构适用于军事化管理的组织
（2）国际上，线性组织结构模式常用于参建方较多、管理起来比较复杂的建设项目</td></tr>
</table>

（续）

三种组织结构模式		
职能组织结构	内涵	（1）每个职能部门都可对直接和非直接管辖的多个下属部门下达指令 （2）每个下属部门可能接受多个上级部门的指令 由此得到：采用职能组织结构模式，会有多个矛盾的指令源
	缺点	多个交叉、矛盾的指令源严重影响项目机制的运行和目标的实现
	应用	国内很多学校、机关单位、老字号国有企业都是采用这种模式
矩阵组织结构	内涵	（1）矩阵式组织结构存在纵向和横向两个部门下达的指令 （2）当纵横两个指令源相互矛盾时，可由甲（最高管理者）协调决策，也可事先约定以哪个为主 由此得到：采用矩阵式组织结构模式，有纵横两个指令源
	应用	矩阵式组织结构适用于大型建设项目

47. 编制项目管理工作任务分工表，首先要做的工作是（　　）。

A. 进行项目管理任务的详细分解

B. 绘制工作流程图

C. 明确项目管理部门的工作任务

D. 确定项目组织结构

考点：组织工具——工作任务分工表

解析：

组织工具——工作任务分工表	
内涵	用来明确各项工作所对应的牵头部门及参与配合部门的表格
分解	编表之前，必须先对项目实施阶段各项管理任务（三控三管一协调）进行分解
编制	（1）以业主方为首的参建各方均应编制各自的项目管理任务分工表 （2）每个建设项目都应编制项目管理（工作）任务分工表
任务	任务分解后，定义项目经理和“三控三管一协调”各主管部门的工作任务
调整	在项目的进展过程中，应视必要，对工作任务分工表进行调整

48. 项目管理过程中，当使用管理职能分工表不足以明确每个工作部门的管理职能时，通常解决的方法是（　　）。

A. 明确管理职能的管理过程　　B. 辅以管理职能分工描述书

C. 强化各部门的管理职能　　D. 辅以岗位责任描述书

考点：组织工具——管理职能分工表

解析：

管理职能分工表会暴露仅用岗位责任描述书时所掩盖的矛盾。如使用管理职能分工表还不足以明确每个工作部门的管理职能，则可辅以使用管理职能分工描述书。

49. 关于管理职能分工表的说法，错误的是（　　）。

A. 用表的形式反映项目管理班子内部项目经理、各工作部门和各工作岗位对各项工作任务的项目管理职能分工

B. 可辅以管理职能分工描述书来明确每个工作部门的管理职能

C. 管理职能分工表无法暴露仅用岗位责任描述书时所掩盖的矛盾

D. 可以用管理职能分工表来区分业主方和代表业主利益的项目管理方和工程建设监理等的管理职能

考点：组织工具——管理职能分工表

解析：

组织工具——管理职能分工表	
内涵	（1）管理职能：即组成管理的“多个环节” （2）管理环节：提问→筹划→决策→执行→检查 （3）管理职能分工表 ①反映项目管理班子各岗位、各部门及项目经理对各项工作的管理职能分工 ②既可用于项目管理，又可用于企业管理
编制	（1）以业主方为首的参建各方均应有各自的项目管理任务和职能分工 （2）参建各方均应编制“各自”的项目管理职能分工表
作用	（1）管理职能分工表能暴露使用岗位责任描述书所掩盖的矛盾。因此，管理职能分工表更加清晰和严谨 （2）管理职能分工表难以明确各部门管理职能时，可辅以管理职能分工描述书 （3）此外，项目管理职能分工表还可以表示项目各参与方的管理职能分工

50. 每个建设项目根据其特点，应确定的工作流程有（　　）。

A. 设计准备工作的流程

B. 工作任务分工的流程

C. 施工招标工作的流程

D. 施工作业的流程

E. 信息处理的流程

考点：组织工具——工作流程图

解析：

组织工具——工作流程图（一）		
内涵	反映组织系统中各工作间逻辑关系（先后次序）的图形	
作用	可用于描述工作流程组织	
工作流程组织	任务	每个工程项目，都会存在根据其具体特点制定的工作流程。其主要工作流程包括 ①设计准备流程；②设计流程；③物资采购流程； ④施工招标流程；⑤施工流程；⑥管理工作流程； ⑦信息处理流程

51. 下列工作流程组织中，属于管理工作流程组织的有（　　）。

A. 基坑开挖施工流程　　　　B. 设计变更工作流程

C. 投资控制工作流程　　　　D. 房屋装修施工流程

E. 装配式构件深化设计流程

考点： 组织工具——工作流程图

解析：

组织工具——工作流程图（二）		
工作流程组织	类别	★工作流程组织可划分为："管理物质信息流"三大类别
		（1）管理工作流程组织 ①投资控制流程；②进度控制流程；③合同管理流程； ④设计变更流程；⑤付款流程
		（2）物质工作流程组织 ①钢结构深化设计工作流程；②弱电工程物资采购工作流程； ③外立面施工工作流程
		（3）信息处理工作流程组织：如与月度进度报告有关的数据处理流程

52. 属于物质流程的有（　　）。

A. 合同管理　　　　B. 钢结构深化设计

C. 弱电工程物资采购　　　　D. 外立面施工工作

E. 设计变更

考点： 组织工具——工作流程图

解析：

物质工作流程组织：如钢结构深化设计工作流程、弱电工程物资采购工作流程、外立面施工工作流程等。

第四节　建设工程项目策划

考点一：项目策划的内涵

考点二：项目决策阶段策划的主要任务

考点三：项目决策阶段策划的基本内容

➢ 实战训练

53. 关于建设工程项目策划的说法，正确的是（　　）。

A. 工程项目策划只针对建设工程项目的决策和实施

B. 旨在为项目建设的决策和实施增值

C. 工程项目策划是一个封闭性的工作过程

D. 其实质就是知识组合的过程

考点： 项目策划

解析：

建设工程项目策划	
内涵	项目策划是一个开放性的工作过程，需要整合多方面专家的知识
定义	项目策划，是通过收集资料和详细调研，针对建设项目的决策和实施或在决策和实施过程中遇到的某个问题进行分析和论证。其目的是为项目建设的决策和实施增值
本质	因此，项目策划的本质是“知识管理”的过程

54. 建设工程项目决策阶段策划的主要任务是（　　）。

A. 定义如何组织项目建设　　B. 定义项目开发或建设的任务和意义

C. 定义如何组织项目开发　　D. 定义项目开发的程序和内容

考点：项目决策阶段策划的主要任务

解析：

项目“决策阶段”策划对比“实施阶段”策划		
任务	决策阶段：定义项目开发或建设的任务和意义（为投资这个项目找一个理由）	
	实施阶段：确定如何组织项目的开发或建设（就是具体该怎么做）	
基本内容	决策阶段：（1）项目环境和条件的调查与分析	
	实施阶段：（1）项目实施环境和条件的调查与分析	
	决策阶段：（2）项目定义和项目目标论证	
	实施阶段：（2）项目目标分析及再论证	
	决策阶段：（3）组织策划	①决策期的组织结构；②决策期的任务分工；③决策期的管理职能；④决策期的工作流程；⑤实施期组织总体方案；⑥项目编码体系分析
	实施阶段：（3）组织策划	①业主方项目管理组织结构；②工作任务分工和管理职能分工；③项目管理工作流程；④编码体系的建立
	决策阶段：（4）管理策划	①项目实施期管理总体方案；②生产运营期设施管理总体方案；③生产运营期经营管理总体方案
	实施阶段：（4）管理策划	①实施阶段项目管理工作内容；②项目风险管理与工程保险方案
	决策阶段：（5）合同策划	①决策期合同结构；②决策期合同内容及文本；③实施期合同结构总体方案

（续）

项目“决策阶段”策划对比“实施阶段”策划		
基本内容	实施阶段：（5）合同策划	①方案设计竞赛的组织； ②项目管理委托、设计、施工、物资采购的合同结构方案； ③合同文本
	决策阶段：（6）经济策划	①项目建设成本分析；②项目效益分析； ③融资方案；④编制资金需求量计划
	实施阶段：（6）经济策划	①资金需求量计划；②融资方案的深化分析
	决策阶段：（7）技术策划	①技术方案分析和论证；②关键技术分析和论证； ③技术标准规范的应用
	实施阶段：（7）技术策划	①技术方案的深化分析和论证； ②关键技术的深化分析和论证； ③技术标准规范的应用和制定

55. 下列项目策划的工作内容中，属于项目决策阶段合同策划的是（　　）。

A. 项目管理委托的合同结构方案　　B. 方案设计竞赛的组织

C. 实施期合同结构总体方案　　D. 项目物资采购的合同结构方案

考点：项目决策阶段策划的主要内容

解析：

决策阶段实施管理策划的主要内容，特点是都带有关键词“总体方案”或“决策期”，其他的是实施阶段管理策划的主要内容。

56. 下列工程项目策划工作中，属于决策阶段经济策划的是（　　）。

A. 项目总投资规划　　B. 项目总投资目标的分解

C. 项目建设成本分析　　D. 技术方案分析和论证

考点：项目决策阶段策划的基本内容

解析：

决策阶段经济策划的主要工作内容包括：①项目建设成本分析；②项目效益分析；③融资方案；④编制资金需求量计划。

57. 下列建设工程项目决策阶段的工作内容中，属于组织策划的是（　　）。

A. 业主方项目管理的组织结构　　B. 实施期组织总体方案

C. 运营期的经营管理总体方案　　D. 项目编码体系的建立

考点：项目实施阶段策划的主要内容

解析：

决策阶段实施管理策划的主要内容，特点是都带有关键词“总体方案”或“决策期”，其他的是实施阶段管理策划的主要内容。选项 C 虽然也带“总体方案”，但决策阶段不包括运营期。

58. 建设工程项目实施阶段策划的主要任务是确定（　　）。

A. 如何组织项目的建设　　B. 如何实现项目的目标

C. 项目建设的指导思想　　D. 项目建设的总目标

考点：项目实施阶段策划的主要任务

解析：

建设工程项目实施阶段策划的主要任务是确定如何组织项目的开发或建设。

59. 建设工程项目实施的策划时间是（　　）。

A. 在建设项目立项之后　　B. 在建设项目施工招标之前

C. 在建设项目可行性研究之后　　D. 在建设项目建议书批准之后

考点：项目实施阶段策划的基本内容

解析：

建设工程项目实施阶段策划是在建设项目立项之后，为了把项目决策付诸实施而形成的指导性的项目实施方案。

60. 下列策划内容中，属于建设工程项目实施阶段策划的是（　　）。

A. 编制项目实施合同期合同结构总体方案

B. 确立项目实施期管理总体方案

C. 确定关键技术分析和论证

D. 进行项目目标的分析和再论证

考点：项目实施阶段策划的主要内容

解析：

选项 A、B 尽管都有“实施期”三个字，但对于实施阶段总体方案的策划，必然提前于实施期进行。

选项 C 考核对细节的掌握。考生要能区分“关键技术分析和论证”与“关键技术的深化分析和论证”。前者属于决策期技术策划的内容，后者才是实施期技术策划的内容。

同样，区分“关键方案分析和论证”与“关键方案的深化分析和论证”也是这个道理。

选项 D，注意对目标的“论证”是在决策阶段进行的，而对目标的“再论证”（即第二次论证）是在实施阶段进行的。

61. 下列建设工程项目策划工作中，属于实施阶段策划的是（　　）。

A. 编制项目实施期组织总体方案　　B. 编制项目实施期管理总体方案

C. 编制项目实施期合同结构总体方案　　D. 制定项目风险管理与工程保险方案

考点：项目实施阶段策划的主要内容

解析：

记忆要点：决策阶段管理策划的主要内容，关键词都带有“总体方案”或“决策期”；实施阶段管理策划的主要内容，关键词都不带“总体方案”。

第五节　项目管理规划的内容和编制方法

考点一：项目管理规划

考点二：项目管理规划大纲

考点三：项目管理实施规划

➤ 实战训练

62. 建设工程项目管理规划属于（　　）项目管理的范畴。

A. 工程总承包方　　B. 工程总承包管理方

C. 业主方　　D. 工程咨询方

考点： 项目管理规划

解析：

项目管理规划	
内涵	项目管理规划是指导项目管理工作的纲领性文件
内容	包括规划大纲和实施规划
阶段	项目管理规划涉及项目的整个“实施阶段”
主体	属于“业主方”项目管理范畴
编制	（1）业主可自行编制，也可委托工程总承包方编制 （2）参建各方应编制各自的项目管理规划
特征	项目管理规划的内容和深度并无统一规定，应视项目特点而定，且应随情况变化做出动态调整

63. 根据《建设工程项目管理规范》（GB/T 50326—2017），项目管理规划包括（　　）。

A. 项目管理规划原则和内容　　B. 项目管理规划大纲和配套措施

C. 项目管理规划大纲和实施大纲　　D. 项目管理规划大纲和实施规划

考点： 项目管理规划

解析：

项目管理规划包括项目管理规划大纲和项目管理实施规划。

64. 建设工程项目管理规划是指导项目管理工作的（　　）文件。

A. 操作性　　B. 实施性

C. 纲领性　　D. 作业性

考点： 项目管理规划

解析：

建设工程项目管理规划是指导项目管理工作的纲领性文件。

65. 关于建设工程项目管理规划的说法，正确的有（　　）。

A. 建设工程项目管理规划编制完成后不需调整

B. 建设工程项目管理规划仅涉及项目的施工阶段和保修期

C. 除业主方以外，建设项目的其他参与单位也需要编制项目管理规划

D. 建设工程项目管理规划内容涉及的范围和深度，应视项目的特点而定

E. 采用工程总承包模式，业主方可以委托工程总承包方编制建设工程项目管理规划

考点： 项目管理规划

解析：

选项 A，建设工程项目管理规划内容涉及的范围和深度，在理论上和工程实践中并没有

统一的规定，应视项目的特点而定。由于项目实施过程中主客观条件的变化是绝对的，不变是相对的；在项目进展过程中，平衡是暂时的，不平衡则是永恒的，因此建设工程项目管理规划必须随着情况的变化进行动态调整。

选项B，建设工程项目管理规划涉及项目的整个实施阶段。

66. 采用建设项目总承包模式的某建设工程项目，其项目管理规划可以由（　　）编制。

A. 业主方　　B. 业主方的项目管理单位

C. 设计方　　D. 施工监理方

E. 项目总承包方

考点：项目管理规划

解析：

建设工程项目管理规划涉及项目的整个实施阶段，它属于业主方项目管理范畴。如果采用建设项目工程总承包的模式，业主方也可委托工程总承包方编制建设工程项目管理规划。

67. 项目管理规划大纲的编制工作包括：①明确项目需求和项目管理范围；②明确项目管理目标；③确定项目管理组织模式、组织结构和职责分工；④规定项目管理措施；⑤编制项目资源计划；⑥报送审批；⑦分析项目实施条件，进行项目工作结构分解。正确的编制程序是（　　）。

A. ①→②→⑦→④→③→⑤→⑥　　B. ①→②→⑦→⑤→③→④→⑥

C. ①→②→⑦→③→④→⑤→⑥　　D. ②→①→⑦→④→⑤→③→⑥

考点：项目管理规划大纲的编制程序

解析：

项目管理规划大纲	
编制依据	（1）项目文件　（2）相关法律法规 （3）类似工程经验资料　（4）实施条件调查资料
编制程序	★总程序：要求→目标→条件→职责→措施→资源→报批 （1）明确项目需求和项目管理范围 （2）明确项目管理目标 （3）分析项目实施条件，进行项目工作结构分解 （4）确定项目管理组织模式、组织结构和职责分工 （5）规定项目管理措施 （6）编制项目资源计划 （7）送审报批

68. 项目管理实施规划的编制工作包括：①分析项目具体特点和环境条件；②熟悉相关的法规和文件；③了解相关方的要求；④履行报批手续；⑤实施编制活动。其工作程序是（　　）。

A. ③→①→②→⑤→④　　B. ①→②→③→④→⑤

C. ①→③→②→⑤→④　　D. ③→②→①→④→⑤

考点：项目管理实施规划

解析：

项目管理实施规划的编制工作程序如下：①了解相关方的要求；②分析项目具体特点和环境条件；③熟悉相关的法规和文件；④实施编制活动；⑤履行报批手续。

第六节　施工组织设计的内容和编制方法

考点一：施工组织设计的类别及内容
考点二：施工组织设计的编制、审批、修改

➤ 实战训练

69. 根据《建筑施工组织设计规范》，按照编制对象不同，施工组织设计分为（　　）。

A. 施工组织总设计、单位工程施工组织设计和施工方案

B. 单位工程施工组织设计、分部分项施工组织设计和施工方案

C. 单位工程施工组织设计、施工方案和专项施工指导书

D. 施工组织总设计、分部分项施工组织设计和施工部署

考点：施工组织设计的类别及内容

解析：

施工组织设计按编制对象，可分为施工组织总设计、单位工程施工组织设计和施工方案。

70. 单位工程施工组织设计和分部（分项）工程施工组织设计均应包括的内容有（　　）。

A. 施工安全管理计划　　B. 施工特点分析

C. 主要技术经济指标　　D. 工程概况

E. 各项资源需求量计划

考点：施工组织设计的类别及内容

解析：

施工组织设计的类别及内容	
施工组织总设计	口诀：况工布法两计划
	（1）工程概况　（2）施工总体部署　（3）施工总平面布置 （4）主要施工方法　（5）施工总进度计划　（6）总体准备与资源配置计划
单位工程施工组织	口诀：况工布案两计划
	（1）工程概况　（2）施工部署　（3）现场平面布置 （4）主要施工方案　（5）施工进度计划　（6）施工准备与资源配置计划
施工方案	口诀：况工工法三计划
	（1）工程概况　（2）施工安排　（3）施工工艺 （4）施工方法　（5）施工进度计划　（6）施工准备计划 （7）资源配置计划

71. 根据《建筑施工组织设计规范》（GB/T 50502—2009），以分部（分项）工程或专项工程为主要对象编制的施工方案，其主要内容包括（　　）。

A. 工程概况　　B. 施工方法和工艺要求

C. 施工部署　　D. 施工现场平面布置

E. 施工准备与资源配置计划

考点：施工组织设计的类别及内容

解析：

施工方案的主要内容包括：①工程概况；②施工安排；③施工进度计划；④施工准备与资源配置计划；⑤施工方法和工艺要求。

72. 根据《建筑施工组织设计规范》（GB/T 50502—2009），“合理安排施工顺序”属于施工组织设计中（　　）的内容。

A. 施工部署和施工方案　　B. 施工进度计划

C. 施工平面图　　D. 施工准备工作计划

考点：施工组织设计的内容

解析：

施工组织设计的内容	
施工部署及施工方案	（1）全面部署施工任务　（2）合理安排施工顺序 （3）确定主要施工方案　（4）定性、定量分析施工方案 （5）进行技术经济评价　（6）选择最佳施工方案
施工进度计划	反映了最佳施工方案在时间上的安排
施工平面布置	（1）是施工方案及进度计划在空间上的全面安排 （2）使整个施工现场有组织地施工

73. 根据《建筑施工组织设计规范》（GB/T 50502—2009），施工组织设计应由（　　）组织编制。

A. 施工单位技术负责人　　B. 项目负责人

C. 监理单位技术负责人　　D. 项目技术负责人

考点：施工组织设计的编制、审批、修改

解析：

施工组织设计的编制、审批、修改（一）	
编制	施工组织设计由施工单位项目负责人（项目经理）组织编制

74. 根据《建筑施工组织设计规范》，关于施工组织设计审批的说法，正确的是（　　）。

A. 专项施工方案应由项目技术负责人审批

B. 施工方案应由项目总监理工程师审批

C. 施工组织总设计应由建设单位技术负责人审批

D. 单位工程施工组织设计应由承包单位技术负责人审批

考点：施工组织设计的编制、审批、修改

解析：

施工组织设计的编制、审批、修改（二）	
审批	（1）施工组织总设计：施工总包单位“企业技负”审批 （2）单位工程施工组织设计：施工单位“企业技负或其授权技术人员”审批 （3）规模较大（专项）方案：施工单位“企业技负或其授权技术人员”审批 （4）施工方案：“项目技负”审批 （5）专项方案：①“分包单位技负或其授权技术人员”审批 ②总包单位“项目技负”核准备案 （6）重点、难点专项施工方案：施工单位“企业技负”审批 （7）重点、难点分部分项工程：施工单位“企业技负”审批

75. 项目施工过程中，对施工组织设计进行修改或补充的情形有（　　）。

A. 设计单位应业主要求对楼梯部分进行局部修改

B. 某桥梁工程由于新规范的实施而需要重新调整施工工艺

C. 由于自然灾害导致施工资源的配置有重大变更

D. 施工单位发现设计图纸存在重大错误需要修改工程设计

E. 某钢结构工程施工期间，钢材价格上涨

考点：施工组织设计的编制、审批、修改

解析：

施工组织设计的编制、审批、修改（三）		
修改	口诀：人机料法环，设计法定变	
	（1）施工资源发生重大变化	（2）施工方法发生重大改变
	（3）施工环境发生重大变化	（4）设计文件、施工图发生重大变更
	（5）法律法规的修订、废止和实施	

76. 下列关于施工组织设计中施工平面图的说法，正确的有（　　）。

A. 反映了最佳施工方案在时间上的安排

B. 反映了施工机具等资源的供应情况

C. 反映了施工方案在空间上的全面安排

D. 反映了施工进度计划在空间上的全面安排

E. 使整个现场能有组织地进行文明施工

考点：施工组织设计的内容

解析：

施工平面布置图，是对施工现场各类临时设施、拟建建筑、施工资源在空间安排上的全面体现。它是对施工进度计划及施工方案在空间维度上的安排和体现，使整个现场能够有序地组织文明施工。选项A属于“施工进度计划”的内容，选项B属于“工程概况”的内容。

第七节　项目目标的动态控制（PDCA）

考点一：目标动态控制原理
考点二：目标动态控制程序
考点三：目标动态控制措施

➢ 实战训练

77. 项目管理最基本的方法论是（　　）。

A. 项目目标的策划　　B. 项目目标的动态控制
C. 项目管理的目标　　D. 项目管理的信息化

考点：目标控制原理

解析：

项目管理最基本的方法论是“动态控制”，即 PDCA。

78. 项目目标动态控制工作包括：①确定目标控制的计划值；②分解项目目标；③收集项目目标的实际值；④定期比较计划值和实际值；⑤纠正偏差。正确的工作流程是（　　）。

A. ①→③→②→⑤→④　　B. ②→①→③→④→⑤
C. ③→②→①→④→⑤　　D. ①→②→③→④→⑤

考点：项目管理的目标控制程序

解析：

项目目标的动态控制（一）	
控制原理	项目管理最基本的方法论是“动态控制” 项目目标动态控制的核心是比较分析，采取纠偏措施
控制程序	（1）P：分解目标，确定目标控制的计划值 （2）D：收集项目目标（三控）的实际值 （3）C：定期进行计划值和实际值的比较 （4）A：出现偏差，采取纠偏措施 （3）（4）是动态控制的核心 （5）若目标无法实现，则应调整目标再返回到第一步重新实施

79. 运用动态控制原理实施工程项目的进度控制，下列各项工作中应首先进行的工作是（　　）。

A. 对工程进度的总目标进行逐层分解
B. 定期对工程进度计划值和实际值进行对比
C. 分析进度偏差的原因及其影响
D. 按照进度控制的要求，收集工程进度实际值

考点：目标动态控制程序

解析：

进行项目目标动态控制，首先应进行项目目标分解。

80. 建设工程项目目标动态控制的核心是（　　）。

A. 合理确定计划值　　B. 适当调整工程项目目标
C. 认真收集实际值　　D. 比较分析，采取纠偏措施

考点： 目标动态控制程序

解析：

项目目标动态控制的核心是在项目实施的过程中定期地对项目目标的计划值和实际值进行比较，当发现项目目标偏离时采取纠偏措施。

81. 应用动态控制原理进行目标控制时，用于纠偏的组织措施包括（　　）等。

A. 调整项目进度管理方法　　B. 调整招标工作的管理职能分工
C. 调整投资控制工作流程　　D. 更换不同的软件编制施工进度计划
E. 调整合同管理任务分工

考点： 目标动态控制措施

解析：

项目目标的动态控制（二）		
纠偏措施	组织措施	口诀：组织措施看职能 （1）调整项目组织结构　（2）调整任务分工 （3）调整管理职能分工　（4）调整工作流程 （5）调整项目管理班子人员
	管理措施	口诀：管理措施找三管 （1）分析管理原因引发的问题　（2）采取相应的管理措施 （3）调整进度管理的方法手段　（4）改变施工管理 （5）强化合同管理
	经济措施	口诀：经济措施向钱看 （1）分析经济原因导致的问题 （2）加快落实施工进度所需的资金
	技术措施	口诀：技术措施找设施 （1）分析技术原因引发的问题　（2）采取相应的技术措施 （3）调整设计　（4）改变施工方法 （5）改变施工机具

82. 下列项目目标动态控制的纠偏措施中，属于技术措施的有（　　）。

A. 调整项目管理工作流程组织　　B. 调整管理任务分工
C. 调整进度控制的方法和手段　　D. 选择高效施工机具
E. 改进施工过程的施工方法

考点： 目标控制措施

解析：

选项 A、B 属于组织措施；选项 C 属于管理措施。

83. 在工程项目施工过程中，运用动态控制原理进行投资控制，投资的计划值和实际值比较是指（　　）。

A. 工程预算与工程概算的比较
B. 工程合同价与工程预算的比较
C. 工程合同价与工程概算的比较
D. 工程款支付与工程合同价的比较
E. 工程款支付与工程预算的比较

考点：动态控制应用——投资控制

解析：

本题需要注意两点：

（1）投资控制按阶段从早到晚划分为：投资规划→工程概算→工程预算→合同价→工程款（进度）支付→工程决算价。

（2）“工程预算与工程概算的比较”只存在于设计阶段。从出现“与合同价的比较”开始，项目才进入施工阶段。

动态控制应用——投资控制		
计划值对比实际值	设计过程	（1）投资规划对比工程概算 （2）工程概算对比工程预算
	施工过程	（1）工程概算对比合同价 （2）工程预算对比合同价 （3）工程概算对比工程款支付 （4）工程预算对比工程款支付 （5）合同价对比工程款支付 （6）工程概算对比工程决算价 （7）工程预算对比工程决算价 （8）合同价对比工程决算价

84. 应用动态控制原理控制项目投资时，属于设计过程中投资的计划值与实际值比较的是（　　）。

A. 工程概算与工程合同价
B. 工程预算与工程合同价
C. 工程预算与工程概算
D. 工程概算与工程决算

考点：动态控制应用——投资控制

第八节　项目经理的工作性质、任务和职责

考点一：项目经理法定资格
考点二：项目经理的职责及权限
考点三：项目沟通管理
考点四：劳务用工管理

➢ 实战训练

85. 施工企业项目经理是指受企业（　　）委托对工程施工过程全面负责的项目管理者。

A. 董事会
B. 总工程师
C. 法定代表人
D. 股东代表大会

考点：项目经理工作性质

解析：

施工单位项目经理（一）	
法定资格	（1）建造师是一种专业人士名称 （2）项目经理属于工作岗位名称 （3）施工单位项目经理，是施工企业法定代表人在工程项目上的代表人 （4）大、中型工程施工所聘项目经理，必须由取得注册建造师证书的人员担任 （5）但取得注册建造师证书的人员是否担任项目经理，由企业自主决定 （6）国际上，建造师可在施工、建设、咨询公司、设计单位、政府部门、教学科研单位任职 （7）承包人应向发包人提交项目经理与承包人之间的劳动合同，以及为项目经理缴纳社会保险的证明文件“劳动合同+社会保险” （8）项目管理目标责任书，由企业法人或其授权人与项目经理协商制定

86. 按照我国现行管理体制，施工方项目经理（　　）。

A. 是施工企业法定代表人

B. 是施工企业法定代表人在工程项目上的代表人

C. 是一个技术岗位，而不是管理岗位

D. 须在企业项目管理领导下主持项目管理工作

考点：项目经理工作性质

解析：

选项A，施工单位项目经理是施工企业法定代表人在工程项目上的代表人。

选项C，在国际上，有些文献中明确界定，项目经理不是一个技术岗位，而是一个管理岗位。

选项D，施工单位项目经理，是指受企业法定代表人委托，对工程项目施工过程全面负责的项目管理者，是施工企业法定代表人在工程项目上的代表人。

87. 根据《建设工程施工合同（示范文本）》，除在专用合同条款中明确的事项外，承包人必须向发包人提交（　　），项目经理才能履行职责。

A. 项目经理与承包人之间的劳动合同

B. 项目经理工作履历

C. 项目经理持有的建造师执业资格证书

D. 承包人为项目经理缴纳社会保险的有效证明

E. 项目经理的专业技术职称证书

考点：项目经理工作性质

解析：

项目经理应是承包人正式聘用的员工，承包人应向发包人提交项目经理与承包人之间的劳动合同，以及承包人为项目经理缴纳社会保险的有效证明。

88. 关于建造师和项目经理的说法，正确的是（　　）。

A. 大、中型工程项目施工的项目经理，必须由取得建造师注册证书的人员担任

B. 取得建造师注册证书的人员即可成为施工项目经理

C. 取得建造师注册证书的人员只能担任施工项目经理

D. 建造师是管理岗位，项目经理是技术岗位

考点： 项目经理工作性质

解析：

选项 B，大、中型工程项目施工的项目经理必须由取得建造师注册证书的人员担任；但取得建造师注册证书的人员是否担任工程项目施工的项目经理，由企业自主决定。

选项 C，建造师除了担任施工项目经理，还可从事其他施工活动的管理工作，或者法律、行政法规或国务院建设行政主管部门规定的其他业务，在国际上，建造师的执业范围相当宽，可以在施工企业、政府管理部门、建设单位、工程咨询单位、设计单位、教学和科研单位等执业。

选项 D，建造师是一种专业人士名称，项目经理属于工作岗位名称。

89. 根据《建设工程施工合同（示范文本）》，项目经理应常驻施工现场，确需离开施工现场时应（　　）。

A. 事前通知发包人，并取得上级单位书面同意

B. 事前通知监理人，并取得发包人书面同意

C. 取得监理人书面同意，并报告上级单位

D. 取得监理人书面同意，并通知发包人

考点： 项目经理工作性质

解析：

项目经理应常驻施工现场，且每月在施工现场时间不得少于专用合同条款约定的天数。项目经理不得同时担任其他项目的项目经理。项目经理确需离开施工现场时，应事先通知监理人，并取得发包人的书面同意。

90. 根据《建设工程项目管理规范》（GB/T 50326—2017），项目管理目标责任书应在项目实施之前，由（　　）制定。

A. 法定代表人与项目经理协商

B. 项目技术负责人

C. 项目经理与项目承包人协商

D. 企业法定代表人

考点： 项目经理工作性质

解析：

项目管理目标责任书应在项目实施前，由法定代表人或其授权人与项目经理协商制定。

91. 根据《建设工程项目管理规范》（GB/T 50326—2017），施工项目经理的职责有（　　）。

A. 进行授权范围内的利益分配

B. 对资源进行动态管理

C. 参与工程竣工验收

D. 确保项目建设资金的落实到位

E. 与建设单位签订承包合同

考点： 项目经理的职责

解析：

选项 D，确保建设资金落实到位是施工企业主要负责人的职责。

施工单位项目经理（二）	
	口诀：三参两配两履行，资利审算三制定
职责	（1）组织或参与编制“大纲和二纲”，对目标进行系统管理 （2）组织或参与项目管理绩效评价 （3）参与工程竣工验收 （4）配合协助进行项目的检查、评定和评奖申报 （5）配合组织完善缺陷责任期的相关工作 （6）履行目标责任书中的职责 （7）履行质量安全承诺书中的职责 （8）对各类资源进行质量监控和动态管理 （9）监控进场机械、设备、机具等资源的安全、质量与使用 （10）落实授权范围内的利益分配 （11）接受审计，处理项目部解体的善后工作 （12）完善工程档案，准备竣工结算 （13）主持制定并落实质量措施、安全措施、专项方案，负责组织协调工作 （14）制定安全措施、文明措施、环保措施，并组织实施 （15）主持制定、协调落实专业管理制度

92. 根据《建设工程项目管理规范》（GB/T 50326—2017），项目经理的权限有（　　）。

A. 签订工程施工承包合同

B. 进行授权范围内的利益分配

C. 参与选择物资供应单位

D. 参与组建项目经理部

E. 参与工程项目竣工验收

考点：项目经理的权限

解析：

施工单位项目经理（三）	
	口诀：五参两授定主权
权限	（1）参与招投标及合同签订 （2）参与组建项目经理部 （3）参与材料供应商的选定 （4）参与分包单位的选择 （5）参与企业对项目的重大决策 （6）授权范围内的项目资源使用 （7）授权范围内与参见各方直接沟通 （8）制定《项目管理制度》 （9）主持项目部的工作 （10）法定代表人授予项目经理的其他权利

93. 沟通过程的五要素包括（　　）。

A. 沟通主体、沟通客体、沟通介体、沟通环境和沟通渠道

B. 沟通主体、沟通客体、沟通介体、沟通内容和沟通渠道

C. 沟通主体、沟通客体、沟通介体、沟通环境和沟通方法

D. 沟通主体、沟通客体、沟通介体、沟通内容和沟通方法

考点： 沟通过程的五要素

解析：

项目参建各方之间的沟通	
沟通过程的五要素	（1）沟通主体：在沟通过程中处于主导地位 （2）沟通客体：即沟通对象 （3）沟通介体：作用于沟通客体的中介，包含沟通内容、沟通方法 （4）沟通环境：包含①社会环境；②区域环境 （5）沟通渠道：主体向客体传达信息的途径
沟通要素及层面	（1）两个要素：①思维；②表达 （2）两个层面：①思维交流；②语言交流
沟通能力	（1）表达能力　（2）争辩能力　（3）倾听能力　（4）设计能力
沟通障碍的两种形式	（1）组织沟通障碍：组织过于庞大，中间层太多，信息传递失真，是组织沟通障碍的主要来源 （2）个人沟通障碍：①个性因素；②个体记忆不佳；③互不信任；④对信息的态度；⑤知识、经验水平的差距；⑥沟通者的畏惧感和个人心理素质
沟通障碍的三个方面	（1）发送者的障碍：①表达能力不佳；②知识经验的欠缺；③信息传送不全；④对信息的过滤；⑤信息传递不及时或不适时 （2）接受者的障碍：①对信息的筛选；②信息译码不准确；③信息承受能力；④过早地评价情绪；⑤心理上的障碍 （3）沟通通道障碍：①媒介选择不当；②媒介之间相互冲突；③沟通渠道过长；④外部干扰

94. 项目人力资源管理的目的是（　　）。

A. 调动项目参与人的积极性

B. 建立广泛的人际关系

C. 招聘或解聘员工

D. 对项目参与人员进行绩效考核

考点： 项目人力资源管理

解析：

项目人力资源管理的目的是调动所有项目参与人员的积极性，以实现项目目标。

95. 关于建筑施工企业劳动用工的说法，错误的是（　　）。

A. 建筑施工企业应当按照相关规定办理用工手续，不得使用零散工

B. 劳动合同应一式三份，双方当事人各持一份，劳动者所在工地保留一份备查

C. 建筑施工企业与劳动者应当自试用期满后，按照劳动合同的规定签订书面劳动合同

D. 建筑施工企业应当将每个工程项目中的施工管理、作业人员劳务档案中的有关情况在当地建筑施工企业信息管理系统中按规定如实填报

考点： 劳务用工管理

解析：

项目人力资源管理（一）		
劳务用工管理	用工	施工企业应当按规定办理用工手续，不得使用零散工
	合同	施工企业与劳动者建立劳动关系，自用工之日起订立书面劳动合同 劳动合同应“一式三份”，双方当事人各留一份，工地保留一份
	备案	施工企业应将每个项目中的管理、作业人员在当地主管部门填报备案

96. 根据政府主管部门有关建设工程劳动用工管理规定，建筑施工企业应将项目作业人员有关情况在当地建筑业企业信息管理系统中如实填报，人员发生变更的，应在变更后（　　）个工作日内做相应变更。

A. 30　　B. 15　　C. 14　　D. 7

考点：劳务用工管理

解析：

项目人力资源管理（二）		
劳务用工管理	用工要求	（1）施工企业应每月对劳动者的工资进行核算，并由劳动者本人签字 （2）施工企业每月至少支付一次劳务工资，每季度末结清劳动者剩余应得工资 （3）劳动者工资水平不得低于工程所在地最低工资标准 （4）施工企业应将工资发放给劳动者本人 （5）施工企业不得以工程款拖欠、结算纠纷、垫资施工等理由克扣劳务工资 （6）施工企业因经营困难，无法按合约支付工资，应向劳动者说明，经工会或职工代表协商一致，可延期支付工资 （7）施工企业延期支付工资不得超过 30 日，否则视为无故拖欠工资 （8）施工企业应当将项目管理、作业人员的劳务档案在当地建筑业企业信息管理系统中如实填报 （9）人员发生变更的，应在变更后“7 个工作日”内，在企业信息系统中做出变更

97. 根据《中华人民共和国劳动法》，施工企业应按规定向劳动者支付工资，但当企业因暂时生产经营困难无法按规定支付工资时可以延期支付，最长不得超过（　　）日。

A. 60　　B. 90　　C. 120　　D. 30

考点：劳务用工管理

第九节　项目的风险和风险管理程序

考点一：风险类型
考点二：风险管理程序

➢ 实战训练

98. 下列建设工程项目风险中，属于组织风险的有（　　）。

A. 人身安全控制计划　　B. 工作流程组织

C. 引起火灾和爆炸的因素　　D. 任务分工和管理职能分工
E. 设计人员和监理工程师的能力

考点： 风险的类别

解析：

风险类别（口诀：组管经技环）	
组织风险	口诀：组织风险看人员
	（1）组织结构模式 （2）工作流程组织 （3）任务分工和管理职能分工 （4）业主方人员的构成和能力 （5）设计人员和监理工程师的能力 （6）承包方管理人员和技术人员的能力 （7）施工机械操作人员的能力和经验 （8）损失控制能力 （9）安全管理人员的资历和能力
管理及经济风险	口诀：一控三管多重险
	（1）工程资金供应条件 （2）合同风险 （3）现场与公用防火设施的可用性及数量 （4）事故防范措施和计划 （5）人身安全控制计划 （6）信息安全控制计划
技术风险	口诀：技术风险找技术
	（1）勘察设计文件　（2）工程施工方案　（3）工程物资　（4）工程机械
环境风险	口诀：环境风险看环境
	（1）自然灾害　（2）气象条件　（3）岩土地质和水文地质　（4）火灾和爆炸

99. 下列影响建设工程项目实施的风险因素中，属于技术风险的是（　　）。

A. 建设工程勘察资料　　B. 气象条件
C. 公用防火设施数量　　D. 人身安全控制计划

考点： 风险的类别

解析：

技术风险：①工程勘测资料和有关文件；②工程设计文件；③工程施工方案；④工程物资；⑤工程机械等。

100. 下列建设工程项目风险中，属于经济与管理风险的有（　　）。

A. 事故防范措施和计划　　B. 工程施工方案
C. 现场与公用防火设施的可用性　　D. 承包方管理人员的能力
E. 引起火灾和爆炸的因素

考点： 风险的类别

解析：

经济与管理风险：①宏观和微观经济情况；②工程资金供应条件；③合同风险；④现场与公用防火设施的可用性及数量；⑤事故防范措施和计划；⑥人身安全控制计划；⑦信息安全控制计划等。

101. 项目风险管理过程包括：①项目风险响应；②项目风险评估；③项目风险识别；④项目风险控制，其正确的管理流程是（　　）。

A. ③→②→①→④　　B. ③→②→④→①

C. ②→③→④→①　　D. ①→③→②→④

考点：风险管理程序

解析：

风险管理程序：风险识别→风险评估→风险响应→风险控制。

102. 项目风险管理过程中，风险识别工作包括（　　）。

A. 分析风险因素发生的概率　　B. 确定风险因素

C. 编制项目风险识别报告　　D. 分析各风险的损失量

E. 收集与项目风险有关的信息

考点：风险管理程序——风险识别

解析：

风险管理程序（识、评、应、控）（一）	
风险识别	口诀：信息因素编报告 （1）收集与风险有关的信息　（2）确定风险因素　（3）编制风险识别报告

103. 工程项目风险管理中常用的风险对策有（　　）。

A. 风险规避　　B. 风险监控

C. 风险减轻　　D. 风险自留

E. 风险转移

考点：风险管理程序——风险响应

解析：

常用的质量风险对策包括风险规避、减轻、转移、自留及其组合等策略。

104. 项目风险评估工作包括（　　）。

A. 确定各种风险的风险等级　　B. 分析各种风险的损失量

C. 确定风险因素　　D. 确定应对各种风险的对策

E. 分析各种风险因素的发生概率

考点：风险管理程序——风险评估

解析：

项目风险评估包括以下工作：

（1）利用已有数据资料（主要是类似项目有关风险的历史资料）和相关专业方法分析各种风险因素发生的概率。

（2）分析各种风险的损失量，包括可能发生的工期损失、费用损失，以及对工程的质量、功能和使用效果等方面的影响。

(3) 根据各种风险发生的概率和损失量，确定各种风险的风险量和风险等级。

105. 下列项目风险管理工作中，属于风险响应的是（ ）。

A. 收集与项目风险有关的信息

B. 监控可能发生的风险并提出预警

C. 确定各种风险的风险量和风险等级

D. 向保险公司投保难以控制的风险

考点：风险管理程序——风险响应

解析：

风险管理程序（识、评、应、控）（二）	
风险响应	（1）风险规避 （2）风险转移 （3）风险减轻 （4）风险自留
风险控制	收集信息，预测可能的风险，对其进行监控

第十节 监理的工作性质、工作任务和工作方法

考点一：监理的工作性质

考点二：监理的工作任务

考点三：监理的工作方法

➢ 实战训练

106. 当业主方和施工方发生利益冲突或矛盾时，受业主的委托进行工程建设监理活动的监理机构应该以事实为依据，以法律和合同为准绳进行处理。这体现了监理的（ ）。

A. 服务性

B. 公平性

C. 科学性

D. 独立性

考点：监理的工作性质

解析：

建设工程监理（一）	
工作性质	总论：我国的工程监理属于国际上业主方项目管理的范畴
	（1）服务性：①监理单位应按约定进行目标控制，但不可能保证项目目标一定实现 ②监理无法承担非监理责任导致的目标失控
	（2）科学性：监理单位应拥有从事监理工作的专业人士——“监理工程师”
	（3）独立性：监理人在组织和经济上不依附于监理工作的对象
	（4）公平性：发承包双方发生冲突，监理应以事实为依据，以法律及合同为准绳，在维护业主方的合法利益时，不损害承包方的合法权益

107. 建设工程项目施工准备阶段，建设监理工作的主要任务有（ ）。

A. 审查分包单位资质条件　　B. 检查施工单位的实验室
C. 审查工程开工条件　　D. 签署单位工程质量评定表
E. 审查施工单位提交的施工进度计划

考点： 施工准备阶段主要任务

解析：

选项 D 属于竣工验收阶段监理的主要任务，选项 E 属于施工阶段监理的主要任务。

建设工程监理（二）		
工作任务	施工准备阶段	①参加设计交底 ②审查施工组织中安全措施或专项方案是否符合强制性标准 ③审核分包单位资质条件 ④检查施工单位的实验室 ⑤检查施工单位定位测量放线成果 ⑥检查专职安全员配备情况 ⑦审查工程开工条件
	施工阶段质量控制	①核验测量放线 ②验收隐蔽工程 ③验收分部分项工程 ④签署分项、分部工程和单位工程质量评定表 ⑤对工程质量进行巡视、旁站、平行检验 ⑥审查施工单位报送的材料质量证明文件，并进行抽检 ⑦检查施工机械设备质量证明文件 ⑧重大质量事故及时报告业主
	施工阶段进度控制	①监督施工单位严格按照施工合同规定的工期组织施工 ②审查施工进度计划，核查施工进度计划的调整 ③建立进度台账，按月向业主汇报形象进度
	竣工验收阶段	①督促、检查施工单位整理竣工验收资料，并提出意见 ②审查竣工验收申请，编写工程质量评估报告 ③组织竣工预验收，参加竣工验收，签署竣工意见 ④编制、整理监理资料并提交给业主

108. 下列工作任务中，属于工程施工阶段监理人员工作任务的有（　　）。

A. 核验施工测量放线　　B. 验收隐蔽工程
C. 参与编写施工招标文件　　D. 检查施工单位实验室
E. 审查施工进度计划

考点： 施工阶段主要任务

解析：

此题强干扰因素在于——施工前准备阶段，要检查施工测量放线成果，施工阶段则是“核验施工测量放线”。对这两者要能区分。

109. 下列工作中，属于工程监理单位施工质量控制任务的是（　　）。

A. 核查施工进度计划的调整　　B. 核对工程形象进度
C. 参加应急预案演练　　D. 验收隐蔽工程

考点： 监理的主要任务

解析：

选项A、B属于进度控制的任务；选项C属于安全生产管理：参加业主组织的应急预案演练。

110. 根据《建筑法》，工程监理人员认为工程施工不符合（　　）的，有权要求建筑施工企业改正。

A. 工程设计要求　　B. 合同约定

C. 施工技术标准　　D. 监理规划

E. 监理实施细则

考点：监理的工作方法

解析：

工程监理人员认为工程施工不符合工程设计要求、施工技术标准和合同约定的，有权要求建筑施工企业改正。工程监理人员发现工程设计不符合建筑工程质量标准或合同约定的质量要求的，应当报告建设单位要求设计单位改正。

111. 根据《建设工程质量管理条例》，工程项目建设监理过程中，未经监理工程师签字，（　　）。

A. 建筑材料、构配件不得在工程上使用

B. 建筑设备不得在工程上安装

C. 施工单位不得进行下一道工序的施工

D. 建设单位不得进行竣工验收

E. 施工单位不得更换施工现场作业人员

考点：建设工程质量管理条例

解析：

<table>
<tr><th colspan="3">建设工程监理（三）</th></tr>
<tr><td rowspan="3">监理职责</td><td>设计</td><td>监理人发现设计不符合质量标准或合同约定，应及时报告业主方</td></tr>
<tr><td rowspan="2">施工</td><td>《质量管理条例》规定
（1）监理单位代表业主对施工质量实施监理，并承担监理责任
（2）未经专业监理工程师签字，材料设备不得用于工程，施工方不得进行下道工序
（3）未经总监理工程师签字，建设单位不得拨付工程款，不进行竣工验收</td></tr>
<tr><td>《安全管理条例》规定
（1）监理单位应审查施工组织中安全措施或专项方案是否符合强制性标准
（2）监理过程中发现安全事故隐患，应要求施工方立即整改
（3）情况严重时，监理人应要求施工方暂停施工，并及时通知业主方
（4）施工单位拒不整改或不停工，监理单位应及时向有关主管部门报告</td></tr>
</table>

112. 项目监理机构对施工作业质量进行监督检查的形式有（　　）。

A. 现场互检　　B. 现场旁站

C. 巡视　　D. 平行检验

E. 现场专检

考点：建设工程质量管理条例

解析：

监理工程师应当按照工程监理规范的要求，采取现场旁站、巡视和平行检验等形式，对建设工程实施监理。现场互检、现场专检是施工单位内部的质量检查。

参考答案

题号	1	2	3	4	5	6	7	8	9	10
答案	D	D	ACD	B	BCE	B	A	C	B	A
题号	11	12	13	14	15	16	17	18	19	20
答案	ABCE	A	ABE	D	ACE	A	A	BCD	B	B
题号	21	22	23	24	25	26	27	28	29	30
答案	BCDE	D	B	A	C	B	BE	ADE	C	B
题号	31	32	33	34	35	36	37	38	39	40
答案	C	A	B	AB	BDE	D	BCD	ABC	A	B
题号	41	42	43	44	45	46	47	48	49	50
答案	B	ABE	C	C	C	ACD	A	B	C	ACDE
题号	51	52	53	54	55	56	57	58	59	60
答案	BC	BCD	B	B	C	C	B	A	A	D
题号	61	62	63	64	65	66	67	68	69	70
答案	D	C	D	C	CDE	AE	C	A	A	DE
题号	71	72	73	74	75	76	77	78	79	80
答案	ABE	A	B	D	BCD	CDE	B	B	A	D
题号	81	82	83	84	85	86	87	88	89	90
答案	BCE	DE	BCDE	C	C	B	AD	A	B	A
题号	91	92	93	94	95	96	97	98	99	100
答案	ABC	CD	A	A	C	D	D	BDE	A	AC
题号	101	102	103	104	105	106	107	108	109	110
答案	A	BCE	ACDE	ABE	D	B	ABC	ABE	D	ABC
题号	111	112								
答案	ABC	BCD								

第二篇　三控与三管

第二章　建设工程项目成本管理

> **核心考点**

第一节：成本管理的任务、程序和措施
第二节：成本计划
第三节：成本控制
第四节：成本核算、分析和考核

第一节　成本管理的任务、程序和措施

考点一：成本管理的内涵、工作、程序
考点二：成本管理措施

> **实战训练**

1. 关于施工成本及其管理的说法，正确的是（　　）。

A. 施工成本是指施工过程中消耗的构成工程实体的各项费用支出

B. 施工成本管理就是在保证工期和满足质量要求的情况下，采取相应措施把成本控制在计划范围内，并最大限度地节约成本

C. 施工成本预测是以货币形式编制施工项目在计划期内的生产费用、成本水平、成本降低率及降低成本措施的书面方案

D. 施工成本考核是在施工成本核算的基础上，对成本形成过程和影响成本升降的因素进行分析，以寻求进一步降低成本的途径

考点：成本管理的内涵、工作、程序

解析：

选项A，施工成本包括直接成本和间接成本，直接成本是指施工过程中耗费的构成工程实体或有助于工程实体形成的各项费用支出，间接成本是非直接用于也无法直接计入工程对

象，但为进行施工所必须发生的费用。

选项 C，施工成本计划是以货币形式编制施工项目在计划期内的生产费用、成本水平、成本降低率及降低成本措施的书面方案。

选项 D，施工成本分析是在施工成本核算的基础上，对成本形成过程和影响成本升降的因素进行分析，以寻求进一步降低成本的途径。

2. 下列建设工程项目施工生产费用中，属于直接成本的有（　　）。

A. 支付给生产工人的奖金　　B. 周转材料租赁费

C. 管理人员的办公费　　D. 管理人员的差旅交通费

E. 施工机具使用费

考点：施工成本

解析：

选项 A、B、E 分别计入“人材机”三项费用。管理人员办公费、差旅交通费属于管理费的范畴，而管理费又属于间接费用。

施工成本		
直接成本	人工费	支付给生产工人的工资、资金、工资性质的津贴
	材料费	（1）所消耗的原材料、辅助材料、构配件等费用 （2）周转材料的摊销费或租赁费
	施工机具使用费	施工机械的使用或租赁费
间接成本	（1）准备施工、组织和管理施工生产的全部费用支出 （2）包括管理人员工资、办公费、差旅交通费等	

3. 成本管理的每一个环节是相互联系和相互作用的，其中成本决策的前提是（　　）。

A. 成本计划　　B. 成本预测

C. 成本核算　　D. 成本考核

考点：成本管理程序

解析：

成本预测是成本决策的前提，成本计划是成本决策所确定的目标的具体化；而成本核算又是对成本计划是否实现的最后检验，它所提供的成本信息又将为下一个施工项目成本预测和成本决策提供基础资料。成本考核是实现成本目标责任制的保证和实现决策目标的重要手段。

4. 成本管理过程中，检查成本计划是否实现的环节是（　　）。

A. 成本控制　　B. 成本考核

C. 成本核算　　D. 成本分析

考点：成本管理程序——成本核算

解析：

成本计划控制是对成本计划的实施进行控制和监督，保证决策的成本目标的实现，而成本核算是对成本计划是否实现的最后检验，它所提供的成本信息将为下一个施工项目的成本预测和决策提供基础资料。

5. 作为施工企业全面成本管理的重要环节，施工项目成本控制应贯穿于（　　）的全过程。

A. 从项目策划开始到项目开始运营　　B. 从项目设计开始到项目开始运营

C. 从项目投标开始直至保证金返还　　D. 从项目施工开始到项目竣工验收

考点： 成本管理程序

解析：

建设工程项目施工成本控制应贯穿于从项目投标开始直至保证金返还的全过程，它是企业全面成本管理的重要环节。

6. 对竣工工程进行现场成本、完全成本核算的目的是分别考核（　　）。

A. 企业经营效益、企业社会效益　　B. 项目管理绩效、项目管理责任

C. 项目管理责任、企业经营效益　　D. 项目管理绩效、企业经营效益

考点： 成本管理程序

解析：

对竣工工程的成本核算，应区分为竣工工程现场成本和竣工工程完全成本，二者分别由项目管理机构和企业财务部门进行核算分析，其目的在于分别考核项目管理绩效和企业经营效益。

7. 关于施工成本核算的说法，正确的是（　　）。

A. 施工成本核算包括四个基本环节

B. 施工成本核算应按规定的会计周期进行

C. 施工成本核算对象只能是单位工程

D. 竣工工程现场成本应由企业财务部门进行核算

考点： 成本管理程序

解析：

选项 A，施工成本核算包括两个基本环节：一是按照规定的成本开支范围对施工成本进行归集和分配，计算出施工成本的实际发生额；二是根据成本核算对象，采用适当的方法，计算出该施工项目的总成本和单位成本。

选项 C，施工成本核算一般以单位工程为对象，但也可以按照承包工程项目的规模、工期、结构类型、施工组织和施工现场等情况，结合成本管理要求，灵活划分成本核算对象。

选项 D，对竣工工程的成本核算，应区分为竣工工程现场成本和竣工工程完全成本，分别由项目管理机构和企业财务部门进行核算分析，其目的在于分别考核项目管理绩效和企业经营效益。

8. 施工成本分析是在（　　）的基础上，对成本的形成过程和影响因素进行分析。

A. 施工成本计划　　B. 施工成本预测

C. 施工成本核算　　D. 施工成本考核

考点： 成本管理程序

解析：

成本分析是在施工成本核算的基础上，对成本形成过程和影响成本升降的因素进行分析，以寻求进一步降低成本的途径。

9. 在施工成本管理的各类措施中，一般不需增加费用，而且是其他各类措施的前提和保障的是（　　）。

A. 过程控制措施　　B. 经济措施

C. 技术措施　　D. 组织措施

考点： 成本管理措施

解析：

施工成本管理措施（一）	
成本管理四大措施：组合经技（第一章叫“组管经技”）	
	口诀：组织措施看职能
组织措施	★组织措施是其他措施的前提和保障 ★组织措施一般无须增加额外费用，运用得当可取得良好效果 （1）实行项目管理责任制 （2）落实成本管理组织机构及管理人员 （3）明确管理人员的任务及职能分工 （4）编制成本控制工作计划 （5）优化生产要素，动态管理，有效控制实际成本 （6）加强施工定额管理及施工任务管理 （7）加强施工调度

10. 下列成本管理的措施中，属于组织措施的有（　　）。

A. 进行技术经济分析，确定最佳的施工方案

B. 对成本管理目标进行风险分析，并制定防范性对策

C. 编制资金使用计划，确定成本管理目标

D. 编制成本管理工作计划

E. 确定合理详细的成本管理工作流程

考点： 成本管理措施

解析：

选项 A 属于技术措施；选项 B、C 属于经济措施。

11. 下列施工成本管理的措施中，属于技术措施的是（　　）。

A. 加强施工任务单的管理　　B. 编制施工成本控制工作计划

C. 寻求施工过程中的索赔机会　　D. 确定最合适的施工机械方案

考点： 成本管理措施

解析：

施工成本管理措施（二）		
	口诀：技术措施偏技术	
技术措施	（1）进行技术经济分析	（2）确定最佳施工方案
	（3）结合施工方法，进行材料比选	（4）在满足功能的情况下，降低材料的耗用
	（5）选择合适的施工机械、设备方案	（6）选择先进的施工技术、材料、设备
	（7）降低材料的库存和运输成本	（8）注重对经济效果的分析和论证

12. 在下列成本管理措施中，属于经济措施的有（　　）。

A. 项目资金使用计划　　B. 分解成本管理目标

C. 对成本管理目标进行风险分析　　D. 对施工方案进行技术经济比较

E. 明确成本管理人员的工作任务

考点： 成本管理措施

解析：

选项 D 属于技术措施，选项 E 属于组织措施。

施工成本管理措施（三）	
合同措施	口诀：合同措施合同管
	（1）成本控制的合同措施，从谈判开始至合同终结，贯穿整个合同周期 （2）分包工程应选用适当的合同结构 （3）对各种合同结构模式进行分析、比较
经济措施	口诀：经济风险向钱看
	★经济措施是最容易被人们接受和采纳的措施 （1）编制资金使用计划　（2）确定、分解成本管理目标 （3）对成本管理目标进行风险分析　（4）严格控制施工过程中的各项开支 （5）及时准确地核算实际支出　（6）及时落实各项变更、索赔签证款

第二节　成本计划

考点一：施工成本计划的类别
考点二：施工成本的依据
考点三："两算" 对比
考点四：施工成本的构成
考点五：成本计划的编制

➢ 实战训练

13. 施工成本计划的编制以成本预测为基础，关键是确定（　　）。

A. 预算成本　　B. 固定成本
C. 目标成本　　D. 实际成本

考点： 成本计划的类别

解析：

施工成本计划（一）	
编制关键	（1）施工成本计划的编制，以成本预测为基础 （2）施工成本计划的关键，是确定"目标成本"

14. 施工项目的成本计划按其作用可分为（　　）。

A. 指导性成本计划　　B. 分部分项工程成本计划

C. 竞争性成本计划　　　　D. 单位工程成本计划

E. 实施性成本计划

考点：成本计划的类别

解析：

施工成本计划（二）	
计划类别	（1）竞争性成本计划：施工招投标及签订施工合同阶段编制的估算成本计划
	（2）指导性成本计划：①选派项目经理阶段的预算成本计划 ②项目经理的责任成本目标 ③以合同价为依据，按企业“预算定额”编制的设计预算成本计划 ④确定施工总成本目标（目标成本）的依据
	（3）实施性成本计划：①施工准备阶段的施工预算成本计划 ②以实施方案为依据，选用“施工定额”编制而成
	（4）施工预算：①施工企业的内部预算文件，是编制实施性成本计划的主要依据 ②在施工图预算的控制下，根据施工定额，以单位工程为对象，编制的“人材机”需用量的技术经济文件 ③“成本分析”和“经济核算”的依据

15. 施工项目竞争性成本计划是（　　）的估算成本计划。

A. 选派项目经理阶段　　　　B. 投标阶段

C. 施工准备阶段　　　　D. 签订合同阶段

E. 制定企业年度计划阶段

考点：成本计划的类别

解析：

竞争性成本计划是施工项目投标及签订合同阶段的估算成本计划。

16. 下列成本计划中，用于确定责任总成本目标的是（　　）。

A. 指导性成本计划　　　　B. 竞争性成本计划

C. 响应性成本计划　　　　D. 实施性成本计划

考点：成本计划的类别

解析：

指导性成本计划是选派项目经理阶段的预算成本计划，是项目经理的责任成本目标。它是以合同价为依据，按照企业的预算定额标准制定的设计预算成本计划，且一般情况下以此确定责任总成本目标。

17. 以项目施工方案为依据，通过施工预算编制的成本计划是（　　）。

A. 竞争性成本计划　　　　B. 实施性成本计划

C. 指导性成本计划　　　　D. 预测性成本计划

考点：成本计划的类别

解析：

实施性成本计划是项目施工准备阶段的施工预算成本计划，它是以项目实施方案为依据，以落实项目经理责任目标为出发点，采用企业的施工定额通过施工预算的编制而形成的。

18. 关于成本计划的说法，正确的是（　　）。

A. 成本计划是目标成本的一种形式

B. 成本计划由建设单位或项目监理机构编制

C. 成本计划是成本决策的前提

D. 成本计划编制贯穿于项目实施全过程

考点：成本管理计划的编制

解析：

选项 B，项目成本计划一般由施工单位编制。

选项 C，成本预测是成本决策的前提，成本计划是成本决策所确定目标的具体化。

选项 D，成本控制贯穿于项目实施全过程。

19. 编制大中型建设工程项目施工成本支出计划时，要在项目总的方面考虑总的预备费，也要在（　　）中考虑不可预见费。

A. 前期的工作　　B. 主要分项工程

C. 企业管理费　　D. 所有的分项工程

考点：成本计划的类别

解析：

施工成本计划（三）	
编制依据	口诀：类似文件管定价
	（1）合同文件　（2）设计文件　（3）项目管理实施规划　（4）市场价格信息 （5）相关定额　（6）类似项目成本资料
编制要点	编制成本支出计划时，要在项目总体层面上考虑总的预备费，也要在主要分项工程中安排适当不可预见费

20. 关于施工预算与施工图预算的说法，正确的是（　　）。

A. “两算”对比的方法有实物对比法和金额对比法

B. 一般情况下，施工预算的材料消耗量比施工图预算的材料消耗量高

C. 施工预算和施工图预算既适用于发包人，也适用于承包人

D. 施工预算的编制以预算定额为依据，施工图预算的编制以施工定额为依据

考点：施工预算与施工图预算比较

解析：

选项 B，施工预算的材料消耗量比施工图预算的材料消耗量低。

选项 C，施工预算是施工企业内部管理用的一种文件，与发包人无直接关系；而施工图预算既适用于发包人，也适用于承包人。

选项 D，施工预算的编制以施工定额为主要依据，施工图预算的编制以预算定额为主要依据。

<table>
<tr><th colspan="4">施工成本计划——“两算”对比</th></tr>
<tr><th colspan="2">区别和内容</th><th>施工预算</th><th>施工图预算</th></tr>
<tr><td rowspan="3">两算的区别</td><td>编制依据</td><td>施工定额</td><td>预算定额</td></tr>
<tr><td>适用范围</td><td>施工企业内部</td><td>既适用于发包人，又适用于承包人</td></tr>
<tr><td>作用</td><td>组织生产、编制施工计划、准备现场材料、签发任务书、考核工效、进行经济核算的依据
改善经营管理、降低生产成本和推行内部经营承包责任制的重要手段</td><td>投标报价的主要依据</td></tr>
<tr><td rowspan="4">两算对比的内容</td><td>人工量及人工费</td><td>低（6%左右）</td><td>高</td></tr>
<tr><td>材料消耗量及材料费</td><td>低</td><td>高</td></tr>
<tr><td>施工机具费</td><td>施工作业所发生的施工机械、仪器仪表使用费或其租赁费</td><td>预算定额综合确定</td></tr>
<tr><td>周转材料使用费（宜按其发生的费用进行对比分析）</td><td>脚手架按施工方案确定的搭设方式和材料计算
模板按混凝土的接触面积计算</td><td>综合了脚手架搭设方式，按不同结构和高度，以建筑面积为基数计算
模板则按混凝土体积综合计算</td></tr>
<tr><td colspan="4">在编制实施性成本计划时要进行施工预算和施工图预算对比分析，“两算”对比的方法有实物对比法（消耗量）和金额对比法（费用）</td></tr>
</table>

21. 关于施工图预算和施工预算的说法，错误的是（　　）。

A. 施工预算的材料消耗量一般低于施工图预算的材料消耗量

B. 施工预算是施工企业内部管理的一种文件，与建设单位无直接关系

C. 施工图预算中的脚手架是根据施工方案确定的搭设方式和材料计算的

D. 施工预算的用工量一般比施工图预算的用工量低

考点：施工预算与施工图预算比较

解析：

选项C，施工预算中的脚手架是根据施工方案确定的搭设方式和材料计算的；而施工图预算综合了脚手架的搭设方式，是按脚手架的不同结构和高度，以建筑面积为基数计算的。

22. 按建设工程成本组成编制成本计划时，将施工成本分解成（　　）。

A. 直接费、间接费、利润、税金

B. 单位工程成本及分部、分项施工成本

C. 分部分项工程费、其他项目费、规费

D. 人工费、材料费、施工机械使用费、企业管理费

考点：施工成本的构成

解析：

施工成本＝人工费＋材料费＋机械费＋管理费

23. 下列按费用构成要素划分的建筑安装工程费用中，应计入企业管理费用的有（　　）。

A. 固定资产使用费

B. 材料采购及保管费

C. 管理人员工资

D. 检验试验费

E. 工具用具使用费

考点：施工成本的构成

解析：

企业管理费包括管理人员工资、办公费、差旅交通费、劳动保险和职工福利、劳动保护费、职工教育经费、工会经费、固定资产使用费、工具用具使用费、检验试验费、财产保险费、财务费、税金、城市维护建设税、教育费附加、地方教育费附加。

24. 对大中型工程项目，按项目组成编制施工成本计划时，其总成本分解的顺序是（　　）。

A. 单项工程成本—单位工程成本—分部工程成本—分项工程成本

B. 单位工程成本—单项工程成本—分部工程成本—分项工程成本

C. 分项工程成本—分部工程成本—单位工程成本—单项工程成本

D. 分部工程成本—分项工程成本—单项工程成本—单位工程成本

考点：按项目组成编制的施工成本计划

解析：

大中型工程项目通常是由若干单项工程构成的，每个单项工程包括了多个单位工程，每个单位工程又由若干个分部分项工程构成。因此，首先要把项目总成本分解到单项工程和单位工程中，再进一步分解到分部工程和分项工程中。编制大中型建设工程项目施工成本支出计划时，要在总体层面考虑总预备费，在主要的分项工程中安排不可预见费。

25. 关于按工程实施阶段编制施工成本计划的说法，正确的有（　　）。

A. 可在网络图的基础上进一步扩充得到

B. 可以用成本计划直方图的方式表示

C. 可以用时间-成本累计曲线表示

D. 可根据资金筹措情况在“香蕉图”内调整 S 形曲线

E. 按最早时间安排工作可节约资金贷款利息

考点：成本计划编制方法

解析：

成本计划编制方法——按实施阶段编制成本计划	
作用	按实施阶段编制的成本计划，可在网络进度计划的基础上进一步扩充，即在建立网络图的同时确定施工进度和成本支出计划
编制方法	编制网络计划，要充分考虑“进度控制”和“成本支出计划”的项目划分要求
表达方式	成本目标在时间维度上分解的方式包括：①直方图；②成本累计曲线图

（续）

成本计划编制方法——按实施阶段编制成本计划	
时间-成本累计曲线图	内涵：用最早开始时间（ES）和最迟开始时间（LS）分别绘制的两条S形曲线组成的“香蕉图”
	编程：“进度计划→成本支出计划→实际成本支出→绘图” ①定横轴——进度计划 ②定纵轴——单位时间内成本 ③算累计——计算计划累计支出成本 ④画曲线——绘制S形曲线
	作用：①可根据成本支出计划合理安排资金 ②根据筹措的资金调整S形曲线，将实际成本支出控制在计划范围内 ③所有工作均按LS开始，利于节约资金，但很难做到按时竣工

26. 绘制时间-成本累计曲线的环节有：①计算单位时间成本；②确定工程项目进度计划；③计算计划累计支出的成本额；④绘制S形曲线。正确的绘制步骤是（　　）。

A. ①→②→③→④

B. ②→①→③→④

C. ①→③→②→④

D. ②→③→④→①

考点：成本计划编制方法——时间-成本累计曲线法编制

解析：

采用成本累计曲线（S曲线）图时的基本顺序：

① 定横轴——进度计划。

② 定纵轴——单位时间内成本。

③ 算累计——计算计划累计支出成本。

④ 画曲线——绘制S形曲线。

27. 按施工进度编制施工成本计划时，若所有工作均按照最迟开始时间动工，则对项目目标控制的影响有（　　）。

A. 工程按期竣工的保证率较低

B. 工程质量会更好

C. 有利于节约资金的贷款利息

D. 有利于降低投资

E. 不能保证工程质量

考点：成本计划编制方法——时间-成本累计曲线法编制

解析：

一般而言，所有工作都按最迟开始时间开始，对节约资金贷款利息是有利的；但同时也降低了项目按期竣工的保证率。

28. 某项目按施工进度编制的施工成本计划如下页图所示，则4月份的计划成本是（　　）万元。

A. 300

B. 450

C. 750

D. 1150

考点：成本计划编制方法——时间-成本累计曲线法编制

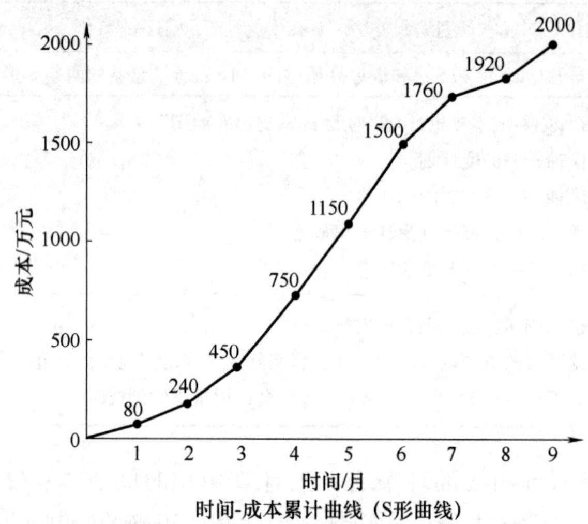

时间-成本累计曲线（S形曲线）

解析：

本题需注意“时点和时段的区别”。问截至 4 月份成本计划是多少万元，那就是 750 万元，这叫“时点计划”。题目中单问 4 月这一个月的计划成本，那就是（750−450）万元=300 万元，这叫“时段计划”。

29. 已知某施工项目计划数据资料如下表所示，第 3 周的施工成本计划值是（　　）万元。

编码	项目名称	时间/周	费用强度/（万元/周）	工程进度/周									
				1	2	3	4	5	6	7	8	9	10
11	场地平整	1	10										
12	土方开挖	3	15										
13	混凝土垫层	3	15										
14	混凝土基础	6	60										
15	土方回填	5	15										

A. 30　　B. 60　　C. 75　　D. 90

考点：成本计划编制方法——横道图法

解析：

根据图示条件可知，第 3 周的施工成本计划值=(15+15+60)万元=90 万元。

30. 按最早开始时间编制的施工计划及各工作每月成本强度（单位：万元/月）如下页图所示，D 工作可以按最早开始时间或最迟开始时间进行安排。则 4 月份的施工成本计划值可以是（　　）万元。

A. 60　　B. 50　　C. 25

D. 15　　E. 10

考点：成本计划与网络结合

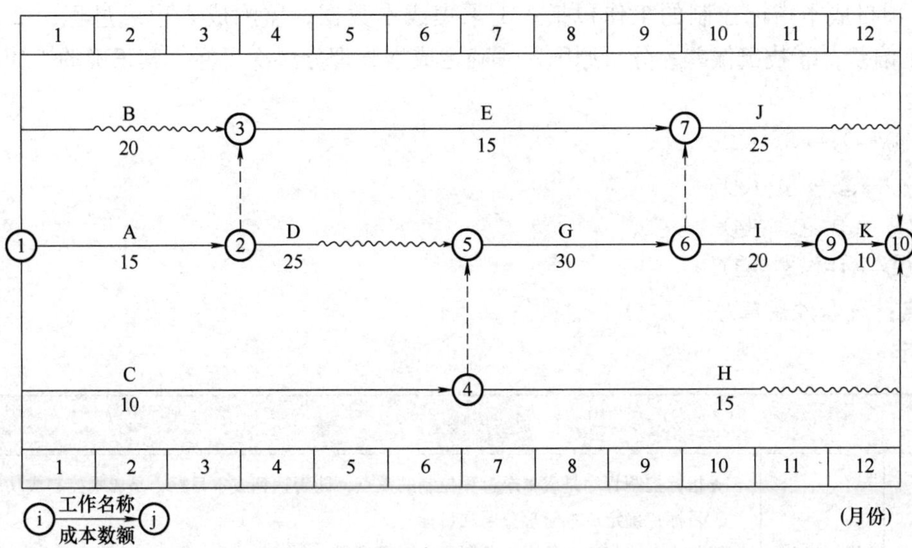

解析：

只看4月份的施工进度成本数额，有两种情况：

情况一：D工作按最早开始时间施工，则4月份的成本额为10万元+25万元+15万元=50万元。

情况二：D工作按最迟开始时间施工，则4月份的成本额为10万元+15万元=25万元。

第三节　成本控制

考点一：成本控制依据
考点二：成本控制程序
考点三：成本控制内涵
考点四：成本控制方法

➢实战训练

31. 项目管理机构进行成本控制的依据有（　　）。

A. 质量检查记录　　B. 合同文件

C. 成本计划　　D. 进度报告

E. 工程变更资料

考点：成本控制的主要依据

解析：

成本控制（一）	
依据	（1）合同文件　（2）施工成本计划　（3）施工进度报告　（4）工程变更与索赔资料 （5）各种资源的市场信息

32. 项目成本指标控制的工作包括：①采集成本数据，监测成本形成过程；②制定对策，纠正偏差；③找出偏差，分析原因；④确定成本管理分层次目标。其正确的工作程序是（　　）。

A. ④→①→③→②

B. ①→②→③→④

C. ①→③→②→④

D. ②→④→③→①

考点：成本控制程序

解析：

成本控制（二）		
控制程序	指标控制程序	★指标控制程序是成本全过程控制的重点，能否达到成本目标，是成本控制成功的关键 ①目标：确定成本管理分层次目标 ②收集：采集成本数据，监测成本形成过程 ③分析：找出偏差，分析原因 ④纠偏：制定对策，纠正偏差 ⑤调整：调整改进成本管理的方法

33. 关于建设工程项目施工成本控制的说法，正确的是（　　）。

A. 施工成本管理体系由社会有关组织进行评审和认证

B. 管理行为控制程序是进行成本过程控制的重点

C. 做好成本过程控制，必须制定规范化的过程控制程序

D. 管理行为控制程序和指标控制程序是完全相互独立的

考点：成本控制程序

解析：

成本控制（三）		
程序	要点	做好成本过程控制，必须制定规范化的过程控制程序
	类别	（1）管理行为控制程序：是成本控制的基础 （2）指标控制程序：是成本控制的重点 ★上述两类程序既相对独立又相互联系，既相互补充又相互制约
	管理行为控制程序	★管理行为控制程序是成本全过程控制的基础 （1）建立“成本管理体系”的评审组织和评审程序。不同于质量，成本管理体系是企业生存发展的需要，没有社会组织评审认定 （2）建立“成本管理体系运行”的评审组织和评审程序 （3）进行目标考核，定期检查 （4）制定对策，纠正偏差

34. 在施工成本的过程控制中，需进行包干控制的材料是（　　）。

A. 钢钉　　　　B. 水泥

C. 钢筋　　D. 石子

考点：成本控制方法

解析：

成本控制——过程控制方法（一）		
材料费	控制方法	材料工费实行“量价分离”的方法
	用量控制	（1）定额控制 ①对于有消耗定额的材料，以消耗定额为依据，实行限额领料制度 ②限额领料形式：按分项工程；按工程部位；按单位工程
		（2）指标控制：用于控制没有消耗定额的材料
		（3）包干控制：用于控制零星材料
		（4）计量控制：做好材料收发和投料计量检查
	价格控制	材料价格主要由材料采购部门控制 材料费占建安工程造价总费用的60%~70%

35. 施工成本的过程控制中，人工费的控制实行（　　）方法。

A. 量化管理　　B. 量价分离

C. 弹性管理　　D. 指标包干

考点：成本控制方法

解析：

成本控制——过程控制方法（二）		
人工费	影响因素	（1）决定人工单价：①社会平均工资水平；②劳动力市场供需变化；③生产消费指数；④社会保障和福利政策 （2）决定人工消耗量：⑤施工图、施工定额、施工组织设计
	控制方法	★人工费实行“量价分离”的方法 （1）制定先进合理的企业内部劳动定额 （2）提高生产工人的技术水平和作业队的组织管理水平 （3）加强职工的技术培训和多种施工作业技能的培训 （4）实行弹性需求的劳动管理制度

36. 采用过程控制的方法控制施工成本时，控制的要点有（　　）。

A. 材料费同样采用量价分离原则进行控制

B. 材料价格由项目经理负责控制

C. 对分包费用的控制，重点是做好分包工程询价、验收和结算等工作

D. 实行弹性需求的劳务管理制度

E. 做好施工机械配件和工程材料采购计划

考点：成本控制方法

解析：

选项B错误，材料价格主要由材料采购部门控制。

37. 某工程项目截至8月末的有关费用数据：BCWP为980万元，BCWS为820万元，ACWP为1050万元，则其SV为（　　）万元。

A. −160　　B. 160

C. 70　　D. −70

考点：成本控制方法

解析：

SV(进度偏差)=BCWP(实际量×计划价)−BCWS(计划量×计划价)
=(980−820)万元=160万元。

表示进度超前160万元，即进度提前（980−820）/820或980/820−1=19.51%。

成本控制——赢得值法（一）	
七个概念	BCWS：计划工作预算费用=计划工作量×预算单价
	ACWP：已完工作实际费用=已完工作量×实际单价
	BCWP：已完工作预算费用=已完工作量×预算单价
	CV：费用偏差=BCWP−ACWP
	SV：进度偏差=BCWP−BCWS
	CPI：费用绩效指标=BCWP/ACWP
	SPI：进度绩效指标=BCWP/BCWS
评价标准	CV：CV>0，表示实际费用节约；CV<0，表示实际费用超支；CV=0，表示无费用偏差
	SV：SV>0，表示实际进度超前；SV<0，表示实际进度拖延；SV=0，表示无进度偏差
	CPI：CPI>1，表示实际费用节约；CPI<1，表示实际费用超支；CPI=1，表示无费用偏差
	SPI：SPI>1，表示实际进度超前；SPI<1，表示实际进度拖延；SPI=1，表示无进度偏差

38. 某工程每月所需混凝土量相同，混凝土用量为3200m^3，计划4个月完成，混凝土综合价格为1000元/m^3；实际混凝土用量为5000m^3，用时5个月，从第1个月至第5个月各月混凝土价格指数（%）为100、115、110、105、115。则根据赢得值法，前3个月的费用偏差为（　　）万元。

A. −30　　B. −25

C. −22　　D. −20

考点：成本控制方法——赢得值法

解析：

已知：①计划价1000元/m^3；②实际量5000m^3。

（1）前三个月BCWP=1000m^3×1000元/m^3×3=300万元。

（2）前三个月ACWP=1000m^3×(1000元/m^3×1+1000元/m^3×1.15+1000元/m^3×1.1)=

325 万元。

（3）前三个月 CV = BCWP − ACWP = (300 − 325) 万元 = −25 万元。

39. 施工成本偏差分析可采用不同的表达方法，常用的有（　　）。

A. 横道图法、表格法和曲线法

B. 网络图法、横道图法和表格法

C. 网络图法、表格法和曲线法

D. 比较法、因素分析法和差额计算法

考点： 成本分析方法

解析：

施工成本偏差分析的表达方法包括：横道图法、表格法和曲线法。

40. 关于施工成本偏差分析方法的说法，正确的有（　　）。

A. 横道图法能准确表达费用的相对偏差

B. 横道图法具有形象、直观等优点

C. 曲线法能够直接用于定量分析

D. 表格法反映的信息量大

E. 表格法具有灵活、适用性强的优点

考点： 成本偏差分析方法

解析：

成本控制——赢得值法（二）		
表达方式	横道图法	优点：①形象直观、一目了然；②能准确表达费用的绝对偏差；③能直观地表明偏差的严重性 缺点：反映的信息量少，在较高管理层中应用广泛
	表格法	优点：①灵活、实用性强；②反映的信息量大；③借助计算机，节约了大量数据处理所需的人力资源，提高了效率
	曲线法	已完工作实际成本曲线（ACWP）与已完工作预算成本（BWCP）曲线竖向距离表示"成本累计偏差"

41. 计划工程量 5000m^3，计划成本 500 元/m^3；实际完成工程量 4500m^3，实际成本 520 元/m^3。则采用赢得值法计算其费用偏差为（　　）万元。

A. −10　　B. −9

C. −16　　D. −35

考点： 成本控制方法——赢得值法

解析：

费用偏差 = 已完工作预算费用 − 已完工作实际费用 = (4500×500 − 4500×520) 万元 = −9 万元。

42. 应用曲线法进行施工成本偏差分析时，已完工作实际成本曲线与已完工作预算成本曲线的竖向距离表示项目进展的（　　）。

A. 进度累计偏差　　B. 进度局部偏差

C. 成本局部偏差　　D. 成本累计偏差

考点：成本控制方法——赢得值法

解析：

已完工作实际成本曲线与已完工作预算成本曲线的竖向距离为成本累计偏差。费用偏差(CV)=已完工作预算费用-已完工作实际费用。

43. 赢得值法评价指标中，适用于不同项目之间偏差分析的有（　　）。

A. 费用偏差　　B. 进度偏差

C. 综合效益指数　　D. 费用效益指数

E. 进度效益指数

考点：成本控制方法——赢得值法

解析：

费用（进度）偏差是绝对偏差，仅适于对同一项目进行偏差分析；费用（进度）绩效指数是相对偏差，不受项目层次的限制，也不受项目实施时间的限制，在同一项目和不同项目的比较中均可采用。

第四节　成本核算、分析和考核

考点一：成本核算
考点二：成本分析
考点三：成本考核

➢ 实战训练

44. 工程成本应当包括（　　）所发生的，与执行合同有关的直接费用和间接费用。

A. 从工程投标开始至工程验收为止

B. 从场地移交开始至项目移交为止

C. 从合同签订开始至合同完成为止

D. 从项目设计开始至竣工投产为止

考点：成本核算

解析：

根据《企业会计准则第15号——建造合同》，工程成本包括从建造合同签订开始至合同完成止所发生的、与执行合同有关的直接费用和间接费用。

45. 根据《财政部关于印发〈企业产品成本核算制度（试行）〉的通知》(财会〔2013〕17号)，建筑业企业可设置的成本项目有（　　）。

A. 直接人工　　B. 借款费用

C. 相关税费　　D. 其他直接费用

E. 分包成本

考点：成本核算范围

解析：

<table>
<tr><th colspan="4">成本核算（一）</th></tr>
<tr><td rowspan="13">核算范围</td><td colspan="3">根据《企业会计准则第 15 号——建造合同》，工程成本包括从建造合同签订开始至合同完成止所发生的、与执行合同有关的直接费用和间接费用</td></tr>
<tr><td rowspan="4">直接费用</td><td colspan="2">耗用的人工费用</td></tr>
<tr><td colspan="2">耗用的材料费用</td></tr>
<tr><td colspan="2">耗用的机械使用费</td></tr>
<tr><td colspan="2">其他直接费用：其他可以直接计入合同成本的费用</td></tr>
<tr><td>间接费用</td><td colspan="2">企业下属的施工单位或生产单位为组织和管理施工生产活动所发生的费用</td></tr>
<tr><td colspan="3">《财政部关于印发〈企业产品成本核算制度（试行）〉的通知》（财会〔2013〕17 号）</td></tr>
<tr><td rowspan="4">直接费用</td><td>直接人工</td><td>工人职工薪酬</td></tr>
<tr><td>直接材料</td><td>构成工程实体的材料、构配件及周转材料的租赁费和摊销</td></tr>
<tr><td>机械使用费</td><td>机械使用费和租赁费、进出场费等</td></tr>
<tr><td>其他直接费用</td><td>材料搬运费；材料装卸保管费；燃料动力费；
临时设施摊销；生产工具用具使用费；检验试验费；
工程定位复测费；工程点交费；场地清理费；
为订立建造承包合同而发生的差旅费、投标费等</td></tr>
<tr><td>间接费用</td><td colspan="2">企业各施工单位为组织和管理施工生产活动所发生的费用</td></tr>
<tr><td>分包成本</td><td colspan="2">支付给分包单位的工程价款</td></tr>
<tr><td>核算程序</td><td colspan="3">（1）审核：对所发生的费用进行审核，以确定应计入工程成本的费用和计入各项期间费用的数额
（2）区分：将应计入工程成本的各项费用，区分为哪些应当计入本月的工程成本，哪些应由其他月份的工程成本负担
（3）分集：将每个月应计入工程成本的生产费用，在各个成本对象之间进行分配和归集，计算各工程成本
（4）盘点：对未完工程进行盘点，以确定本期已完工程实际成本
（5）转入：将已完工程成本转入工程结算成本；核算竣工工程实际成本</td></tr>
</table>

46. 根据《财政部关于印发〈企业产品成本核算制度（试行）〉的通知》，下列工程成本费用中，属于其他直接费用的是（　　）。

A. 有助于工程形成的其他材料费　　B. 为管理工程施工所发生的费用

C. 工程定位复测费　　D. 企业管理人员的差旅交通费

考点：成本核算范围

解析：

其他直接费用是指施工过程中发生的材料搬运费、材料装卸保管费、燃料动力费、临时设施摊销、生产工具用具使用费、检验试验费、工程定位复测费、工程点交费、场地清理费，以及能够单独区分和可靠计量的为订立建造承包合同而发生的差旅费、投标费等费用。选项 A 属于材料费；选项 B、D 属于间接费用。

47. 根据《财政部关于印发〈企业产品成本核算制度（试行）〉的通知》，下列费用中可以列入“直接材料”成本项目的是（　　）。

A. 周转材料租赁费　　　　　　　　　　　　B. 材料搬运费

C. 材料装卸与保管费　　　　　　　　　　　D. 检验实验费

考点：成本核算范围

解析：

直接材料，是指在施工过程中所耗用的、构成工程实体的材料、结构件、机械配件和有助于工程形成的其他材料以及周转材料的租赁费和摊销等。

48. 某施工单位为订立某工程项目建造合同共发生差旅费、投标费 50 万元。该项目工程完工时共发生人工费 600 万元、差旅费 5 万元、管理人员工资 98 万元、材料采购及保管费 15 万元，根据《企业会计准则第 15 号——建造合同》，间接费用是（　　）万元。

A. 50　　　　B. 103　　　　C. 55　　　　D. 70

考点：成本核算范围

解析：

98 万元+5 万元=103 万元。

49. 关于成本核算方法的说法，正确的有（　　）。

A. 表格核算法的基础是施工项目内部各环节的成本核算

B. 会计核算法科学严密，覆盖面较大

C. 项目财务部门一般采用表格法进行成本核算

D. 会计核算法适用于工程项目内各岗位成本的责任核算

E. 表格核算法精度不高，覆盖面较小

考点：成本核算方法

解析：

成本核算（二）		
核算方法	表格核算法	概念：通过对施工项目内部各环节进行成本核算，编制表格的一种方法 优点：①简单易懂；②方便操作；③实用性好 缺点：①审核精度不高；②覆盖面较小 应用：适用于工程施工各岗位成本的责任核算和控制
	会计核算法	优点：①科学严密，人为控制因素较小；②审核精度高；③覆盖面较大 缺点：对工作人员专业水平和工作经验要求较高 适用：这种方法多用于“项目财务部门”
	综合和算法	概念：用表格法进行各施工岗位成本的责任核算和控制；用会计核算法进行工程项目成本核算 优点：两者互补、相得益彰，确保工程核算合理开展

50. 关于成本分析的说法，正确的有（　　）。

A. 业务核算可以对未发生、正发生及已完成的经济活动进行核算

B. 统计核算不能用劳动量进行计量

C. 分部分项工程成本分析的对象为已完分部分项工程

D. 年度成本分析的重点是针对下一年度的施工进展情况制定的成本管理措施

E. 材料采购保管费会随材料采购数量增多而增加

考点： 成本分析的依据

解析：

成本分析的依据	
依据	成本分析的主要依据是会计核算、业务核算、统计核算所提供的资料
会计核算	特点："尺度窄，算价值，成本分析" （1）会计核算主要是"价值核算" （2）会计核算采用"货币"来反映各种综合性经济指标 （3）会计核算是"成本分析"的重要依据
统计核算	特点："尺度宽，算过去，预测未来" （1）利用会计核算和业务核算资料，统计整理数据，以期发现其规律性 （2）统计核算的计量尺度较宽，可用货币计算，也可用实物或劳动量计量 （3）统计核算可以计算当前成本的实际水平，还可以确定变动速度和预测成本发展趋势
业务核算	特点："算过去，算未来，业务改进" （1）业务核算比会计、统计核算范围都要广 （2）业务核算不仅能够核算已发生的经济活动，还能对尚未发生或正在发生的经济活动进行核算 （3）业务核算的目的在于迅速取得资料，以便于在经济活动中及时采取措施进行调整

51. 对已经发生的、正在发生的和尚未发生的经济活动进行核算，属于（　　）。

A. 会计核算　　B. 业务核算　　C. 动态核算　　D. 统计核算

考点： 成本分析的依据

解析：

业务核算能对尚未发生、正在发生和已经发生的经济活动进行核算。

52. 下列项目成本分析所依据资料中，可以计算项目当前实际成本，并可以确定变动速度和预测成本发展趋势的是（　　）。

A. 统计核算　　B. 表格核算　　C. 会计核算　　D. 业务核算

考点： 成本分析的依据

解析：

统计核算可以计算当前成本的实际水平，还可以确定变动速度和预测成本发展趋势。

53. 施工成本分析常用的基本方法包括（　　）。

A. 连环置换法　　B. 比率法

C. 差额计算法　　D. 比较法

E. 实际费用法

考点： 成本分析的基本方法

解析：

成本分析的基本方法：比较法、比率法、因素分析法和差额计算法（比较比率连环差）。

54. 能够通过技术经济指标的对比，检查目标的完成情况，分析产生差异的原因，进而挖掘内部潜力的分析方法是（　　）。

A. 因素分析法　　B. 差率法

C. 差额分析法　　D. 比较法

考点： 成本分析的基本方法

解析：

成本分析——基本分析法（一）	
比较法	（1）概念：对比技术经济指标，检查目标的完成情况，分析产生差异的原因，进而挖掘降低成本的方法（比较差异挖潜力） （2）形式：①实际指标对比目标指标 ②本期指标对比上期指标 ③对比行业平均水平、先进水平

55. 建设工程项目施工成本分析方法中，属于分析各种因素对成本影响程度的是（　　）。

A. 连环置换法　　B. 相关比率法

C. 比重分析法　　D. 动态比率法

考点： 成本分析的基本方法

解析：

成本分析——基本分析法（二）	
因素分析法（连环置换法）	（1）作用：可用来分析各项因素对成本的影响程度 （2）计算：①确定实际成本与目标成本的差额 ②替换程序：产量→单价→损耗率（先量后价再损耗，先实物量，后价值量，先绝对值，后相对值） ③进行三次替代，每次只替代一个要素 ④进行替代后的差额计算

56. 某分项工程的混凝土成本数据如下表所示，应用因素分析法分析各因素对成本的影响程度，可得到的正确结论是（　　）。

项　目	目　标	实　际
产量/m^3	800	850
单价/（元/m^3）	600	640
损耗率（%）	5	3

A. 由于产量增加 50m^3，成本增加 21300 元

B. 实际成本与目标成本的差额为 56320 元

C. 由于单价提高 40 元，成本增加 35020 元

D. 由于损耗下降 2%，成本减少 9600 元

考点： 成本分析的基本方法——因素分析法

解析：

实际成本与目标成本的差额：

($850m^3 \times 640$ 元/$m^3 \times 1.03$)-($800m^3 \times 600$ 元/$m^3 \times 1.05$)= 56320 元。

(1) 产量因素对成本的影响：

①$850m^3 \times 600$ 元/$m^3 \times 1.05$ = 535500 元；②$800m^3 \times 600$ 元/$m^3 \times 1.05$ = 504000 元；③535500 元-504000 元=31500 元；

产量增加，使成本增加 31500 元。

(2) 单价因素对成本的影响：

①$850m^3 \times 640$ 元/$m^3 \times 1.05$=571200 元；②571200 元-535500 元=35700 元；

单价提高，使成本增加 35700 元。

(3) 损耗率对成本的影响：

①$850m^3 \times 640$ 元/$m^3 \times 1.03$=560320 元；②560320 元-571200 元=-10880 元；

损耗率降低使成本降低 10880 元。

57. 某项目施工成本数如下表。应用差额计算法分析，该项目成本降低率提高对于成本降低额的影响是（　　）万元。

成本	220 万元	240 万元
成本降低率	3%	3.5%
成本降低额	6.6 万元	8.4 万元

A. 1.2　　　　B. 0.6

C. 1.1　　　　D. 1.8

考点： 成本分析的基本方法——差额计算法

解析：

成本降低率提高对于成本降低额的影响：240 万元×(3.5%-3%)= 1.2 万元。

58. 在进行月（季）度成本分析时，如果存在“政策性”亏损，则应（　　）。

A. 增加收入，弥补亏损

B. 降低标准，防止再超支

C. 暂停生产，等待政策调整

D. 控制支出，压缩超支额

考点： 综合成本分析法——月度季度成本分析

解析：

成本分析——综合成本分析法（一）	
月度季度成本分析	(1) 对比实际成本与目标成本，分析目标成本的落实情况 (2) 对比实际成本与预算成本，分析当月成本降低水平 (3) 对比累计实际成本与累计预算成本，分析累计成本降低水平，预测前景 (4) 分析成本项目，发现成本的构成比例和成本管理的薄弱环节。如若出现“政策性”亏损，应从“控制支出”着手，压缩超支额到最低限度 (5) 通过对技术组织措施执行效果的分析，寻求更加有效的节约途径

59. 施工项目年度成本分析的重点是（　　）。

A. 通过实际成本与目标成本的对比，分析目标成本落实情况

B. 通过对技术组织措施执行效果的分析，寻求更加有效的节约途径

C. 通过实际成本与计划成本的对比，分析成本降低水平

D. 针对下一年度进展情况，规划切实可行的成本管理措施

考点：综合成本分析法——年度成本分析

解析：

成本分析——综合成本分析法（二）	
年度成本分析	重点是针对下一年度进展情况，规划切实可行的成本管理措施，保证实现目标

60. 施工成本分析是在成本形成过程中，将施工项目的成本核算资料与（　　）进行比较，以了解成本变动情况。

A. 类似施工项目的预算成本

B. 本施工项目的实际成本

C. 本施工项目的目标成本

D. 本施工项目的预算成本

E. 类似施工项目的实际成本

考点：综合成本分析法——分部分项工程成本分析

解析：

施工成本分析贯穿施工成本管理的全过程，它在成本的形成过程中，主要利用施工项目的成本核算资料（成本信息），与目标成本、预算成本以及类似施工项目的实际成本等进行比较，了解成本的变动情况。

成本分析——综合成本分析法（三）	
分部分项工程成本分析	（1）分析内涵：分部分项工程成本分析，是施工项目成本分析的基础 （2）分析对象：已完分部分项工程 （3）分析方法：预算成本、目标成本、实际成本“三算”对比 （4）资料来源：①预算成本来自投标报价成本 ②目标成本来自施工预算 ③实际成本来自施工任务单的工程量、实耗人工和限额领料单的实耗材料 （5）分析周期：①该方法对主要分部分项工程要做到“从开工到竣工”进行系统性的成本分析 ②无法也没有必要对每个分部分项工程进行分析
竣工成本综合分析	（1）竣工成本分析 （2）主要资源节超对比分析 （3）主要技术节约措施及经济效果分析

61. 关于分部分项工程施工成本分析的说法，正确的有（　　）。

A. 分部分项工程成本分析的对象为已完成分部分项工程

B. 分部分项工程成本分析是施工项目成本分析的基础

C. 必须对施工项目中的所有分部分项工程进行成本分析

D. 分部分项工程成本分析的方法就是进行实际成本与目标成本的比较

E. 对主要分部分项工程要做到从开工到竣工进行系统的成本分析

考点：综合成本分析法——分部分项工程成本分析

解析：

选项C，无法也没有必要对每个分部分项工程进行成本分析，但对于那些主要的分部分项工程必须进行成本分析，而且要做到从开工到竣工进行系统的成本分析。

选项D，分部分项工程分析的方法是进行预算成本、目标成本和实际成本的“三算”对比。

62. 施工项目专项成本分析包括（　　）。

A. 月度成本分析　　B. 年度成本分析

C. 成本盈亏异常分析　　D. 工期成本分析

E. 资金成本分析

考点：专项成本分析方法

解析：

成本分析——专项成本及成本项目分析方法	
专项成本分析方法	口诀：资金盈亏看工期 （1）成本盈亏异常分析 （2）工期成本分析 （3）资金成本分析：常用“成本支出率”分析资金成本
成本项目分析方法	（1）材料费分析 对象：①主要材料费；②结构件费；③周转材料使用费；④材料储备费 因素：①主材和结构件的费用，受价格和消耗量的影响 ②材料价格变动，受采购价、运输费用、途中损耗、供应不足影响 ③材料消耗量变动，受操作损耗、管理损耗和返工损失影响 （2）人工费分析 （3）机械费 （4）管理费

63. 成本分析的步骤包括：①收集成本信息；②选择成本分析方法；③进行成本数据处理；④分析成本形成原因；⑤确定成本结果。正确的编制程序是（　　）。

A. ①→②→④→③→⑤　　B. ①→②→⑤→③→④

C. ②→①→③→④→⑤　　D. ②→①→④→⑤→③

考点：成本分析编制程序

解析：

成本分析的步骤：①选择成本分析方法；②收集成本信息；③进行成本数据处理；④分析成本形成原因；⑤确定成本结果。

64. 关于施工成本考核的说法，正确的有（　　）。

A. 公司应以项目成本计划的数量指标作为对项目管理机构成本考核的主要指标

B. 成本考核可以衡量成本降低的实际成果

C. 成本考核的主要依据是成本计划确定的各类指标

D. 成本考核要总结和评价成本指标的完成情况

E. 项目管理机构应根据成本考核结果对相关人员进行奖惩

考点：成本考核

解析：

选项A，公司应以项目成本降低额、项目成本降低率作为对项目管理机构成本考核的主要指标。成本考核是衡量成本降低的实际成果，也是对成本指标完成情况的总结和评价。成本考核的依据包括成本计划、成本控制、成本核算和成本分析的资料。成本考核的主要依据是成本计划确定的各类指标。项目管理机构应根据成本考核结果对相关人员进行奖惩。

参考答案

题号	1	2	3	4	5	6	7	8	9	10
答案	B	ABE	B	C	C	D	B	C	D	DE
题号	11	12	13	14	15	16	17	18	19	20
答案	D	ABC	C	ACE	BD	A	B	A	B	A
题号	21	22	23	24	25	26	27	28	29	30
答案	C	D	ACDE	A	ABCD	B	AC	A	D	BC
题号	31	32	33	34	35	36	37	38	39	40
答案	BCDE	A	C	A	B	ACDE	B	B	A	BDE
题号	41	42	43	44	45	46	47	48	49	50
答案	B	D	DE	C	ADE	C	A	B	ABE	ACDE
题号	51	52	53	54	55	56	57	58	59	60
答案	B	A	ABCD	D	A	B	A	D	D	CDE
题号	61	62	63	64						
答案	ABE	CDE	C	BCDE						

第三章 建设工程项目进度控制

➢ 核心考点

第一节：进度控制与进度计划系统
第二节：总进度目标的论证
第三节：进度控制的措施
第四节：网络进度计划

第一节 进度控制与进度计划系统

考点一：进度控制总述
考点二：进度计划系统

➢ 实战训练

1. 关于进度控制的说法，正确的是（　　）。
A. 施工方必须在确保工程质量的前提下，控制工程进度
B. 进度控制的目的是实现建设项目的总进度目标
C. 各项目管理方进度控制的目标和时间范畴应相同
D. 施工方对整个工程项目进度目标的实现具有决定性作用

考点：进度控制总述——控制概论

解析：

选项 B，进度控制的目的是通过控制实现工程的进度目标。

选项 C，建设工程项目管理有多种类型，代表不同利益方（业主方和项目参与各方）的项目管理都有进度控制的任务，但是其控制的目标和时间范畴并不相同。

选项 D，业主方进度控制的任务是控制整个项目实施阶段的进度，包括控制设计准备阶段的工作进度、设计工作进度、施工进度、物资采购工作进度，以及项目动用前准备阶段的工作进度。

进度控制总述（一）	
概论	建设工程项目管理有多种类型，代表不同利益方的项目管理 业主方与其他参建各方均有各自的进度任务，其控制的目标和时间并不相同

（续）

进度控制总述（一）	
目的	进度控制的目的，是实现工程进度目标 为实现这一目标而盲目赶工，会引发施工质量问题和安全问题 继而，施工进度控制不仅关系到进度目标能否实现，还关系到质量和成本 因此，要在确保工程质量的前提下，控制工程进度 进度控制的过程也就是随着项目的进展，进度计划不断调整的过程

2. 在进行施工进度控制时，必须树立和坚持的最基本的工程管理原则是（　　）。

A. 在确保工程质量的前提下，控制工程的进度

B. 在确保投资的前提下，达到进度、成本的平衡

C. 在确保工程投资的前提下，控制工程的进度

D. 在满足各项目参与方利益最大化的前提下，控制工程的进度

考点：进度控制总述——控制原则

解析：

在工程施工实践中，必须树立和坚持一个最基本的工程管理原则，即在确保工程质量的前提下，控制工程的进度。

3. 下列工作任务中，属于施工进度控制任务的是（　　）。

A. 控制项目招标工作的进度　　B. 编制设计图纸的出图计划

C. 项目生产机具需求计划　　D. 工程设备的加工制造

考点：进度控制总述——各方任务

解析：

选项 A，属于业主方的进度控制任务。

选项 B，属于设计方的进度控制任务。

选项 D，属于供货方的进度控制任务。

进度控制总述（二）		
各方任务	业主方	控制整个项目实施阶段的进度
	设计方	（1）依据设计任务委托合同对设计工作进度的要求控制设计工作进度 （2）设计方应尽可能使设计工作的进度与①招标、②施工和③物资采购等工作进度相协调 （3）在国际上，设计进度计划主要是各设计阶段的设计图纸（包括有关的说明）的出图计划，在出图计划中标明每张图纸的①名称、②图纸规格、③负责人和④出图日期 （4）出图计划是设计方进度控制的依据，也是业主方控制设计进度的依据
	施工方	（1）依据施工任务委托合同对施工进度的要求控制施工工作进度 （2）施工方应编制①不同深度的控制性、指导性和实施性进度计划、②不同周期的进度计划（年度、季度、月度和旬）
	供货方	（1）依据供货合同对供货的要求控制供货工作进度 （2）供货进度计划应包括供货的所有环节，如①采购、②加工制造、③运输等

4. 下列文件中，既是业主方控制设计进度的依据，也是设计方进度控制依据的是（　　）。

A. 设计准备阶段工作进度计划　　B. 设计和施工招标文件

C. 设计图纸出图计划　　D. 施工图设计审查计划

考点：进度控制总述——各方任务

解析：

在国际上，设计进度计划主要是各设计阶段的设计图纸（包括有关的说明）的出图计划，在出图计划中标明每张图纸的名称、图纸规格、负责人和出图日期。出图计划是设计方进度控制的依据，也是业主方控制设计进度的依据。

5. 以下进度计划，不属于施工方进度计划的是（　　）。

A. 施工准备计划　　B. 施工总进度计划

C. 施工招标计划　　D. 单位工程进度计划

考点：进度控制总述——各方任务

解析：

施工招标计划属于建设单位的进度计划。

6. 建设工程项目进度控制的过程包括：①收集资料和调查研究；②进度计划的跟踪检查；③编制进度计划；④根据进度偏差情况纠偏或调整进度计划。其正确的工作步骤是（　　）。

A. ①→③→②→④　　B. ①→②→③→④

C. ①→③→④→②　　D. ③→①→②→④

考点：进度控制总述——控制过程

解析：

进度控制总述（三）	
控制过程	（1）进度目标的分析论证的目的是论证证进度目标的"可行性" （2）收集资料和调查研究 （3）编制进度计划 （4）进度计划的跟踪检查与纠偏 （5）进度计划的调整

7. 关于项目进度计划和进度计划系统的说法，正确的是（　　）。

A. 进度计划系统由多个进度计划组成，是逐步形成的

B. 进度计划是实施性的，进度计划系统是控制性的

C. 业主方编制的进度计划是控制性的，施工方编制的进度计划是实施性的

D. 进度计划是项目参与方编制的，进度计划系统是业主方编制的

考点：进度计划系统——内涵

解析：

建设工程项目进度计划系统是由多个相互关联的进度计划组成的系统，它是项目控制的依据。由于各种进度计划编制所需的必要资料是在项目进展过程中逐步形成的，因此项目进度计划系统的建立和完善也有一个过程，它也是逐步形成的。根据项目进度控制不同的需要和不同的途径，业主方和项目各参与方可以构建多个不同建设工程项目进度计划系统。

➢实战训练

24. 关于横道图进度计划法的说法，正确是（ ）。

A. 横道图中的工作均无机动时间

B. 横道图中工作的时间参数无法计算

C. 计划的资源需要量无法计算

D. 计划的关键工作无法确定

考点： 横道图法

解析：

横道图进度计划法也存在一些问题，如①工序（工作）之间的逻辑关系可以设法表达，但不易表达清楚；②用于手工编制计划；③没有通过严谨的进度计划时间参数计算，不能确定计划的关键工作、关键路线与时差；④计划调整只能用手工方式进行，其工作量较大；⑤难以适应大的进度计划系统。

25. 按工作持续时间的特点不同，工程网络计划可划分为（ ）。

A. 肯定型网络计划

B. 随机型网络计划

C. 分级型网络计划

D. 非肯定型网络计划

E. 事件型网络计划

考点： 六组概念——网络计划的类型

解析：

网络计划按工作持续时间的特点划分为：肯定型网络计划、非肯定型网络计划、随机型网络计划。

26. 双代号网络计划图中，虚箭线的作用包括（ ）。

A. 强调作用

B. 分层作用

C. 区分作用

D. 联系作用

E. 断路作用

考点： 六组概念——箭线

解析：

虚箭线是实际工作中并不存在的一项虚设工作，故它们既不占用时间，也不消耗资源，一般起着工作之间的联系、区分和断路三个作用。

27. 关于网络计划中箭线的说法，正确的是（ ）。

A. 箭线在网络计划中只表示工作

B. 箭线都要占用时间，多数要消耗资源

C. 箭线的长度表示工作的持续时间

D. 箭线的水平投影方向不能从右往左

考点： 六组概念——箭线

解析：

选项A，单代号网络图中，箭线表示紧邻工作之间的逻辑关系，既不占用时间，也不消耗资源。

选项B，在双代号网络图中，任意一条实箭线都要占用时间，且多数要消耗资源。虚箭

线是实际工作中并不存在的一项虚设工作，故它们既不占用时间，也不消耗资源。

选项C，在无时间坐标的网络图中，箭线的长度原则上可以任意画，其占用的时间以下方标注的时间参数为准。在有时间坐标的网络图中，箭线的长度必须根据完成该工作所需持续时间的长短按比例绘制。

选项D，箭线可以为直线、折线或斜线，但其行进方向均应从左向右。

28. 关于网络计划中节点的说法，正确的是（　　）。

A. 节点内可以用工作名称代替编号

B. 节点在网络计划中只表示事件，即前后工作的交接点

C. 所有节点均既有向内又有向外的箭线

D. 所有节点编号不能重复

考点：六组概念——节点

解析：

选项A，双代号网络图中，节点应用圆圈表示，并在圆圈内标注编号。

选项B，双代号网络图中，节点是网络图中箭线之间的连接点。

选项C，中间节点即网络图中既有向内箭线，又有向外箭线的节点。

29. 工程网络计划中，工作N有紧后工作，确定其总时差的方法有（　　）。

A. 工作N的最迟完成时间减去其最早完成时间

B. 工作N紧后工作的最早开始时间减去工作N的最早完成时间

C. 工作N紧后工作的自由时差加工作N与该紧后工作之间时距的最小值

D. 工作N与其紧后工作之间间隔时间的最小值

E. 工作N紧后工作的总时差加工作N与该紧后工作之间间隔时间的最小值

考点：六组概念——总时差

解析：

选项B，为工作N与紧后工作的时间间隔。

选项C、E，工作N紧后工作的总时差加工作N与该紧后工作之间间隔时间的最小值。

选项D，为工作N的自由时差。工作N的自由时差=紧后工作的最早开始时间-工作N的最早完成时间=工作N与其紧后工作之间间隔时间的最小值。

30. 关于双代号网络计划中关键工作的说法，正确的有（　　）。

A. 关键工作的总时差最小

B. 关键工作间的时距必为零

C. 关键工作可以在非关键线路上

D. 关键线路上相邻关键工作之间的间隔时间必为零

E. 关键工作的自由时差全部为零

考点：六组概念——关键工作

解析：

选项B，双代号网络计划不以时距来表达工作间的逻辑关系。

选项D，当计划工期等于计算工期时，相邻关键工作之间的间隔时间为零。

选项E，当计划工期等于计算工期时，关键工作的自由时差全部为零。

31. 下面的双代号网络图中，存在的绘图错误有（ ）。

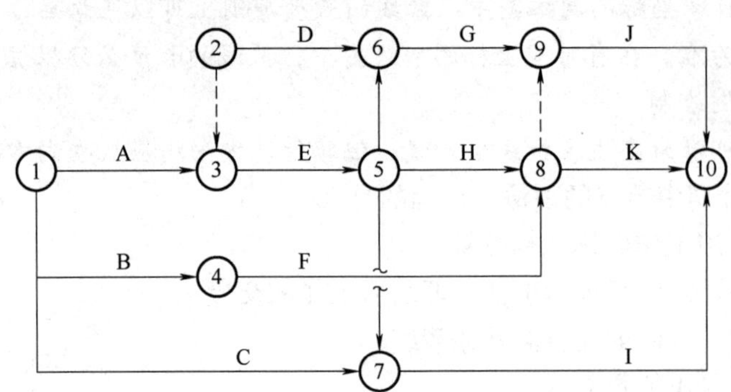

A. 存在多个起点节点
B. 箭线交叉的方式错误
C. 存在相同节点编号的工作
D. 存在没有箭尾节点的箭线
E. 存在多余的虚工作

考点：图形绘制

解析：

选项 A，①、②节点均为起点节点。

选项 B，箭线不宜交叉。当交叉不可避免时，可用过桥法或指向法。

选项 E，②--→③为多余虚工作。

32. 某双代号网络计划如下图所示，存在的绘图错误有（ ）。

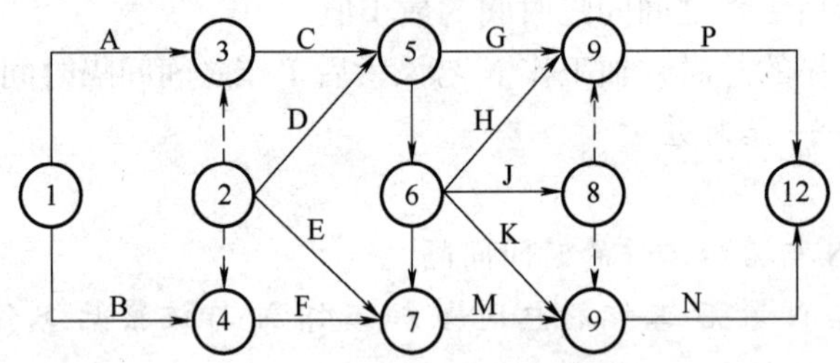

A. 有多个起点节点
B. 有多个终点节点
C. 存在循环回路
D. 有多余虚工作
E. 节点编号有误

考点：图形绘制

解析：

选项 A，存在①、②两个起点节点。

选项 D，虚工作②--→③、②--→④均多余。

选项 E，两个⑨号节点。

33. 单代号网络计划中，关键线路是指（ ）的线路。

A. 自始至终全部由关键工作组成

B. 自始至终全部由关键节点组成

C. 总的工作持续时间最长

D. 相邻两项工作之间间隔时间均为零的关键工作组成

E. 自由时差为零的工作组成

考点： 六组概念——关键线路

解析：

在双代号网络计划和单代号网络计划中，关键线路是总的工作持续时间最长的线路；单代号网络计划关键线路的确定：从起点节点开始到终点节点均为关键工作，且所有工作的时间间隔为零的线路为关键线路。

34. 某项目的工作逻辑关系见下表，工作 A 的紧后工作有（　　）。

工作	A	B	C	D	E	G
紧前工作	—	A	A、B	B、C	B、C、D	A、D、E

A. 工作 B　　B. 工作 C

C. 工作 D　　D. 工作 E

E. 工作 G

考点： 六组概念——逻辑关系

解析：

工作	A	B	C	D	E	G
紧前工作	—	A	A、B	B、C	B、C、D	A、D、E
紧后工作	B、C、G	C、D、E	D、E	E、G	G	—

35. 某分部工程双代号网络计划如下图所示（单位：天）。若计划工期等于计算工期，关于工作时间参数的说法正确的是（　　）。

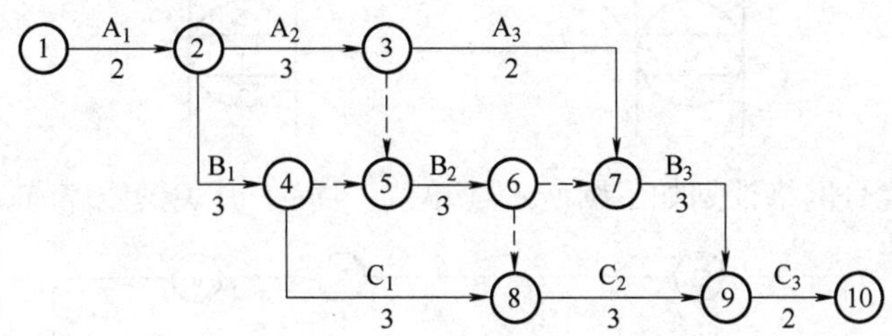

A. 工作 A_2 的自由时差是 1 天　　B. 工作 B_2 的最迟完成时间是第 8 天

C. 工作 C_2 的总时差是 1 天　　D. 工作 B_3 的最早开始时间是第 7 天

考点： 六大时间参数——高铁进站法

解析：

选项 A，工作 A_2 的自由时差是 0 天。

选项 C，工作 C_2 的总时差是 0 天。

选项 D，工作 B_3 的最早开始时间是第 8 天。

36. 某工程的单代号搭接网络计划如下图所示（单位：天）。该工程的计算工期是（　　）天。

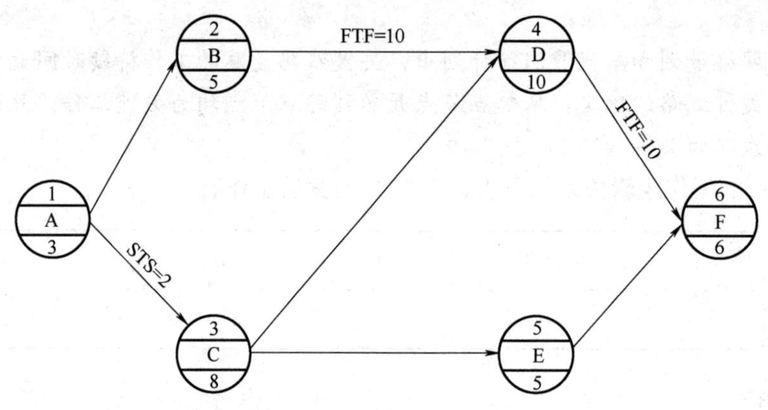

A. 24　　B. 26　　C. 30　　D. 27

考点： 六大时间参数——高铁进站法

解析：

关键线路为 A→C→D→F，工期为 30 天。

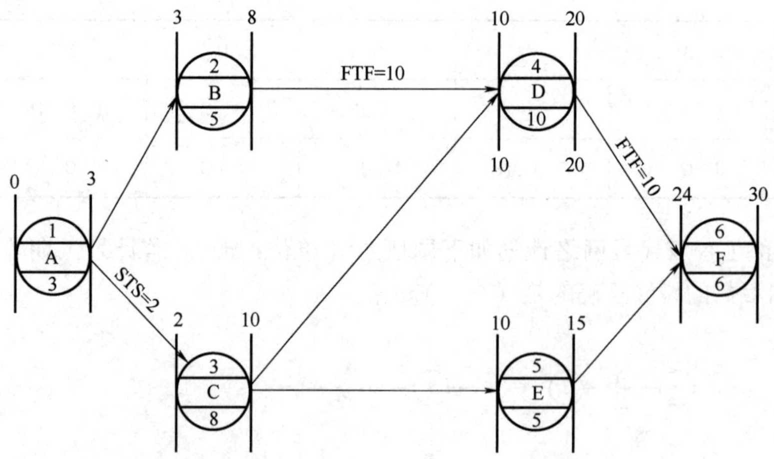

37. 某工程双代号网络计划如下图所示（单位：周）。其关键线路有（　　）条。

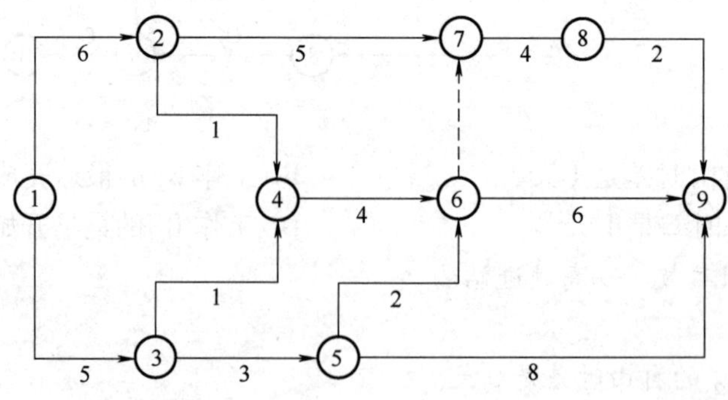

A. 1　　B. 3　　C. 2　　D. 4

考点： 六大时间参数——高铁进站法

解析：

关键线路有三条：①→②→⑦→⑧→⑨；①→②→④→⑥→⑦→⑧→⑨；①→②→④→⑥→⑨。

38. 某工程网络计划中，工作 M 的持续时间是 1 天，最早第 4 天开始，工作 M 的两个紧后工作的最迟开始时间分别为第 7 天和第 9 天，工作 M 的总时差是（　　）天。

A. 2　　　　B. 1　　　　C. 4　　　　D. 5

考点：六大时间参数——计算

解析：

工作 M 的最早完成时间 = 4 天 + 1 天 = 5 天，工作 M 的最迟完成时间 = 紧后工作的最迟开始时间的最小值 = 7 天，总时差 = 最迟完成时间 - 最早完成时间 = 7 天 - 5 天 = 2 天。

39. 某工程网络计划中，工作 M 的总时差为 5 天，自由时差为 3 天。在计划执行情况的检查中，发现只有工作 M 的实际进度拖后了 4 天，则关于工作 M 实际进度的说法，正确的是(　　)。

A. 使总工期拖后 1 天，使后续工作最早开始时间拖后 1 天

B. 不影响总工期，也不影响后续工作的正常进行

C. 使总工期拖后 1 天，但不影响后续工作的正常进行

D. 不影响总工期，但使后续工作最早开始时间拖后 1 天

考点：六大时间参数——逻辑关系

解析：

在双代号网络计划中，总时差是指在不影响总工期的前提下，本工作可以利用的机动时间；自由时差为不影响紧后工作最早开始本工作可利用的机动时间。根据题意，本网络计划中，工作 M 的总时差为 5 天，自由时差为 3 天，实际进度检查时，工作 M 的实际进度拖后了 4 天，则工作 M 不影响总工期，但影响后续工作，最早开始时间拖后 1 天。

40. 某工程双代号时标网络计划执行至第 6 周末和第 10 周末检查进度时，实际进度前锋线如下图所示。下列分析结论中，正确的有（　　）。

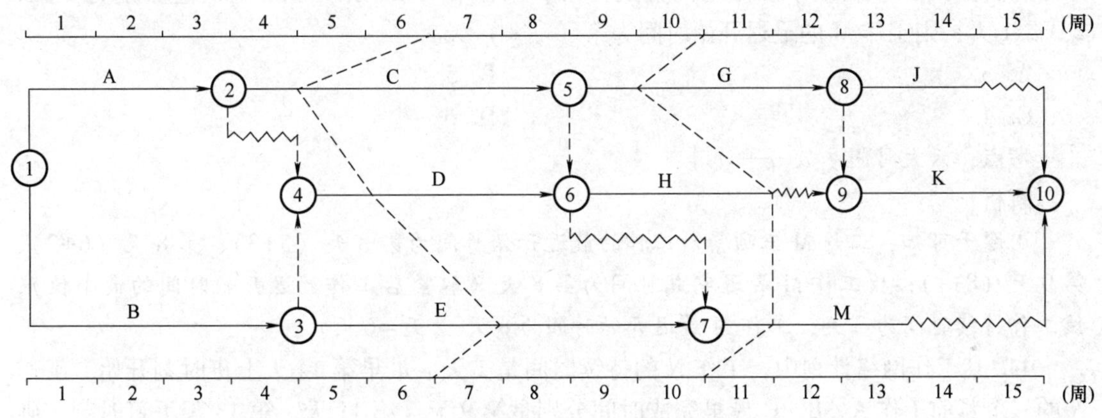

A. 第 6 周末检查进度时，工作 D 拖后 1 周，影响工期 1 周

B. 第 10 周末检查进度时，工作 G 拖后 1 周，不影响工期

C. 第 6 周末检查进度时，工作 C 拖后 2 周，影响工期 2 周

D. 第 6 周末检查进度时，工作 E 提前 1 周，不影响工期

E. 第 10 周末检查进度时，工作 H 已提前完成，不影响工期

考点：进度偏差分析

解析：

选项 A，工作 D 有 1 周的总时差，拖后 1 周不影响总工期。

选项 B，工作 G 为关键工作，拖后 1 周影响总工期 1 周。

41. 当关键线路的实际速度比计划进度拖后时，应在尚未完成的关键工作中，选择（　　）的工作，压缩其作业持续时间。

A. 资源强度小或费用低　　B. 资源强度小且持续时间短

C. 资源强度大或持续时间短　　D. 资源强度大且费用高

考点：进度调整——工期优化方法

解析：

工期优化原则："质安资源增费少"

① 选择压缩后对质量、安全影响不大的关键工作。

② 选择有充足备用资源的关键工作。

③ 选择压缩费用最小的关键工作。

42. 工程网络计划在执行过程中，需根据检查情况进行调整，当实际情况要求改变施工顺序时，应当优先调整的内容是（　　）。

A. 压缩关键线路的长度　　B. 调整非关键工作的时差

C. 改变工作的逻辑关系　　D. 加强资源投入的强度

考点：进度调整

解析：

调整逻辑关系：逻辑关系的调整只有当实际情况要求改变施工方法或组织方法时才可进行。调整时应避免影响原定计划工期和其他工作的顺利进行。

43. 某工程网络计划中，工作 M 的持续时间为 2 天，自由时差为 1 天，该工作有三项紧后工作，紧后工作的最早开始时间分别为第 5 天、第 6 天、第 8 天，总时差分别为 3 天、2 天、1 天，则工作 M 的最迟开始时间为第（　　）天。

A. 3　　B. 5

C. 4　　D. 6

考点：六大时间参数——计算

解析：

由题干可知，工作 M 三项紧后工作的最迟开始时间为第 8 天（5+3）、第 8 天（6+2）、第 9 天（8+1）；故工作 M 最迟完成时间为第 8 天（取紧后工作最迟开始时间的最小值），该工作持续时间为 2 天，工作 M 最迟开始时间为 8 天−2 天=6 天。

44. 某工作网络计划中，工作 N 的持续时间是 1 天，最早第 14 天上班时刻开始，工作 N 的三个紧前工作 A、B、C 最早完成时间分别是第 9 天、第 11 天、第 13 天下班时刻，则工作 B 与工作 N 的时间间隔是（　　）天。

A. 0　　B. 2　　C. 7　　D. 4

考点：六大时间参数——计算

解析：

所有工作按终了时刻：工作 N 的最早开始时间为第 13 天，工作 N 的三个紧前工作 A、B、C 最早完成时间分别是第 9 天、第 11 天、第 13 天下班时刻，工作 B 与工作 N 的时间间隔是 13 天−11 天=2 天。

45. 修一条堤坝的护坡时，一定要等土堤自然沉降完成后开始，用单代号搭接网络计划表达堤坝填筑和堤坝护坡的逻辑关系时，应采用的搭接关系是（　　）。

A. 完成到完成（FTF）　　B. 开始到开始（STS）

C. 开始到完成（STF）　　D. 完成到开始（FTS）

考点：单代号网络——时距

解析：

完成到开始时距（FTS）	堤坝护坡，一定要等土堤自然沉降后才能修护坡
完成到完成时距（FTF）	工作前慢后快，前工作必须先完成，后工作才能完成
开始到开始时距（STS）	道路路基路面工程，路基开始，路面才能开始
开始到完成时距（STF）	地下水位以上的土方开挖几天后，降水工作必须完成

46. 某道路工程包括铺设路基工作 A 和浇筑路面工作 B，根据施工组织安排，需待铺设路基工作 A 开始一段时间为浇筑路面工作 B 创造施工条件后，工作 B 才能开始进行，则制定施工计划时，应将工作 A 与 B 的关系确定为（　　）的搭接关系。

A. FTS　　B. STF

C. FTF　　D. STS

考点：单代号网络——时距

解析：

道路工程中的铺设路基和浇筑路面，待路基开始工作一定时间为路面工程创造施工条件之后，路面工程才可开始进行，这种开始工作时间之间的间隔就是 STS 时距。

参考答案

题号	1	2	3	4	5	6	7	8	9	10
答案	A	A	C	C	C	A	A	BD	CE	D
题号	11	12	13	14	15	16	17	18	19	20
答案	A	ACD	ABDE	C	A	ABCE	BC	CE	C	ABCE
题号	21	22	23	24	25	26	27	28	29	30
答案	B	ADE	ABCD	D	ABD	CDE	D	D	AE	AC
题号	31	32	33	34	35	36	37	38	39	40
答案	ABE	ADE	CD	ABE	B	C	B	A	D	CDE
题号	41	42	43	44	45	46				
答案	A	C	D	B	D	D				

第四章　建设工程项目质量控制

➢ 核心考点

第一节：质量控制的内涵
第二节：质量控制体系
第三节：施工质量控制
第四节：施工质量验收
第五节：施工质量不合格的处理
第六节：质量统计分析方法
第七节：质量的政府监督

第一节　质量控制的内涵

考点一：质量控制概念
考点二：质量控制目标
考点三：参建各方质量责任
考点四：影响质量目标的五大因素
考点五：工程质量风险控制

➢ 实战训练

1. 根据《质量管理体系基础和术语》，质量控制是指（　　）。
A. 按照质量要求，需要达到的标准和控制的区间、范围、区域
B. 测量实际成果满足所设定目标的程度
C. 致力于满足质量要求的一系列相关活动
D. 项目实施整个过程中，项目参与各方致力于实现质量中目标的一系列活动

考点：质量控制内涵——质量管理与质量控制

解析：

质量控制是质量管理的一部分，是致力于满足质量要求的一系列相关活动。这些活动主要包括：

（1）设定目标：按照质量要求，确定需要达到的标准和控制的区间、范围、区域。

（2）测量检查：测量实际成果满足所设定目标的程度。

（3）评价分析：评价控制的能力和效果，分析偏差产生的原因。

(4) 纠正偏差：对不满足设定目标的偏差，及时采取针对性措施尽量纠正偏差。

2. 质量控制活动包括：①设定目标；②纠正偏差；③测量检查；④评价分析。正确的顺序是（　　）。

A. ①→②→③→④　　B. ①→③→④→②

C. ③→①→②→④　　D. ③→④→①→②

考点： 质量控制的内涵——质量控制

解析：

质量控制是质量管理的一部分，是致力于满足质量要求的一系列相关活动。这些活动主要包括：①设定目标；②测量检查；③评价分析；④纠正偏差。

3. 根据《中华人民共和国建筑法》和《建设工程质量管理条例》，设计单位的质量责任和义务是（　　）。

A. 按设计要求检验商品混凝土质量

B. 将施工图设计文件上报有关部门审查

C. 向施工单位提供设计原始资料

D. 参与建设工程质量事故分析

考点： 参建各方质量责任——设计方

解析：

设计单位应当参与建设工程质量事故分析，并对因设计造成的质量事故提出相应的技术处理方案。

选项 A 属于施工单位的质量责任和义务。

选项 B、C 属于建设单位的质量责任与义务。

参建各方质量责任——设计方	
承揽	(1) 设计单位应依法取得相应等级的资质证书，在资质等级许可范围内承揽工程 (2) 设计单位不得转包或者违法分包所承揽的工程
设计	设计文件应注明：①建筑工程合理使用年限 ②材料、设备的技术指标（规格、型号、性能）
签字	注册建筑师、注册结构师等注册人员必须在设计文件上签字，对设计文件负责
指定	除有特殊要求的材料、设备工艺生产线外，设计单位不得指定生产供应商
处理	设计方应参与工程事故分析，对因设计造成的事故，提出技术处理方案

4. 根据《建设工程质量管理条例》，监理工程师应当按照（　　）的要求，采取旁站、巡视和平行检验等形式，对建设工程实施监理。

A. 建设工程强制性标准条文

B. 委托监理合同

C. 工程监理规范

D. 工程技术标准

考点： 参建各方质量责任——监理方

解析：

参建各方质量责任——监理方	
承揽	（1）应依法取得相应等级资质证书，在资质范围内揽活 （2）禁止越级承揽或以其他监理单位名义承担监理业务 （3）禁止监理单位转让其监理业务 （4）与被监理的施工承包单位、材设供应单位有隶属或利害关系，不得承担该工程监理业务
监理	根据工程监理规范的要求，采取旁站、巡视和平行检验形式，对工程实施监理
权利	（1）未经专监签字，材料、设备、构配件不得用于工程，施工单位不得进行下道工序施工 （2）未经总监签字，建设单位不得拨付工程款，建设单位不得进行竣工验收

5. 下列工作内容中，属于施工单位质量责任及义务的是（　　）。

A. 组织建设工程的竣工验收

B. 提供真实的地质、测量、水文勘察成果

C. 采取旁站、巡视和平行检验方式对工程质量进行监督

D. 严格工序管理，做好隐蔽工程的质量检验、记录

考点：参建各方质量责任——施工方

解析：

选项 A、B，属于建设单位质量责任与义务。

选项 C，属于监理单位质量责任与义务。

参建各方质量责任——施工方	
承揽	应取得相应资质证书，不得转包或违法分包
培训	应当建立健全教育培训制度，加强对职工的教育培训；未经教育培训或者考核不合格的人员，不得上岗作业
检验送检	（1）必须按设计要求、施工技术标准和合同约定，对建筑材料、建筑构配件、设备和商品混凝土进行检验，未经检验或检验不合格，不得使用 （2）对涉及结构安全的试块、试件和有关材料，施工单位应在建设单位或监理单位监督下现场取样，并送具有相应资质等级的质量检测单位进行检测
施工	（1）必须按照设计图纸和施工技术标准施工，不得擅自修改设计，不得偷工减料。施工单位在施工过程中发现设计文件和图纸有差错的，应当及时提出意见和建议 （2）隐蔽工程隐蔽前，应通知建设单位和工程质量监督机构 （3）对施工中出现质量问题或者竣工验收不合格的工程，应当负责返修
责任	（1）施工单位应当建立质量责任制，确定工程项目的项目经理、技术负责人和施工管理负责人 （2）总包单位与分包单位对分包工程质量承担连带责任

6. 建设单位的建设工程项目质量控制责任和义务包括（　　）。

A. 对涉及结构安全的试块试件及有关材料进行检测

B. 依法对工程建设有关的重要设备、材料的采购进行招标

C. 隐蔽工程在隐蔽前通知监理单位和建设工程质量监督机构

D. 开工前按照国家相关规定办理工程质量监督手续

E. 在建设工程施工验收后向有关部门移交建设项目档案

考点：参建各方质量责任——建设方

解析：

选项A、C，属于施工单位的质量控制责任和义务。

参建各方质量责任——建设方	
办证	建设单位在开工前，应当按照国家有关规定办理工程质量监督手续，工程质量监督手续可以与施工许可证或者开工报告合并办理
招标	应依法对勘察、设计、施工、监理等重要设备材料采购进行招标
委托	（1）实行监理的建设工程，建设单位应当委托具有相应资质等级的工程监理单位进行监理，也可以委托具有工程监理相应资质等级并与被监理工程的施工承包单位没有隶属关系或者其他利害关系的该工程的设计单位进行监理 （2）涉及建筑主体和承重结构变动的装修工程，应委托原设计单位或具有相应资质等级的设计单位提出设计方案
发包	（1）应将工程发包给具有相应资质等级单位，不得肢解发包 （2）不得迫使承包方低于成本竞标，不得任意压缩合理工期
提供	（1）必须向参建单位提供真实、准确、齐全的有关原始资料 （2）施工图设计文件未经审查批准，不得使用 （3）应保证甲供物资符合设计文件和合同要求，不得明示、暗示施工单位使用不合格的建筑材料、建筑构配件和设备
竣工	（1）收到竣工报告后，应当组织设计、施工、监理等有关单位进行竣工验收 （2）及时收集、整理建设项目的文件资料，建立健全建设项目档案，并在竣工验收后，向有关部门移交建设项目档案

7. 建设工程项目质量的影响因素主要是指在建设工程项目质量目标策划、决策和实施过程中的各种客观因素和主观因素，包括人的因素、（　　）等。

A. 技术因素　　B. 组织因素　　C. 管理因素

D. 环境因素　　E. 社会因素

考点：质量控制的内涵——质量控制的影响因素

解析：

工程质量的影响因素	
人	（1）工程项目质量管理中，人的因素起决定性作用 （2）我国实行的建筑企业资质管理、市场准入、职业资格注册、持证上岗制度，本质上都是对“人”的素质和能力进行控制
机	（1）主要指施工机具和各类工器具 （2）施工机械设备是施工方案和工法得以实施的“重要物质基础”
料	（1）包括用于永久工程的原材料、成品、半成品和构配件，还包括各类周转材料 （2）各类材料是工程施工的“基本物质条件”

（续）

工程质量的影响因素		
法	（1）包括“勘设施监”采用的各类技术方法，以及工程检测、试验的各类技术方法 （2）技术方案和工艺水平的高低，决定项目“质量的优劣”	
环	口诀：作管自社四环境	
	自然环境	口诀：自然环境大自然
		地质、水文、气象条件、地下障碍物以及不可抗力等各类因素
	社会环境	口诀：法规行业社会环
		（1）法律法规健全程度和执法力度 （2）项目法人决策的理性化程度及企业经营者的管理理念 （3）建筑市场的发育程度及交易行为规范程度 （4）质量监督及行业管理的成熟度 （5）咨询行业发展程度及服务水平 （6）廉政管理及行风建设状况
	管理环境	口诀：管理环境内部管
		（1）参建各方质量管理体系是否健全，运行是否有效 （2）建立统一的现场施工组织系统和质量管理的综合运行机制 （3）确保工程质量保证体系处于良好状态 （4）良好的质量管理环境和氛围
	作业环境	口诀：水路光防作业环
		（1）施工照明、通风　（2）安全设施防护 （3）施工现场给水排水　（4）交通运输和道路条件

8. 我国实行建筑企业资质管理制度、建造师执业资格注册制度、管理人员持证上岗制度，都是对建筑工程项目质量影响因素中（　　）的控制。

A. 人的因素　　B. 管理因素

C. 环境因素　　D. 技术因素

考点：质量控制的内涵——质量控制的影响因素

解析：

我国实行建筑业企业经营资质管理制度、市场准入制度、执业资格注册制度、作业及管理人员持证上岗制度等，从本质上说，都是对从事建设工程活动的人的素质和能力进行必要的控制。

9. 下列影响项目质量的环境因素中，属于管理环境因素的是（　　）。

A. 项目现场施工组织系统　　B. 项目所在地建筑市场规范程度

C. 项目所在地政府的工程质量监督　　D. 项目咨询公司的服务水平

考点：质量控制的内涵——质量控制的影响因素

解析：

管理和社会环境因素经常放在一起考，选项 B、C、D 都属于社会环境因素。

10. 关于工程项目质量风险识别的说法，正确的是（　　）。

A. 从风险产生的原因分析，质量风险分为自然风险、施工风险、设计风险

B. 可按风险责任单位和项目实施阶段分别进行风险识别

C. 因项目实施人员自身技术水平局限造成错误的质量风险属于管理风险

D. 风险识别的步骤是：分析每种风险的促发因素→画出质量风险结构层次图→将结果汇总成质量风险识别报告

考点：质量风险——风险识别

解析：

风险管理——风险识别		
按原因划分	口诀：自管境技四风险	
	自然风险	“天上地下不可抗力”
	技术风险	（1）行业技术水平局限或技术运用不当 （2）实施者自身技术水平的局限 （3）项目决策、设计、施工、监理过程中发生的技术错误 （4）运用不成熟的“四新工程”
	管理风险	（1）参建方质量管理体系有缺陷 （2）参建方组织结构不合理 （3）参建方工作流程组织不科学 （4）任务和职能分工不恰当 （5）管理制度不健全 （6）各级管理者能力不足或责任心不强
	环境风险	（1）含“社会环境和工作环境”两方面风险 （2）社会环境：社会各种腐败现象和违法行为 （3）工作环境：“声光气水废弃物”等现场环境污染
按主体划分	业主方	（1）决策的失误　（2）提供的基础资料不准确 （3）参建各方的关系协调不当　（4）对项目的竣工验收有疏忽
	勘设方	（1）水文地质勘查的疏漏　（2）设计的错误
	施工方	（1）施工方管理松懈、混乱　（2）施工技术错误 （3）施工方法不对　（4）材料、机械使用不当
	监理方	没有依法履行在工程质量和安全方面的监理责任
识别方法	风险识别可按“风险责任单位”和“项目实施阶段”分别进行	
识别程序	（1）采用层次分析法画出质量风险结构层次图 （2）分析每种风险的促发因素 （3）将风险识别的结果汇总成为质量风险识别报告	

11. 下列项目质量风险中，属于管理风险的是（　）。

A. 项目采用了不够成熟的新材料　　B. 项目组织结构不合理

C. 项目场地周边发生滑坡　　D. 项目现场存在严重的水污染

考点：质量风险——风险识别

解析：

选项 A 属于技术风险；选项 C 属于自然风险；选项 D 属于环境风险。

12. 下列质量风险对策中，属“减轻”对策的是（　　）。

A. 设立质量事故风险基金　　B. 正确进行项目规划选址

C. 依法实行联合体承包　　D. 制定并落实施工质量保证措施

考点： 质量风险——风险响应

解析：

风险减轻：在施工中有针对性地制定和落实有效的施工质量保证措施和质量事故应急预案，可以降低质量事故发生的概率和减少事故损失量。

<table>
<tr><th colspan="3">风险管理——风险响应</th></tr>
<tr><td rowspan="4">响应策略</td><td>风险规避</td><td>（1）依法招投标
（2）慎重选择有资质有能力的“设施监”等各单位
（3）正确进行项目的规划和选址
（4）选用成熟、可靠的设计、施工技术方案
（5）合理安排施工工期和进度计划</td></tr>
<tr><td>风险转移</td><td>（1）分包转移：将自身不擅长的部分分包给专业施工单位
（2）联合转移：承包方依法实行联合承包
（3）担保转移：如业主要求施工单位提供履约担保
（4）保险转移：向保险公司投保，如投保建设工程一切险</td></tr>
<tr><td>风险减轻</td><td>有针对性地制定、落实施工质量保证措施和质量事故应急预案</td></tr>
<tr><td>风险自留</td><td>（1）设立风险基金
（2）提前预留不可预见费</td></tr>
<tr><td rowspan="2">质量风险管理计划</td><td colspan="2">口诀：识评应控管资源</td></tr>
<tr><td colspan="2">（1）质量风险管理方针　（2）风险识别和评估结果
（3）风险应对策略和具体措施　（4）质量风险控制的责任分工
（5）相应的资源准备计划</td></tr>
</table>

13. 关于风险对策的说法，正确的有（　　）。

A. 编制生产安全事故应急预案时生产者安全风险规避策略

B. 招标人要求中标人提交履约担保是招标人合同风险减轻策略

C. 承包商设立质量缺陷风险基金是承包商的质量风险自留策略

D. 承包商合理安排施工工期、进度计划，避开可能发生的自然灾害是承包商质量风险规避策略

E. 承包商跟其他单位组成联合体承包工程，是风险的转移策略

考点： 质量风险——风险响应

解析：

选项 A 属于风险减轻；选项 B 属于风险转移的担保转移。

第二节　质量控制体系

考点一：项目质量控制体系

考点二：企业质量管理体系

➢ 实战训练

14. 建设工程项目的全面质量管理（TQC）强调的是（　　）。

A. 勘察设计和施工组织全过程的质量管理

B. 全面、全过程、全员参与的质量管理

C. 最高管理者和组织管理岗位的全员质量管理

D. 全方位、全要素、全流程的质量管理

考点：全面质量管理——管理思想

解析：

TQC（Total Quality Control），即全面质量管理，我国从20世纪80年代开始引进和推广全面质量管理，其基本原理就是强调在企业或组织最高管理者的质量方针指引下，实行全面、全过程和全员参与的质量管理。

15. 根据全面质量管理的思想，工程项目的全面质量管理是指对（　　）的全面管理。

A. 工程质量形成过程　　B. 全方位和全流程

C. 工程质量和工作质量　　D. 工作建设所需的材料、设备

考点：全面质量管理——管理思想

解析：

质量控制体系（一）		
管理思想	全面质量管理	（1）指参建各方所进行的工程质量管理的总称 （2）包括：①工程质量的全面管理——实体质量 ②工作质量的全面管理——工作质量
	全过程质量管理	核心："实施阶段全过程" （1）项目策划与决策过程 （2）勘察设计过程 （3）设备材料采购过程 （4）施工组织与实施过程 （5）检测设施控制与计量过程 （6）施工生产的检验试验过程 （7）工程质量的评定过程 （8）工程竣工验收与交付过程 （9）工程回访维修服务过程
	全员参与质量管理	

16. 质量管理的实施职能在于将质量的目标值，通过（　　）转换为质量的实际值。

A. 生产要素投入　　B. 技术创新研发

C. 作业技术活动　　D. 产出过程

E. 管理活动

考点：全面质量管理——管理程序

解析：

实施职能在于将质量的目标值，通过生产要素的投入、作业技术活动和产出过程转换为

质量的实际值。

质量控制体系（二）		
管理程序	计划（P）	质量管理计划职能，包括：①确定质量目标；②制定行动方案
	实施（D）	（1）将质量的目标值转化为实际值 （2）要根据质量管理计划进行行动方案的部署和交底 （3）要求严格执行计划的行动方案 （4）规范行为质量行为 （5）质量计划各项规定落实到具体资源配置和作业活动中
	检查（C）	检查方法包括“自检、互检、专检”
	处理（A）	对质量问题或质量不合格，及时分析原因，采取必要措施予以纠正

17. 在PDCA循环中，P阶段的职能包括（　　）等。

A. 采取应急措施，解决质量问题

B. 确定质量改进目标，制定改进措施

C. 规范质量行为，组织质量计划的部署和交底

D. 明确质量要求和目标，提出质量管理行动方案

考点：全面质量管理——管理程序

解析：

质量管理的计划职能，包括确定质量目标和制定实现质量目标的行动方案两方面。

18. 下列质量管理的职能活动中，属于PDCA循环中“D”职能的活动是（　　）。

A. 制定实现质量目标的行动方案　　B. 明确项目质量目标

C. 专职质检员检查产品质量　　D. 行动方案的部署和交底

考点：全面质量管理——管理程序

解析：

实施职能在于将质量的目标值，通过生产要素的投入、作业技术活动和产出过程转换为质量的实际值。在实施前，根据质量管理计划进行行动方案的部署和交底；在实施中，严格执行计划的行动方案，规范行为，把质量计划各项规定和安排落实到具体资源配置和作业技术活动中。

19. 施工质量管理的PDCA循环中，检查C（check）包括（　　）。

A. 监理单位的平行检查　　B. 作业者的自检

C. 作业者的互检　　D. 政府部门的监督检查

E. 专职管理者的专检

考点：全面质量管理——管理程序

解析：

检查，指对计划实施过程进行各种检查，包括作业者的自检、互检和专职管理者专检。各类检查也包含了两大方面：一是检查是否严格执行了计划的行动方案，实际条件是否发生了变化，不执行计划的原因；二是检查计划的执行结果，即产出的质量是否达到标准的要求，对此进行确认和评价。

20. 建设工程项目质量管理的PDCA循环中，质量处置（A）阶段的主要任务是（　　）。

A. 明确质量目标并制定实现目标的行动方案

B. 将质量计划落实到工程项目的施工作业技术活动中

C. 对质量问题进行原因分析，采取措施予以纠正

D. 对计划实施过程进行科学管理

考点：全面质量管理——管理程序

解析：

对于质量检查所发现的质量问题或质量不合格，及时进行原因分析，采取必要的措施，予以纠正，保持工程质量形成过程的受控状态。处置分为纠偏和预防改进两个方面。

21. 关于工程项目质量控制体系的说法，正确的是（　　）。

A. 涉及工程项目实施中所有的质量责任主体

B. 目的是用于建筑业企业的质量管理

C. 其控制目标是建筑业企业的质量管理目标

D. 体系有效性进行第三方审核认证

考点：项目质量控制体系——特点

解析：

项目质量控制体系为整个项目服务，企业的质量管理体系服务于某个建筑企业。选项B、C、D，均属于企业质量管理体系。

质量控制体系（三）		
特点	企业质量管理体系	工程项目质量控制体系
建立的目的不同	建筑企业或组织的质量管理	以项目为对象，只用于特定的项目质量控制
服务的范围不同	针对某一个企业或组织机构	涉及项目实施过程所有的质量责任主体
控制的目标不同	具体企业或组织的质量管理目标	项目的质量目标
作用的时效不同	永久性的质量管理体系	一次性的工作质量体系
评价的方式不同	第三方认证	项目管理的组织者进行自我评价与诊断

22. 在大型群体工程项目中，第一层次质量控制体系可由（　　）的项目管理机构负责建立。

A. 建设单位　　B. 设计总承包单位

C. 代建单位　　D. 施工总承包单位

E. 工程总承包企业

考点：项目质量控制体系——结构

解析：

质量控制体系（四）	
质量控制体系结构	质量控制体系的多层次结构包括： 第一层：由建设单位的工程项目管理机构负责建立 由委托的代建单位、项目管理、EPC 总承包单位建立 第二层：分别由设计总负责、施工总承包单位建立 第三层：设计、施工、材设单位现场质量自控体系

23. 下列项目质量控制体系中，属于质量控制体系第二层次的是（　　）。

A. 建设单位项目管理机构建立的项目质量控制体系

B. 交钥匙工程总承包企业项目管理机构建立的项目质量控制体系

C. 项目设计总负责单位建立的项目质量控制体系

D. 施工设备安装单位建立的现场质量控制体系

考点：项目质量控制体系——结构

解析：

第二层次的质量控制体系，通常是指分别由项目的设计总负责单位、施工总承包单位等建立的相应管理范围内的质量控制体系。

选项 A、B 属于第一层次；选项 D 属于第三层次。

24. 项目总负责单位项目质量控制体系的第一步工作是（　　）。

A. 建立系统质量控制网络　　B. 建立质量控制制度

C. 分析质量控制界面　　D. 编制质量控制计划

考点：项目质量控制体系——建立程序

解析：

质量控制体系（五）		
质量控制体系建立		分层次、定目标、定责任
	建立原则	（1）分层次规划原则：参建各方分别进行不同层次和范围的项目质量控制体系规划 （2）目标分解原则 （3）质量责任制原则
	建立程序	★总体程序：网络→制度→界面→计划 （1）建立系统质量控制网络 ①静态界面：指法律法规、合同条件、组织内部职能分工 ②动态界面：指参建各方衔接配合关系及责任划分 （2）制定质量控制制度 （3）分析质量控制界面 （4）编制质量控制计划

25. 建立项目质量控制体系的过程包括：①分析质量控制界面；②确立系统质量控制网络；③制定质量控制制度；④编制质量控制计划。其正确的工作步骤是（　　）。

A. ②→③→①→④　　B. ①→②→③→④

C. ②→①→③→④　　D. ①→③→②→④

考点：项目质量控制体系——建立程序

解析：

项目质量控制体系的建立过程，一般可按以下环节依次展开工作：①建立系统质量控制网络；②制定质量控制制度；③分析质量控制界面；④编制质量控制计划。

26. 建立工程项目质量控制系统时，确定质量责任静态界面的依据是法律法规、合同条件和（　　）。

A. 质量控制协调制度　　B. 质量管理的资源配置

C. 组织内部职能分工　　D. 设计与施工责任划分

考点：项目质量控制体系——建立程序

解析：

这个理念是对第一章中“组织论的三类研究对象”的引申，组织论认为，“组织结构模式和组织分工”是相对静态的组织关系。

引申到质量责任静态界面的依据，包括“法律法规、合同条件、组织内部职能分工”，这都是相对静态，不会轻易改变的。

27. 项目质量控制体系得以运行的基础条件是（　　）。

A. 项目合同结构合理　　B. 组织制度健全

C. 人员和资源合理配置　　D. 程序性文件规范

考点：质量控制体系运行——运行环境

解析：

质量控制体系（六）		
质量控制体系运行	运行环境	合同环境、资源环境、组织环境
		（1）项目的合同结构 （2）质量管理资源配置 ①人员配置：“人员和资源的合理配置”是质量控制体系得以运行的基础条件 ②物质资源的配制 （3）质量管理组织制度
	运行机制	动力、约束、反馈、改进
		（1）动力机制：质量控制体系运行的核心机制 （2）约束机制：①主体内部自我约束力；②外部的监控效力 （3）反馈机制 （4）持续改进机制

28. 项目质量控制体系的运行环境主要包括（　　）。

A. 项目的合同结构　　B. 质量管理的资源配置

C. 质量管理的动力机制　　D. 质量管理的组织制度

E. 质量管理的持续改进机制

考点：质量控制体系运行——运行环境

解析：

项目质量控制体系的运行环境主要包括：①项目的合同结构；②质量管理的资源配置；③质量管理的组织制度。

29. 项目质量控制体系运行的核心机制是（　　）。

A. 约束机制　　B. 持续改进机制

C. 反馈机制　　D. 动力机制

考点：质量控制体系运行——运行机制

解析：

动力机制是项目质量控制体系运行的核心机制。

30. 建设工程项目质量控制系统运行的约束机制，取决于（　　）。

A. 各质量责任主体对利益的追求　　B. 质量信息反馈的及时性和准确性

C. 各主体内部的自我约束能力　　D. 外部的监控效力

E. 工程项目管理文化建设的成就

考点：质量控制体系运行——运行机制

解析：

约束机制取决于各主体内部的自我约束能力和外部的监控能力。

31. GB/T 19000—2016 质量管理体系标准中的质量管理原则包括（　　）。

A. 质量第一　B. 循证决策　C. 领导作用　D. 过程方法　E. 事前控制

考点：企业质量管理体系——管理原则

解析：

企业质量管理体系——管理原则	
以顾客为关注焦点	质量管理的首要关注点是满足顾客要求，且努力超越顾客期望
领导作用	各级领导建立统一的宗旨和方向
全员积极参与	
过程方法	将活动作为相互关联、功能连贯的“过程组成的体系”来理解和管理
改进	成功地组织持续关注改进
循证决策	基于数据和信息的分析和评价的决策更有可能产生期望的结果
关系管理	为持续成功，组织需要管理与有关相关方（如供方）的关系

32. 根据《质量管理体系基础和术语》（GB/T 19000—2016），企业质量管理体系文件由（　　）构成。

A. 质量记录　　B. 质量方针和质量目标

C. 质量手册　　D. 程序性文件

E. 质量报告

考点：企业质量管理体系——管理体系文件

解析：

企业质量管理体系——管理体系文件	
质量手册	★内容：方针→目标→职责→程序→办法 （1）质量方针　（2）质量目标　（3）组织机构及质量职责 （4）体系要素或基本控制程序　（5）质量评审、修改和控制管理办法
程序文件	通用性：（1）质量记录管理程序　（2）文件控制程序 （3）内部审核程序　（4）纠正措施控制程序 （5）预防措施控制程序　（6）不合格品控制程序
	不做统一规定： （1）生产过程文件　（2）服务过程文件　（3）管理过程文件　（4）监督过程文件
质量计划	

（续）

企业质量管理体系——管理体系文件	
质量记录	（1）应完整地反映质量活动实施、验证、评审的情况，具有“可追溯性” （2）应有“实施、验证、审核”等签字及意见

33. 施工企业为落实质量管理工作而建立的各项管理标准，属于质量管理体系文件中的（　　）范畴。

A. 质量手册　　B. 质量计划

C. 质量记录　　D. 程序文件

考点：企业质量管理体系——管理体系文件

解析：

各种生产、工作和管理的程序文件是质量手册的支持性文件，是企业各职能部门为落实质量手册要求而规定的细则，企业为落实质量管理工作而建立的各项管理标准、规章制度都属于程序文件范畴。

34. 下列质量管理体系程序性文件中，可视企业质量控制需要而制定，不做统一规定的是（　　）。

A. 内部审核程序　　B. 质量记录管理程序

C. 纠正措施控制程序　　D. 生产过程管理程序

考点：企业质量管理体系——管理体系文件

解析：

涉及产品质量形成过程各环节控制的程序文件，如生产过程、服务过程、管理过程、监督过程等管理程序文件，企业可视质量控制的需要而制定，不做统一规定（过程不统一）。

35. 根据GB/T 19000质量管理体系标准，各类企业编制质量体系程序文件均应制定的程序文件有（　　）。

A. 不合格品控制程序　　B. 质量目标管理程序

C. 安全生产管理程序　　D. 文件控制程序

E. 质量记录管理程序

考点：企业质量管理体系——管理体系文件

解析：

一般有以下六个方面的程序作为通用性管理程序，适用于各类企业：①文件控制程序；②质量记录管理程序；③不合格品控制程序；④内部审核程序；⑤纠正措施控制程序；⑥预防措施控制程序。

36. 在企业质量管理体系的运行中，开展内部质量审核活动的主要目的有（　　）。

A. 检查质量体系运行的信息

B. 评价质量管理程序的完善性

C. 为质量改进提供证据

D. 减少社会重复检验费用

E. 向外部审核单位提供体系有效的证据

考点：企业质量管理体系——管理体系建立

解析：

企业质量管理体系的建立、认证及监督（一）	
企业质量管理体系建立	企业开展内部质量审核活动的目的："评价→揭露→检查→提供" （1）评价：评价质量管理程序的执行情况及适用性 （2）揭露：揭露过程中存在的问题，为质量改进提供依据 （3）检查：检查质量体系运行的信息 （4）提供：向外部审核单位提供体系有效的证据

37. 质量管理体系认证制度是指（　　）对企业产品及质量管理体系做出正确可靠的评价。

A. 各级质量技术监督局　　B. 各级消费者协会

C. 各单位行政主管部门　　D. 公正的第三方认证机构

考点：企业质量管理体系——管理体系认证

解析：

企业质量管理体系的建立、认证及监督（二）	
企业质量管理体系认证	质量认证：企业质量认证，是公正的第三方认证机构对企业产品及质量体系做出正确可靠评价
	认证程序：①申请和受理；②审核；③审批与注册发证

38. 企业获准质量管理体系认证后，维持与监督管理活动中的自愿行为是（　　）。

A. 监督检查　　B. 企业通报

C. 认证暂停　　D. 认证注销

考点：企业质量管理体系——认证后的监督

解析：

企业质量管理体系的建立、认证及监督（三）	
获准认证后的监督管理	（1）企业通报：企业质量管理体系在运行中发生较大变化，应向认证机构通报 （2）监督检查：定期检查每年一次 （3）认证注销：注销是企业的"自愿行为" （4）认证暂停：认证机构在企业质量管理体系发生不符合认证要求时采取的警告措施 （5）认证撤销：认证机构做出撤销认证的决定，企业不服可提出申诉；撤销认证的企业"1 年后"可重新提出认证申请 （6）复评 （7）重新换证：证书有效期内出现"认证标准、认证范围、证书持有者"变更，可按规定重新换证

39. 获证企业的质量管理体系不符合认证要求时，认证机构可采取的警告措施是（　　）。

A. 企业通报　　B. 监督检查

C. 认证暂停　　D. 认证注销

考点： 企业质量管理体系——认证后的监督

解析：

认证暂停是认证机构对获证企业质量管理体系发生不符合认证要求时采取的警告措施。

40. 某企业通过质量管理体系认证后，由于管理不善，经认证机构调查做出了撤销认证的决定。则该企业（　　）。

A. 可以提出申诉，并在一年后可重新提出认证申请

B. 不能提出申诉，不能再重新提出认证申请

C. 不能提出申诉，但在一年后可以重新提出认证申请

D. 可以提出申诉，并在半年后可重新提出认证申请

考点： 企业质量管理体系——认证后的监督

解析：

当获证企业发生质量管理体系存在严重不符合规定，或在认证暂停的规定期限未予整改，或发生其他构成撤销体系认证资格情况时，认证机构可做出撤销认证的决定。企业不服可提出申诉。撤销认证的企业一年后可重新提出认证申请。

41. 根据质量管理体系认证制度，当在认证证书有效期内出现体系认证标准变更的，企业可采取的行动是（　　）。

A. 申请复评　　B. 重新换证

C. 认证暂停　　D. 认证撤销

考点： 质量认证获批后的维持与监督

解析：

在认证证书有效期内，出现体系认证标准变更、体系认证范围变更、体系认证证书持有者变更的，可按规定重新换证。

第三节　施工质量控制

考点一：质量控制概念

考点二：质量控制目标

考点三：参建各方质量责任

考点四：影响质量目标的五大因素

考点五：工程质量风险控制

➤ 实战训练

42. 下列施工质量控制依据中，属于专用性依据的是（　　）。

A. 工程建设项目质量检验评定标准

B. 设计交底及图纸会审记录

C. 建设工程质量管理条例

D. 材料验收的技术标准

考点：质量控制依据

解析：

施工质量控制（一）		
控制依据	（1）共性依据	法律法规、《建筑工程施工质量验收统一标准》
	（2）专业技术性依据	专业技术性依据，是指相关行业规范，包括 ①项目质量检验评定标准 ②材料、成品/构配件质量方面技术法性文件 ③施工工艺操作规程
	（3）专用性依据	①工程建设合同 ②勘察设计文件 ③设计交底及图纸会审记录 ④设计修改和技术变更通知 ⑤相关会议记录和工程联系单

43. 下列质量控制工作中，事中质量控制的重点是（　　）。

A. 工序质量的控制

B. 质量管理点的设置

C. 施工质量计划的编制

D. 工序质量偏差的纠正

考点：质量控制的基本环节——事中控制

解析：

施工质量控制（二）		
控制环节	（1）事前控制	事前控制也叫“主动控制”
	（2）事中控制	①也称作业活动过程质量控制 ②包括“自我控制和他人监控” ③自我控制是第一位的，即质量活动的自我约束和技能发挥 ④自控主体的质量意识和能力是关键 ⑤他人监控，由来自企业内部管理者和外部相关方的监督检查 ⑥事中控制的目标：“保证质量合格” ⑦事中控制的关键：“坚持质量标准” ⑧事中控制的重点：工作的控制；工序的控制；质量控制点的控制
	（3）事后控制	①对质量活动结果的评价、认定 ②对工序质量偏差的纠正 ③对不合格产品进行整改和处理

44. 对施工质量应进行动态控制。下列工作中，属于事前质量控制的是（　　）。

A. 工序质量控制　　　　B. 质量控制点的检查

C. 质量管理点的设置　　D. 工序质量偏差的纠正

考点：质量控制的基本环节——事前控制

解析：

选项A、B属于事中控制；选项D属于事后控制。

事前质量控制，即在正式施工前进行的事前主动质量控制，通过编制施工质量计划，明确质量目标，制定施工方案，设置质量管理点，落实质量责任分析可能导致质量目标偏离的各种影响因素，针对这些影响因素制定有效的预防措施，防患于未然。事前质量预控要求针对质量控制对象的控制目标、活动条件、影响因素进行周密分析，找出薄弱环节，制定有效的控制措施和对策。

45. 下列施工企业作业质量控制点中，属于“待检点”的是（　　）。

A. 隐蔽工程　　B. 重要部位　　C. 特种作业　　D. 专门工艺

考点：质量控制点的设置

解析：

施工质量控制（三）		
质量控制点	内涵	施工质量控制点的设置，是施工质量计划的“重要组成内容” 施工质量控制点，是质量控制的“重点对象”
	选择	口诀：“关键薄弱难度大，四新影响不良人”
		（1）选对直接影响工程质量的关键部位、工序、环节及隐蔽工程 （2）选择施工过程中的薄弱环节 （3）选择对下道工序有较大影响的上道工序 （4）选择采用“四新工程”的部位或环节 （5）选择对质量无把握、施工条件困难、技术难度大的工序或环节 （6）选择用户反馈的、过去有过返工的不良工序
	类别	（1）见证点：“过程控制见证点” ①重要部位、特种作业、专门工艺等 ②施工作业施工方应在施工前，书面通知监理机构旁站，并由其见证施工作业过程
		（2）待检点：“结果验收待检点” ①隐蔽工程、检验批等 ②施工方必须在自检后，报监理机构检查验收，合格后方可施工下道工序

46. 施工质量控制点应选择那些技术要求高、对工程质量影响大或发生质量问题时危害大或（　　）的对象进行设置。

A. 劳动强度大　　B. 施工难度大

C. 施工技术先进　　D. 施工管理要求高

考点：质量控制点的设置

解析：

施工质量控制点应选择那些技术要求高、施工难度大、对工程质量影响大或发生质量问题时危害大的对象进行设置。

47. 施工质量计划的基本内容包括（　　）。

A. 质量总目标及分解目标　　B. 工序质量偏差的纠正

C. 质量管理组织机构和职责　　D. 施工质量控制点及跟踪控制的方式

E. 质量记录的要求

考点： 施工质量计划

解析：

<table>
<tr><th colspan="3">施工质量控制（四）</th></tr>
<tr><td rowspan="6">质量计划</td><td colspan="2">口诀："特点目标定职责，人机料法看要求"</td></tr>
<tr><td>（1）工程特点及施工条件</td><td>（2）质量总目标及分解目标</td></tr>
<tr><td>（3）质量管理机构和职责</td><td>（4）人员及资源配置计划</td></tr>
<tr><td>（5）物资（材、设）质量控制措施</td><td>（6）施工技术方案和施工组织方案</td></tr>
<tr><td>（7）施工质量控制点及跟踪控制</td><td>（8）施工质量检查、检验、试验</td></tr>
<tr><td>（9）质量记录的要求</td><td></td></tr>
</table>

48. 下列施工生产要素的质量控制内容中，属于工艺方案质量控制的是（　　）。

A. 施工企业坚持执业资格注册制度和作业人员持证上岗制度

B. 施工企业在施工过程中优先采用节能低碳的新型建筑材料和设备

C. 施工企业合理布置施工总平面图和各阶段施工平面图

D. 施工企业对施工中使用的模具、脚手架等施工设备进行专项设计

考点： 生产要素的质量控制

解析：

<table>
<tr><th colspan="3">施工质量控制（五）</th></tr>
<tr><td rowspan="4">质量控制要素</td><td>"人"
（施工人员）</td><td>（1）坚持执业资格注册制度和人员持证上岗制度
（2）对项目领导者、组织者应进行教育和培训
（3）对施工队伍进行全员培训
（4）对分包单位及施工人员进行资格考核</td></tr>
<tr><td>"机"
（施工机械）</td><td>（1）模板、脚手架除标准选型外，还可按"设计、施工要求"进行专项设计
（2）混凝土预制构件吊运根据构件形状、尺寸、重量和作业半径选择吊具和起重设备
（3）预制构件吊索水平夹角宜大于或等于 60°，应大于或等于 45°</td></tr>
<tr><td>"料"
（材料设备）</td><td>混凝土预制构件出厂砼强度宜大于或等于设计强度值的 75%</td></tr>
<tr><td>"法"
（工艺方案）</td><td>（1）分析工程特征、技术关键及环境条件，明确质量目标、验收标准、控制的重点和难点
（2）制定有针对性的"施工组织方案和施工技术方案"
施工组织方案包括：①施工段划分；②劳动组织
施工技术方案包括：①施工工艺；②施工方法
（3）合理布置施工总平面图和各阶段施工平面图
（4）合理选用施工机械设备和设置施工临时设施
（5）编制"四新工程"专项方案和质量管理方案
（6）分析气象、地质等环境因素对施工的影响，制定应对措施</td></tr>
</table>

（续）

施工质量控制（五）			
质量控制要素	“环”（施工环境）	自然环境	（1）分析岩土地质资料，预测不利因素，并会同设计方制定相应的措施 （2）对天气气象方面的影响因素，应在施工方案中制定专项紧急预案
		管理环境	（1）根据合同结构，理顺管理关系 （2）建立统一的现场施工组织系统 （3）建立统一的质量管理综合运行机制
		作业环境	（1）认真实施经审批的施工组织和专案 （2）落实工程施工相关管理制度 （3）严格执行施工平面规划和施工纪律 （4）制定应对停水、停电、火灾、食物中毒等方面的应急预案

49. 合理划分施工区段，属于施工生产要素质量控制中的（　　）。

A. 施工人员　　B. 工艺技术方案

C. 材料设备　　D. 施工环境因素

考点：生产要素的质量控制

解析：

对施工工艺技术方案的质量控制：

（1）深入正确地分析工程特征、技术关键及环境条件等资料，明确质量目标、验收标准、控制的重点和难点。

（2）制定合理有效的、有针对性的施工技术方案和组织方案，前者包括施工工艺、施工方法，后者包括施工区段划分、施工流向及劳动组织等。

（3）合理选用施工机械设备和设置施工临时设施，合理布置施工总平面图和各阶段施工平面图。

（4）选用和设计保证质量与安全的模具、脚手架等施工设备。

（5）编制工程所采用的新材料、新技术、新工艺的专项技术方案和质量管理方案。

（6）针对工程的具体情况，分析气象、地质等环境因素对施工的影响，制定应对措施。

50. 施工中使用施工设备属于质量影响因素中的（　　）。

A. 机械　　B. 材料

C. 环境　　D. 方法

考点：生产要素的质量控制

解析：

施工机械质量控制：

（1）对施工所用的机械设备，应根据工程需要从设备选型、主要性能参数及使用操作要求等方面加以控制。

（2）对施工中使用的模具、脚手架等施工设备，除可按适用的标准定型选用外，一般需按设计及施工要求进行专项设计，对其设计方案及制作质量的控制及验收应作为重点进行控制。

51. 装配式建筑中，混凝土预制构件出厂时的混凝土强度不宜低于设计混凝土强度等级值的（　　）。

A. 50%　　B. 90%

C. 75%　　D. 100%

考点： 生产要素的质量控制

解析：

混凝土预制构件出厂时的混凝土强度不宜低于设计混凝土强度等级值的 75%。

52. 在施工准备阶段，绘制模板配板图属于（　　）的质量控制工作。

A. 计量控制准备　　B. 测量控制准备

C. 施工技术准备　　D. 施工平面控制

考点： 施工技术准备质量控制

解析：

施工质量控制（六）	
施工技术准备质量控制	口诀：技术准备找技术
	（1）熟悉施工图纸，组织设计交底和图纸审查 （2）进行工程项目检查验收的项目划分和编号 （3）审核相关质量文件 （4）细化施工技术方案和资源配置方案 （5）编制施工作业技术指导书 （6）绘制测量放线图、大样图及配筋、配板、配线图表 （7）进行必要的技术交底和技术培训 （8）对上述技术准备工作成果的复核审查 （9）审查完善施工质量控制措施 （10）明确质量控制的重点对象和控制方法
施工现场准备质量控制	口诀：现场准备找计测
	（1）计量控制："计量控制找计量"
	（2）测量控制：①施工方开工前编制测量控制方案，经项目技负批准后实施 ②对建设单位提供的原始坐标点、基准线和水准点进行复核 ③将复测结果上报监理工程师审核，批准后建立施工控制网

53. 施工单位在工程开工前编制的测量控制方案，需经（　　）批准后方可实施。

A. 项目技术负责人　　B. 项目经理

C. 总监理工程师　　D. 项目质量工程师

考点： 施工现场准备质量控制

解析：

施工单位在开工前应当编制测量控制方案，经项目技术负责人批准后实施。

54. 依据法律和合同，对施工单位的施工质量行为和效果实施监督控制的相关主体有（　　）。

A. 建设单位　　B. 政府的工程质量监督部门

C. 设计单位　　D. 材料设备供应商

E. 监理单位

考点：施工作业质量控制——监控主体

解析：

建设单位、监理单位、设计单位及政府的工程质量监督部门，在施工阶段依据法律法规和工程施工合同，对施工单位的质量行为和项目实体质量实施监督控制。

55. 施工承包企业按经监理工程师依据合同和相关法规审批的施工质量计划组织施工，如导致工程质量问题，则责任由（　　）承担。

A. 建设单位

B. 监理单位

C. 施工承包企业

D. 监理单位和施工承包企业共同

考点：施工作业质量控制——现场质量检查

解析：

自控主体不能因为监控主体的存在和监控职能的实施而减轻或免除其质量责任。施工质量计划由施工承包企业编制，不能因为监理工程师的审批而减轻或免除施工承包企业的质量责任。

56. 对于重要的或对工程质量有重大影响的工序，应严格执行（　　）的“三检”制度。

A. 事前检查、事中检查、事后检查

B. 自检、互检、专检

C. 工序检查、分项检查、分部检查

D. 操作者自检、质量员检查、监理工程师检查

考点：施工作业质量控制——现场质量检查

解析：

对于重要的工序或对工程质量有重大影响的工序，应严格执行“三检”制度，即①自检；②互检；③专检。

57. 施工作业质量自控基本程序中包含的工作有（　　）。

A. 质量监督机构的抽检　　B. 现场旁站检查

C. 作业技术交底　　D. 作业活动的实施

E. 专职管理人员的质量检查

考点：施工作业质量控制

解析：

施工作业质量的自控过程是由施工作业组织的成员进行的，其基本的控制程序包括：①施工作业技术交底；②施工作业活动的实施；③施工作业质量的检验，包括施工单位内部的工序作业质量自检、互检、专检和交接检查。

58. 对建筑工程中的水磨石、面砖、石材饰面等现场检查时，均应敲击检查其铺贴质量，该方法属于现场质量检查方法中的（　　）。

A. 目测法　　B. 实测法

C. 试验法　　　　　　　　　　　　　　　　D. 记录法

考点：施工作业质量控制——现场质量检查方法

解析：

施工质量控制（七）		
现场质量检查方法	目测法	看：①清水墙面是否洁净 ②喷涂的密实度和颜色是否良好、均匀 ③工人的操作是否正常 ④内墙抹灰的大面及口角是否平直 ⑤混凝土外观是否符合要求等
		摸：①油漆的光滑度；②浆活是否牢固、不掉粉
		敲：①对地面工程进行敲击检查 ②对装饰工程中水磨石、面砖、石材饰面进行敲击检查
		照：①管道井、电梯井等内部管线、设备安装质量 ②装饰吊顶内连接及设备安装质量
	实测法	靠：塞尺检查墙面、地面、路面等的平整度
		量：①大理石板拼缝尺寸 ②摊铺沥青拌和料的温度 ③混凝土坍落度的检测
		吊：①砌体垂直度检查；②门窗的安装
		套：①阴阳角的方正；②踢脚线的垂直度； ③预制构件的方正；④门窗口及构件的对角线检查
	试验法	理化试验
		无损检测：①超声波探伤；②X 射线探伤；③γ 射线探伤

59. 下列现场质量检查方法中，属于无损检测方法的是（　　）。

A. 拖线板挂锤吊线检查　　　　　　　　　　B. 铁锤敲击检查

C. 留置试块试验检查　　　　　　　　　　　D. 超声波探伤检查

考点：现场质量检查方法

解析：

选项 A 属于实测法（靠、量、吊、套）；选项 B 属于目测法（看、摸、敲、照）；选项 C 属于理化试验。

第四节　施工质量验收

考点一：质量验收划分标准

考点二：工程质量验收标准

➢ 实战训练

60. 根据《建筑工程施工质量验收统一标准》，建筑工程质量验收逐级划分为（ ）。
A. 分部工程、分项工程和检验批
B. 分部工程、分项工程、隐蔽工程和检验批
C. 单位工程、分部工程、分项工程和检验批
D. 单位工程、分部工程、分项工程、隐蔽工程和检验批
考点：工程质量的十层空间结构
解析：

施工质量验收——质量验收划分标准	
单位工程	（1）单位工程：①具备独立施工条件；②具备独立使用功能 （2）子单位工程：具备独立施工条件
分部工程	（1）分部工程：①专业性质；②工程部位 （2）子分部工程：①材料种类；②施工特点；③施工程序；④专业系统
分项工程	划分标准：①工种；②工艺；③材料；④设备
检验批	（1）划分标准：①楼层；②工程量；③施工段；④施工缝 （2）最小单位：检验批是施工质量验收的最小单位

61. 根据《建筑工程施工质量验收统一标准》，分项工程的划分依据有（ ）。
A. 工程部位
B. 工种
C. 材料
D. 施工工艺
E. 设备类别
考点：质量验收——划分依据
解析：
分项工程按主要工种、材料、施工工艺、设备类别等进行划分。

62. 施工检验批质量验收的主控项目是指对（ ）起决定性作用的检测项目。
A. 安全
B. 经济效果
C. 节能
D. 环境保护
E. 主要使用功能
考点：质量验收——检验批
解析：

检验批质量验收	
验收人员	组织者：专业监理工程师
	参加者：①专业质检员；②专业工长

（续）

检验批质量验收	
合格标准	（1）具有完整的《施工操作依据》和《质量验收记录》 （2）主控项目质量检验均合格 （3）一般项目质量抽检均合格：①合格率≥80%；且无重大缺陷 ②最大偏差≤规范允许最大偏差的 1.5 倍
基本概念	（1）主控项目：①指对安全、节能、环保和主要使用功能起决定性作用的项目 ②主控项目具有否决权 （2）一般项目：除主控项目以外的其他项目

63. 在建设工程质量过程验收中，分项工程质量验收的组织者是（　　）。

A. 施工单位项目负责人

B. 建设单位项目负责人

C. 总监理工程师

D. 专业监理工程师

考点：质量验收——分项工程

解析：

分项工程质量验收	
验收人员	组织者：专业监理工程师 参加人：专业技术负责人
合格标准	实体：所含“检验批质量验收”均合格 资料：所含《检验批质量验收记录》完整

64. 下列施工过程质量验收环节中，应由专业监理工程师组织验收的有（　　）。

A. 分部工程　　B. 分项工程

C. 单项工程　　D. 检验批

E. 单位工程

考点：质量验收——验收人员

解析：

检验批、分项工程由专业监理工程师组织验收，分部工程由总监理工程师组织验收，单位工程由建设单位组织验收。

65. 工程项目分部工程质量验收的合格条件有（　　）。

A. 所含主要分项工程质量验收合格

B. 质量控制资料完整

C. 观感质量验收符合要求

D. 主控项目质量验收合格

E. 涉及安全和使用功能的分部工程检验结果符合规定

考点：分部工程——质量验收

解析：

分部工程质量验收	
验收人员	（1）组织者：总监 （2）参加者 必须在场：①施工单位项目负责人；②施工单位项目技术负责人 地基基础：①勘察单位项目负责人；②设计单位项目负责人； ③施工单位技术部门负责人；④施工单位质量部门负责人 主体结构、节能工程：①设计单位项目负责人；②施工单位技术部门负责人； ③施工单位质量部门负责人
合格标准	（1）所含分项工程的质量均应验收合格 （2）质量控制资料应完整 （3）安全、节能、环境保护和主要使用功能的抽样检验结果符合相应规定 （4）观感质量应符合要求
观感质量	（1）观感质量由验收各方协商确定 （2）综合给出“好、一般、差”的质量评价 （3）对于“差”的检查点，应进行返修处理 （4）涉及安全、节能、环保和主要使用功能的基础、主体、设备安装工程应“见证取样或抽样检测”

66. 工程质量验收时，设计单位项目负责人应参加验收的分部工程有（　　）。

A. 地基与基础　　B. 装饰装修

C. 主体结构　　D. 环境保护

E. 节能工程

考点：质量验收——验收人员

解析：

勘察单位、设计单位项目负责人和施工单位技术、质量部门负责人应当参加地基与基础分部工程验收，设计单位项目负责人和施工单位技术、质量部门负责人应当参加主体结构、节能分部工程的验收。

67. 根据《建筑工程施工质量验收统一标准》（GB 50300—2013）对涉及结构安全和使用功能的重要分部工程应进行（　　）。

A. 化学成分测定　　B. 抽样检测

C. 破坏性试验　　D. 观感质量验收

考点：分部工程——质量验收

解析：

对涉及安全、节能、环保和主要使用功能的基础、主体、设备安装工程，应“见证取样或抽样检测”。

68. 施工过程质量验收环节中，应由总监理工程师组织验收的是（　　）。

A. 检验批质量验收　　B. 分项目工程质量验收

C. 分部工程质量验收　　D. 竣工质量验收

考点： 质量验收——分部工程

解析：

选项A、B，由专业监理工程师组织。

选项D，由建设单位组织。

分部工程应由总监理工程师组织施工单位项目负责人和项目技术负责人等进行验收。

69. 下列装配式混凝土建筑预制构件中，应根据设计要求确定是否进行结构性能检验及其检验方式的是（　　）。

A. 简支受弯的预制板　　B. 简支受弯的预制梁

C. 叠合板预制底板　　D. 叠合梁构件

考点： 质量验收——装配式

解析：

装配式混凝土质量验收	
预制构件	（1）预制构件进场时应检查质量证明文件或质量验收记录 （2）梁板类简支受弯预制构件进场时应进行结构性能检验 （3）钢筋混凝土构件和允许出现裂缝的预应力混凝土构件应进行承载力、挠度和裂缝宽度检验；不允许出现裂缝的预应力混凝土构件应进行承载力、挠度和抗裂检验 （4）对于不可单独使用的叠合板预制底板，可不进行结构性能检验。对于叠合梁构件，是否进行结构性能检验、结构性能检验的方式应根据设计要求确定 （5）不做结构性能检验的预制构件，施工单位或监理单位代表应驻厂监督生产过程。当无驻厂监督时，预制构件进场时应对其主要受力钢筋数量、规格、间距、保护层厚度及混凝土强度进行实体检验。检验数量：同一类型预制构件不超过1000个为一批，每批随机抽取1个构件进行结构性能检验

70. 钢筋混凝土构件和允许出现裂缝的预应力混凝土构件进场质量验收时，应进行的检验项目包括（　　）。

A. 承载力　　B. 材料性能

C. 挠度　　D. 裂缝宽度

E. 外观质量

考点： 质量验收——装配式

解析：

钢筋混凝土构件和允许出现裂缝的预应力混凝土构件，应进行承载力、挠度和裂缝宽度检验；不允许出现裂缝的预应力混凝土构件，应进行承载力、挠度和抗裂检验。

71. 住宅工程质量分户验收由（　　）组织。

A. 建设单位　　B. 监理单位

C. 施工单位　　D. 质量监督单位

考点： 质量验收——住宅质量分户验收

解析：

在住宅工程各检验批、分项、分部工程验收合格的基础上，在住宅工程竣工验收前，建

设单位应当组织施工、监理等单位依据国家有关工程质量验收标准，对每户住宅及相关公共部位的观感质量和使用功能进行检查验收。

72. 住宅工程质量分户验收的内容有（　　）。

A. 地面工程质量　　B. 门窗工程质量

C. 供暖工程质量　　D. 防水工程质量

E. 电梯工程质量

考点：质量验收——住宅分户质量验收

解析：

住宅工程质量分户验收的内容主要包括：①地面、墙面和顶棚质量；②门窗质量；③栏杆、护栏质量；④防水工程质量；⑤室内主要空间尺寸；⑥给水排水系统安装质量；⑦室内电气工程安装质量；⑧建筑节能和供暖工程质量；⑨有关合同规定的其他内容。

73. 建设工程竣工验收应当具备的条件包括（　　）。

A. 完成设计和合同约定的各项内容

B. 有完整的技术档案和施工管理资料

C. 有施工单位签署的工程保修书

D. 有工程质量监督机构的审核意见

E. 有勘察、设计、施工、监理等单位分别签署的质量合格文件

考点：质量验收——单位工程竣工验收

解析：

建设工程竣工验收应当具备以下条件：

（1）完成建设工程设计和合同约定的各项内容。

（2）有完整的技术档案和施工管理资料。

（3）有工程使用的主要建筑材料、建筑构配件和设备的进场试验报告。

（4）有勘察、设计、施工、工程监理等单位分别签署的质量合格文件。

（5）有施工单位签署的工程保修书。

74. 根据《建筑工程施工质量验收统一标准》，单位工程质量验收合格应符合的规定有（　　）。

A. 所含分部工程的质量均应验收合格

B. 质量控制资料应完整

C. 观感质量应符合要求

D. 建设单位已按合同约定支付工程款

E. 主要使用功能的抽查结果应符合相关专业质量验收规范的规定

考点：质量验收——单位工程

解析：

单位工程竣工验收（一）	
验收人员	组织者：建设单位项目负责人
	参加者：监理、施工、设计、勘察等单位项目负责人

（续）

单位工程竣工验收（一）	
合格标准	（1）所含分部工程的质量均应验收合格 （2）质量控制资料应完整 （3）所含分部工程有关安全、节能、环境保护和主要使用功能的检验资料应完整 （4）主要使用功能的抽查结果应符合相关专业质量验收规范的规定 （5）观感质量应符合要求
验收程序	（1）单位工程完工后，施工单位组织相关人员自检 （2）总监组织各专业监理工程师进行预验收。存在施工质量问题时，应由施工单位及时整改 （3）预验收合格的，施工单位向建设单位提交工程竣工报告，申请组织工程竣工验收 （4）建设单位收到建设工程竣工报告后，应当组织设计、施工、工程监理等有关单位进行竣工验收 （5）建设单位组织单位工程质量验收时，分包单位负责人应参加验收 （6）建设单位在竣工验收7个工作日前将验收的时间、地点及验收组名单书面通知负责监督该工程的工程质量监督机构 （7）参与工程竣工验收的建设、勘察、设计、施工、监理等各方不能形成一致意见时，应当协商提出解决问题的方法，待意见一致后，重新组织工程竣工验收

75. 工程施工质量验收环节，需要进行观感质量验收的有（　　）。

A. 检验批质量验收　　B. 分部工程质量验收

C. 分项工程质量验收　　D. 单位工程质量验收

E. 装配式结构质量验收

考点：质量验收

解析：

分部工程和单位工程质量验收需要进行观感质量验收。

76. 工程竣工验收合格后，应由（　　）及时提出工程竣工验收报告。

A. 监理单位　　B. 质量监督机构

C. 建设单位　　D. 施工单位

考点：质量验收——单位工程竣工验收

解析：

工程竣工验收合格后，建设单位应当及时提出工程竣工验收报告。

77. 关于竣工质量验收程序和组织的说法，正确的是（　　）。

A. 单位工程的分包工程完工后，总包单位应组织进行自检，并按规定的程序进行验收

B. 工程竣工质量验收由建设单位委托监理单位负责组织实施

C. 单位工程完工后，总监应组织各专业监理工程师对工程质量进行竣工预验收

D. 工程竣工报告应由监理单位提交并须经总监理工程师签署意见

考点：质量验收——单位工程竣工验收

解析：

选项A，单位工程中的分包工程完工后，分包单位应对所承包的工程项目进行自检，并按规定的程序进行验收。

选项B，工程竣工质量验收由建设单位负责组织实施。

选项 D，工程完工并对存在的质量问题整改完毕后，施工单位向建设单位提交工程竣工报告，申请工程竣工验收。

78. 建设单位应在工程竣工验收前（　　）个工作日前，将验收时间、地点、验收组名单书面通知该工程的工程质量监督机构。

A. 7　　B. 3　　C. 14　　D. 15

考点： 质量验收——单位工程竣工验收

解析：

建设单位在竣工验收 7 个工作日前，将验收时间、地点、验收组名单书面通知质量监督机构，由建设单位组织竣工验收。

79. 关于单位工程竣工验收的说法，错误的是（　　）。

A. 工程竣工验收合格后，施工单位应当及时提出工程竣工验收报告

B. 工程完工后，总监理工程师应组织监理工程师进行竣工预验收

C. 对存在的质量问题整改完毕后，施工单位应提交工程竣工报告，申请验收

D. 竣工验收应由建设单位组织，并书面通知政府质量监管机构

考点： 质量验收——单位工程竣工验收

解析：

选项 A，工程竣工验收合格后，建设单位应当及时提出工程竣工验收报告。

80. 根据《建设工程质量管理条例》，各类房屋建筑工程和市政基础设施工程应在竣工验收合格之日起（　　）日内，将验收文件报建设行政主管部门备案。

A. 45　　B. 30　　C. 20　　D. 15

考点： 质量验收——竣工验收备案要求

解析：

建设单位应当自建设工程竣工验收合格之日起 15 日内，向工程所在地的县级以上地方人民政府建设主管部门备案。

81. 根据建设工程竣工验收备案制度，备案文件资料包括（　　）。

A. 规划部门出具的认可文件

B. 环保部门出具的准许使用文件

C. 工程竣工与验收申请报告

D. 工程竣工验收报告

E. 公安消防部门出具的准许使用文件

考点： 质量验收——竣工验收备案要求

解析：

单位工程竣工验收（二）	
竣工验收备案	备案日期：建设单位应当自工程竣工验收合格之日起 15 日内，向有关主管部门备案
	备案文件：（1）工程竣工验收备案表 （2）工程竣工验收报告 （3）规划、环保等部门出具的认可文件 （4）消防部门出具的验收合格证明文件 （5）施工单位签署的工程质量保修书

第五节 施工质量不合格的处理

考点一：施工质量缺陷管理
考点二：施工质量事故管理

➢ 实战训练

82. 根据《质量管理体系基础和术语》（GB/T 19000—2016）凡工程产品没有满足某个与预期或规定用途有关的要求称为（ ）。

A. 质量问题　　B. 质量事故
C. 质量不合格　　D. 质量缺陷

考点： 质量缺陷的概念

解析：

根据《质量管理体系基础和术语》（GB/T 19000—2016）的定义，工程产品未满足质量要求，即为质量不合格；而与预期或规定用途有关的质量不合格，称之为质量缺陷。

83. 某施工单位，发生一起质量事故，造成3人死亡，5000万元损失，该质量事故属于（ ）。

A. 重大事故
B. 一般事故
C. 特别重大事故
D. 较大事故

考点： 施工质量事故——等级划分

解析：

3人死亡属于较大事故，5000万元损失属于重大事故，该质量事故属于重大事故。

按事故造成损失的程度分级	特别重大事故	是指造成30人以上死亡，或者100人以上重伤，或者1亿元以上直接经济损失的事故
	重大事故	是指造成10人以上30人以下死亡，或者50人以上100人以下重伤，或者5000万元以上1亿元以下直接经济损失的事故
	较大事故	是指造成3人以上10人以下死亡，或者10人以上50人以下重伤，或者1000万元以上5000万元以下直接经济损失的事故
	一般事故	是指造成3人以下死亡，或者10人以下重伤，或者100万元以上1000万元以下直接经济损失的事故

84. 按事故责任分类，工程质量事故可分为（ ）。

A. 指导责任事故
B. 管理责任事故

C. 技术责任事故

D. 操作责任事故

E. 自然灾害事故

考点：施工质量事故——等级划分

解析：

工程质量事故按事故责任分类为：指导责任事故、操作责任事故、自然灾害事故。

85. 下列工程质量事故中，可由事故发生单位组织事故调查组的是（ ）。

A. 2人以下死亡，100万~500万元的直接经济损失

B. 5人以下重伤，100万~500万元的直接经济损失

C. 未造成人员伤亡，1000万~5000万元的直接经济损失

D. 未造成人员伤亡，100万~1000万元的直接经济损失

考点：施工质量事故——等级划分

解析：

未造成人员伤亡的一般事故，县级人民政府也可以委托事故发生单位组织事故调查组进行调查。

86. 某工程在浇筑楼板混凝土时，发生支模架坍塌，造成3人死亡，6人重伤，经调查，系现场技术管理人员未进行技术交底所致。该工程质量事故应判定为（ ）。

A. 操作责任的较大事故

B. 操作责任的重大事故

C. 指导责任的较大事故

D. 指导责任的重大事故

考点：施工质量事故——等级划分

解析：

按照事故造成的损失程度分类：事故造成3人死亡为较大事故，6人重伤为一般事故，综合考量本事故为较大事故；同时，题干又指明事故成因系现场技术管理人员未进行技术交底，则本事故属于指导责任事故；故该事故属于指导责任的较大事故。

87. 下列施工质量事故发生原因中，属于技术原因的有（ ）。

A. 因地质勘查不细导致的桩基方案不正确

B. 因计算失误导致结构设计方案不正确

C. 因施工管理混乱导致违章作业

D. 违反建设程序的“三边”工程

E. 采用不合适的施工方法、施工工艺

考点：质量事故——事故成因

解析：

质量事故的成因	
	口诀：勘察设计和施工
技术原因	（1）地质勘查过于疏略，水文地质判断错误 （2）结构设计方案不正确，计算失误，构造设计不符合规范要求 （3）施工管理及实际操作人员的技术素质差 （4）采用了不合适的施工方法

（续）

质量事故的成因	
	口诀：体制作业材设管
管理原因	（1）质量管理体系不完善　（2）质量管理措施落实不力 （3）施工管理混乱　（4）不遵守相关规范 （5）违章作业　（6）检验制度不严密 （7）质量控制不严格　（8）检测仪器设备管理不善而失准 （9）材料质量检验不严
	口诀：七无三边反程序
社会原因	（1）违反基本建设程序　（2）“七无”工程 （3）“三边”工程　（4）盲目抢工 （5）随意压低投标报价，中标后违法追加工程款，或偷工减料节约投资

88. 某工程施工中，由于施工方在低价中标后偷工减料，导致出现重大工程质量事故，该质量事故发生的原因属于（　　）。

A. 管理原因　　B. 社会、经济原因

C. 技术原因　　D. 人为事故原因

考点：施工质量事故——事故成因

解析：

社会、经济原因：“七无工程”；“三边工程”；某些施工企业盲目追求利润而不顾工程质量；在投标报价中恶意压低标价，中标后则采用随意修改方案或偷工减料等违法手段而导致发生质量事故。

89. 下列可能导致施工质量事故发生的原因中，属于管理原因的有（　　）。

A. 质量控制不严　　B. 操作人员技术素质差

C. 地质勘查过于疏略　　D. 材料质量检验不严

E. 违章作业

考点：施工质量事故——事故成因

解析：

管理原因：施工单位或监理单位的质量管理体系不完善，检验制度不严密，质量控制不严格，质量管理措施落实不力，违章作业，检测仪器设备因管理不善而失准，材料检验不严等原因引起的质量事故。

90. 下列施工质量事故预防措施中，属于严格按照基本建设程序办事的是（　　）。

A. 严格控制建筑材料质量

B. 禁止任意修改设计和不按图纸施工

C. 严禁脚手架超载堆放材料

D. 推行终身职业技能培训制度

考点：施工质量事故预防

解析：

选项A，属于严格把好建筑材料及制品的质量关。

选项C，属于依法进行施工组织管理。

选项D，属于强化从业人员管理。

质量事故预防	
严格按基本程序办事	（1）做好项目的可行性论证 （2）彻底搞清楚工程地质水文条件 （3）杜绝无证设计、无图施工 （4）禁止修改设计和不按图施工 （5）工程竣工，未经试车运转、未经验收不得使用
认真做好地质勘查工作	适当布置钻孔位置和设定钻孔深度
科学地加固处理好地基	对不均匀地基进行加固处理
进行必要的设计审查复核	请具有合格专业资质的审图机构对施工图进行审查复核
严格把好建筑材料及制品的质量关	要从①采购订货；②进场验收；③质量复验；④储存和使用等几个环节，严控建筑材料及制品的质量
强化从业人员管理	对施工人员进行培训
依法进行施工组织管理	（1）严格遵守法律法规、技术标准 （2）熟悉图纸，严格按图、操作规程施工 （3）关键工序、部位应编制专项方案，并严格执行 （4）施工技术措施、施工顺序要正确 （5）脚手架和楼面不可超载堆放构件和材料 （6）严格进行质量检查验收
做好应对不利施工条件和各种灾害的预案	制定施工措施及应急预案
加强施工安全与环境管理	及时消除重大事故隐患

91. 工程施工质量事故的处理包括：①事故调查；②事故原因分析；③事故处理；④事故处理的鉴定验收；⑤制定事故处理方案，正确的程序是（　　）。

A. ①→②→③→④→⑤　　B. ②→①→③→④→⑤

C. ①→②→⑤→④→③　　D. ①→②→⑤→③→④

考点：施工质量事故——事故处理程序

解析：

质量事故的处理程序	具体内容
事故报告	（1）事故发生单位概况 （2）人员伤亡和直接经济损失 （3）事故发生经过和救援情况 （4）事故原因和事故性质 （5）事故责任的认定以及对事故责任者的处理建议 （6）事故防范和整改措施
事故调查	未造成人员伤亡的一般事故，可委托事故发生单位自行组织调查

（续）

质量事故的处理程序	具体内容
事故原因分析	（1）事故分析要建立在事故调查的基础上 （2）必要时组织“检测鉴定和专家论证”
制定事故处理方案	
事故处理	（1）事故的技术处理 （2）对事故责任者的处罚
鉴定验收	
提交事故处理报告	

92. 下列工程质量问题中，可不做专门处理的是（　　）。

A. 某高层住宅施工中，底部二层的混凝土结构误用安定性不合格的水泥

B. 某防洪堤坝填筑压实后，压实土的干密度未达到规定值

C. 某检验批混凝土试块强度不满足规范要求，但混凝土实体强度检测后满足设计要求

D. 某工程主体结构混凝土表面裂缝大于 0.5mm

考点： 施工质量缺陷处理

解析：

选项 A，误用安定性不合格的水泥，应采用返工处理方法。

选项 B，压实土的干密度未达到规定值，应采用返工处理方法。

选项 D，主体结构混凝土表面裂缝大于 0.5mm，应采用返修处理方法。

施工质量缺陷处理的基本方法	
返修	混凝土的蜂窝、麻面、裂缝，当裂缝宽度不大于 0.2mm 时，可采用表面密封法；当裂缝宽度大于 0.3mm 时，采用嵌缝密闭法；当裂缝较深时，则应采取灌浆修补的方法
加固	主要是针对危及承载力的质量缺陷的处理
返工	修补处理后仍不能满足规定的质量标准要求，或不具备补救可能性，则必须采取返工处理（堤坝填筑压实土的干密度/预应力张拉系数/混凝土参数严重超标/安定性不合格水泥）
限制使用	修补方法处理后达到规定的使用要求和安全要求，而又无法返工处理的情况下，不得已时可做出诸如结构卸荷或减荷以及限制使用的决定
不作处理	（1）不影响结构安全、生产工艺和使用要求的 例如，有的工业建筑物出现放线定位的偏差，且严重超过规范标准规定，若要纠正会造成重大经济损失，但经过分析、论证其偏差不影响生产工艺和正常使用，在外观上也无明显影响，可不作处理 （2）后道工序可以弥补的质量缺陷（轻微麻面/平整度一般偏差 10mm） （3）法定检测单位鉴定合格的 （4）经检测鉴定达不到设计要求，但经原设计单位核算，仍能满足结构安全和使用功能的
报废处理	

93. 某砖混结构住宅楼墙体砌筑时，监理工程师发现由于施工放线错误，导致山墙上的窗户位置偏离 30cm，正确的处理方法是（　　）。

A. 加固处理　　B. 修补处理

C. 返工处理　　D. 不做处理

考点：施工质量事故——处理方法

解析：

放线定位存在偏差，且严重超过规范标准的规定，若要纠正会造成重大经济损失，但经过分析、论证，其偏差不影响生产工艺和正常使用，在外观上也无明显影响，可不作处理。

94. 某混凝土结构出现宽度为 0.5mm 的裂缝且裂缝深度较深，应采用的处理方法是（　　）。

A. 灌浆修补法　　B. 表面密封法

C. 嵌缝封闭法　　D. 粘钢加固法

考点：施工质量事故——处理方法

解析：

混凝土的蜂窝、麻面、裂缝，当裂缝宽度不大于 0.2mm 时，可采用表面密封法；当裂缝宽度大于 0.3mm 时，采用嵌缝密闭法；当裂缝较深时，则应采取灌浆修补的方法。

第六节　质量统计分析方法

考点一：分层法
考点二：因果分析图法
考点三：排列图法
考点四：直方图法

➢ 实战训练

95. 应用分层法进行质量管理的关键是（　　）。

A. 分层数据的统计和分析　　B. 分层的类别和层数

C. 调查分析的类别和层次划分　　D. 层层深入地排查和分析

考点：质量数理统计方法——分层法

解析：

质量数理统计方法——分层法（分类法）	
基本思想	影响质量的因素众多，对质量的调查和问题分析，必须分门别类地进行，这是分层法的基本思想
本质特征	分层法的本质是“分类法”或“分组法”，关键在于“层次、类别”的划分
应用关键	分层法的关键是“调查分析的类别和层次划分”
划分维度	（1）按施工时间分　（2）按作业组织分　（3）按地区部位分 （4）按工程类型分　（5）按产品材料分　（6）按合同结构分 （7）按检测方法分

96. 某焊接作业由甲、乙、丙、丁四名工人操作，为评定各工人的焊接质量，共抽检 100 个焊点，抽检结果见下表。根据表中数据，各工人焊接质量由好至差的排序是(　　)。

作业工人	抽检数量	不合格点数
甲	10	2
乙	40	4
丙	20	10
丁	30	8

A. 乙→甲→丁→丙　　B. 甲→乙→丙→丁

C. 乙→甲→丙→丁　　D. 丁→乙→甲→丙

考点：质量数理统计方法——分层法

解析：

甲工人的不合格率＝2/10＝0.2；乙工人的不合格率＝4/40＝0.1；丙工人的不合格率＝10/20＝0.5；丁工人的不合格率＝8/30＝0.27。

则焊接质量由好到差的排序为：乙→甲→丁→丙。

97. 某钢结构厂房在结构安装过程中，发现构件焊接出现不合格，施工项目部采用逐层深入排查的方法分析确定构件焊接不合格的主要原因，这种工程质量统计方法是(　　)。

A. 排列图法　　B. 因果分析图法

C. 控制图法　　D. 直方图法

考点：质量数理统计方法——因果分析图法

解析：

质量数理统计方法——因果分析图法	
定义	(1) 因果分析图法，也叫“质量特性要因分析法” (2) 基本原理是对每一个质量特性或问题逐层深入排查可能原因，然后确定其中最主要原因
应用	(1) 一个质量特性或质量问题使用一张图分析，即一张图只解决一个问题 (2) 采用 QC 小组活动的方式集思广益，共同分析 (3) 必要时可以邀请小组以外的人员参与 (4) 分析时要充分发表意见，列出所有可能原因 (5) 参与人员选出 1~5 项多数人共识的主要原因

98. 关于因果分析图法的说法，正确的是(　　)。

A. 因果分析可以反映质量数据的分布特征

B. 通常采用 QC 小组活动的方式进行因果分析

C. 可以定量分析影响质量的主次因素

D. 一张因果分析图可以分析多个质量问题

考点：质量数理统计方法——因果分析图法

解析：

选项 A，属于直方图法。

选项 C，因果分析图法无法定量分析影响质量的主次因素。

选项 D，一个质量特性或一个质量问题使用一张图分析。

99. 对某模板工程进行抽样检查，发现在表面平整度、截面尺寸、平面水平度、垂直度和标高等方面存在质量问题。按照排列图法进行统计分析，上述质量问题累计频率依次为41%、79%、89%、98%和100%，需要进行重点管理的A类问题有（　　）。

A. 平面水平度　　B. 垂直度

C. 标高　　D. 表面平整度

E. 截面尺寸

100. 在工程质量管理中，采用直方图作用的有（　　）。

A. 分析判断生产过程质量是否处于稳定状况

B. 分析质量数据的分布特征

C. 分析质量水平是否保持在公差允许范围内

D. 确定质量问题的主次影响因素

E. 逐层深入排查产生影响质量问题的可能原因

考点：质量数理统计方法——直方图法

解析：

直方图法的主要用途：①整理统计数据，了解统计数据的分布特征，即数据分布的集中或离散状况，从中掌握质量能力状态；②观察分析生产过程质量是否处于正常、稳定和受控状态以及质量水平是否保持在公差允许的范围内。

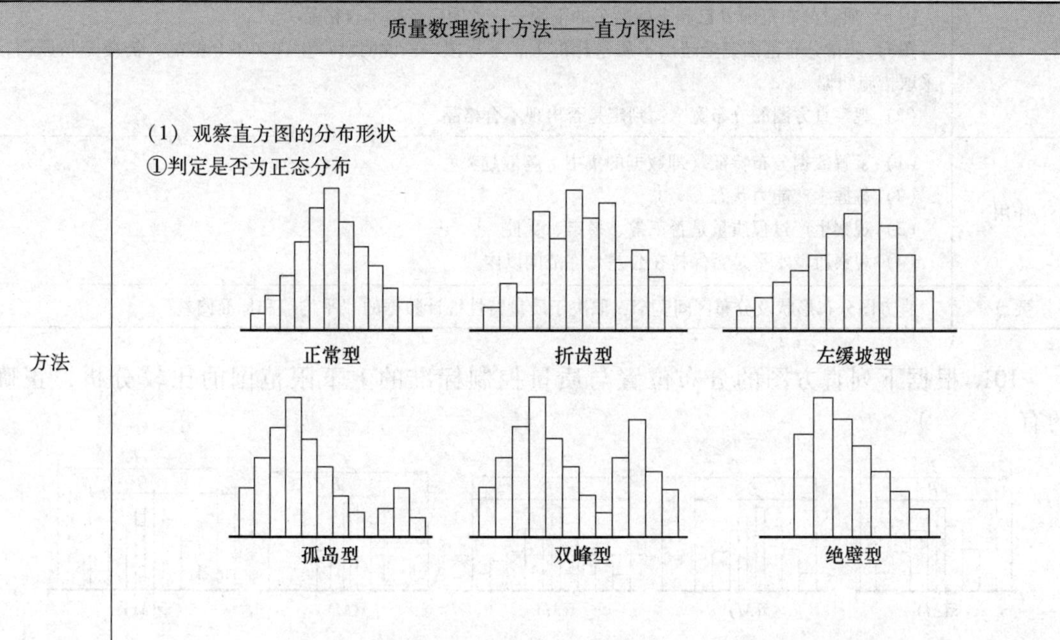

质量数理统计方法——直方图法	
方法	（1）观察直方图的分布形状 ①判定是否为正态分布 正常型　折齿型　左缓坡型 孤岛型　双峰型　绝壁型

（续）

质量数理统计方法——直方图法	
方法	②是否处于正常、稳定状态 正常型直方图与质量标准相比较，一般有下图所示六种情况 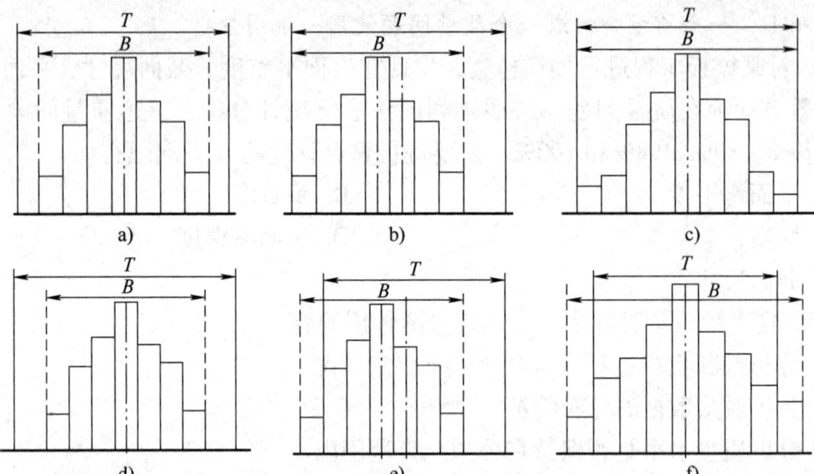 注：T—表示质量标准要求界限　B—表示质量特性分布范围 点画线—质量标准中心（线）　双点画线—质量分布中心（线） 图 a）最理想：B 在 T 中间，质量分布中心与质量标准中心重合，实际数据分布与质量标准相比两边有一定余地。表示生产质量正常、稳定、受控 图 b）有风险：B 虽然落在 T 内，但质量分布中心与 T 的中心不重合，偏向一边。质量数据整体分布偏下限，容易出现不合格，管理上必须提高总体能力 图 c）风险较大：B 在 T 中间，且 B 的范围接近 T 的范围，没有余地。质量数据整体分部接近上下限，容易出现不合格，必须分析原因，采取措施 图 d）质量好，不经济：B 在 T 中间，两边余地大。说明质量能力偏大，不经济 图 e）质量分布范围 B 已超出标准 T 的下限——说明已产生不合格品 图 f）质量分布范围完全超出了质量标准上、下界限——说明已产生许多不合格品，需要分析原因，采取措施纠偏 （2）观察直方图的分布宽窄：判定是否出现不合格品
作用	（1）了解数据分布特征（即数据的集中、离散趋势） （2）掌握生产能力状态 （3）观察生产过程质量是否正常、稳定、受控 （4）观察质量水平是否保持在公差允许范围以内
要点	直方图分布形状及分布区间宽窄，取决于质量特性统计数据的“平均值和标准偏差”

101. 根据下列直方图的分布位置与质量控制标准的上下限范围的比较分析，正确的有（　　）。

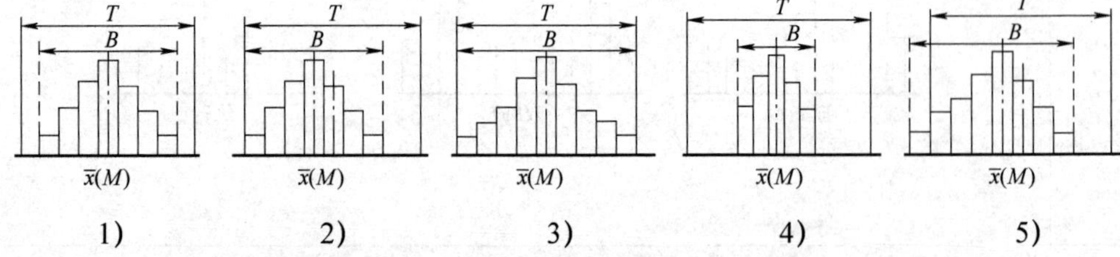

A. 图 1）显示生产过程的质量正常、稳定、受控
B. 图 3）显示质量特性数据分布达到质量标准上下限，质量能力处于临界状态
C. 图 4）显示质量特性数据的分布居中，质量能力偏大，不经济
D. 图 5）显示质量特性数据超出质量标准的下限，存在质量不合格情况
E. 图 2）显示质量特性数据分布偏上限，易出现不合格

考点：质量数理统计方法——直方图法

解析：

选项 E，图 2）显示的质量特性数据分布偏下限，易出现不合格。

102. 直方图的分布形状及分布区间宽窄，取决于质量特征统计数据的（　　）。

A. 样本数量和分布情况　　B. 控制标准和分布状态
C. 平均值和标准偏差　　D. 分布位置恶化控制标准上下限

考点：质量数理统计方法——直方图法

解析：

直方图的分布形状及分布区间宽窄是由质量特性统计数据的平均值和标准偏差所决定的。

第七节　质量的政府监督

考点一：政府职责划分
考点二：政府监督性质
考点三：政府监督程序

➢ 实战训练

103. 施工过程中政府质量监督检查的内容主要包括（　　）。

A. 质量管理组织架构　　B. 质量控制资料的完成情况
C. 施工组织设计文件　　D. 工程实体质量的完成情况
E. 参与各方的质量行为

考点：政府质量监督

解析：

<table>
<tr><th colspan="3">工程质量监督（一）</th></tr>
<tr><td>性质</td><td colspan="2">（1）政府质量监督的性质属于行政执法行为
（2）对实体质量、责任主体及质量检测等单位的工程质量行为实施监督</td></tr>
<tr><td rowspan="2">概念
程序</td><td colspan="2">（1）实体质量监督：指对涉及结构安全、主要使用功能的实体质量情况实施监督
（2）质量行为监督：指对参建各方及质量检测方质量责任的履行情况实施监督</td></tr>
<tr><td>（1）受理建设单位办理质量监督手续</td><td>工程“开工前”，监督机构接受建设单位有关工程质量监督的申报手续</td></tr>
</table>

（续）

工程质量监督（一）		
概念程序	（2）制定工作计划并组织实施	①质量监督依据的法律法规、规范、标准 ②实施质量监督的具体方法和步骤 ③各阶段质量监督的内容、范围、重点 ④定期或不定期进入现场安排监督检查的时间 ⑤质量监督记录用表 ⑥监督人员及需用资源安排
	（3）抽查、抽测实体质量和质量行为	①主要手段包括日常检查和抽查抽测，采用“双随机，一公开”——随机抽取检查对象，随机选派监督人员，及时公开检查情况和查出结果的方式，集合“互联网+监管”模式 ②监督抽样检测的重点是涉及“结构安全和重要使用功能”的项目。例如，地基基础和主体结构质量验收前要分别进行监督检测 ③对质量责任主体和质量检测单位质量行为进行检查。检查内容包括 a. 参建各方的质量保证体系和运行情况 b. 企业经营资质证书和人员资格证书 c. 开工前办理的行政手续是否完备 d. 施工组织设计、监理规划审批及执行 e. 法律法规和强制性标准执行情况 f. 工程质量检查记录
	（4）监督工程竣工验收	①监督竣工验收的程序和过程 ②复查质量问题的整改情况
	（5）形成工程质量监督报告	①工程概况；②参建各方质量行为检查情况；③实体质量抽查情况；④质量问题整改情况；⑤工程竣工验收情况；⑥项目质量评价；⑦质量缺陷的处理意见
	（6）建立工程质量监督档案	工程质量监督档案按“单位工程”建立

104. 建设工程政府质量监督机构履行质量监督职责时，可以采取的措施是（　　）。

A. 发现有影响工程质量的问题时，责令改正

B. 暂时扣押被检查单位的固定资产

C. 对被检查单位负责人进行处罚

D. 吊销被检查单位的资质证书

考点：政府对工程项目质量监督的职能与权限

解析：

工程质量监督（二）	
政府监督职权	（1）要求被检查单位提供有关工程质量的文件和资料 （2）进入被检查单位的施工现场进行检查 （3）发现有影响工程质量的问题时，责令改正

105. 在工程项目质量监督的“双随机、一公开”方法中，“双随机”是指（ ）。

A. 随机确定检查时间、随机抽取检查对象

B. 随机选派监督检查人员、随机确定检查时间

C. 随机抽取检查对象、随机选派监督检查人员

D. 随机选派监督检查人员、随机确定抽检部位

考点：政府对工程项目质量监督的内容与实施

解析：

日常检查和抽查抽测相结合，采取“双随机、一公开”（随机抽取检查对象，随机选派监督检查人员，及时公开检查情况和查处结果）的检查方式和“互联网-监管”的模式。

106. 省级人民政府建设行政主管部门对于质量监督管理机构人员岗位考核的频次是（ ）。

A. 每两年一次　　　　B. 每半年一次

C. 每一年一次　　　　D. 每三年一次

考点：政府质量监督机构

解析：

省、自治区、直辖市人民政府建设主管部门每两年对监督人员进行一次岗位考核，每年进行一次法律法规、业务知识培训，并适时组织开展继续教育培训。

工程质量监督（三）	
监督机构	监督机构应当具备的条件：具有符合规定条件的监督人员，监督人员应当占监督机构总人数的75%以上
★监督人员	（1）监督人员应当具备的条件：具有工程类专业大学专科以上学历或者工程类执业注册资格，具有三年以上工程质量管理或者设计、施工、监理等工作经历 （2）监督机构和监督人员符合条件经考核合格后，方可实施质量监督 （3）监督机构可以聘请中级职称以上的工程专业技术人员协助实施工程质量监督 （4）省级建设主管部门每两年对监督人员进行一次岗位考核，每年进行一次法律法规、业务培训，并适时组织开展继续教育培训

107. 下列关于监督机构说法正确的是（ ）。

A. 有固定的工作场所和监督所需要的仪器、设备和工具

B. 监督人员占监督机构总人数的70%

C. 有一年以上的工程质量管理和设计、施工、监理等经历

D. 经过政府授权后即可实施监督工作

考点：政府质量监督机构

解析：

选项B，监督人员应当占监督机构总人数的75%以上。

选项C，监督人员应当具备的条件：具有工程类专业大学专科以上学历或者工程类执业注册资格，具有三年以上工程质量管理或者设计、施工、监理等工作经历；还须经考核合格后，方可从事工程质量监督工作。

参考答案

题号	1	2	3	4	5	6	7	8	9	10
答案	C	B	D	C	D	BDE	AD	A	A	B
题号	11	12	13	14	15	16	17	18	19	20
答案	B	D	CDE	B	C	ACD	D	D	BCE	C
题号	21	22	23	24	25	26	27	28	29	30
答案	A	ACE	C	A	A	C	C	ABD	D	CD
题号	31	32	33	34	35	36	37	38	39	40
答案	BCD	ACD	D	D	ADE	ACE	D	D	C	A
题号	41	42	43	44	45	46	47	48	49	50
答案	B	B	A	C	A	B	ACDE	C	B	A
题号	51	52	53	54	55	56	57	58	59	60
答案	C	C	A	ABCE	C	B	CDE	A	D	C
题号	61	62	63	64	65	66	67	68	69	70
答案	BCDE	ACDE	D	BD	BCE	ACE	B	C	D	ACD
题号	71	72	73	74	75	76	77	78	79	80
答案	A	ABCD	ABCE	ABCE	BD	C	C	A	A	D
题号	81	82	83	84	85	86	87	88	89	90
答案	ABD	D	A	ADE	D	C	ABE	B	ADE	B
题号	91	92	93	94	95	96	97	98	99	100
答案	D	C	D	A	C	A	B	B	DE	ABC
题号	101	102	103	104	105	106	107			
答案	ABCD	C	DE	A	C	A	A			

第五章　建设工程职业健康安全与环境管理

➢ 核心考点

第一节：职业健康安全管理体系与环境管理体系
第二节：安全生产管理
第三节：安全事故应急预案和事故处理
第四节：施工现场职业健康安全与环境管理的要求

第一节　职业健康安全管理体系与环境管理体系

考点一：管理体系标准
考点二：管理目的
考点三：管理特点
考点四：管理要求
考点五：管理体系建立
考点六：管理体系运行
考点七：管理体系维持

➢ 实战训练

1. 建设工程项目环境管理的目的是通过保护生态环境，使（　　）。
A. 社会经济的发展与人类生存环境相协调
B. 环境能够服务于人类经济社会的发展
C. 环境污染不至于造成人类生存基本条件的破坏
D. 工程项目施工场界内的污染得到有效防止

考点：职业健康安全及环境管理——管理目的

解析：

职业健康安全及环境管理（一）	
职业健康安全管理的目的	（1）防止和减少生产安全事故、保护产品生产者的健康与安全、保障人民群众的生命和财产免受损失 （2）控制影响工作场所内员工、临时工作人员、合同方人员、访问者和其他有关部门人员健康和安全的条件和因素 （3）考虑和避免因管理不当对员工健康和安全造成的危害
环境保护管理的目的	保护生态环境，使社会的经济发展与人类的生存环境相协调

2. 在建设工程项目决策阶段，建设单位职业健康安全与环境管理的任务是（　　）。

A. 对环境保护和安全设施的设计提出建议

B. 办理有关安全和环境保护各种审批手续

C. 对生产安全事故的防范提出指导性意见

D. 将保证安全施工的措施报有关部门备案

考点：职业健康安全及环境管理——管理要求

解析：

<table>
<tr><th colspan="3">职业健康安全及环境管理（二）</th></tr>
<tr><td rowspan="4">管理要求</td><td colspan="2">决策阶段：业主方的管理要求
（1）进行工程项目安全预评价
（2）进行项目环境影响评价
（3）办理各种安全与环境保护方面的审批手续</td></tr>
<tr><td colspan="2">设计阶段：设计方的管理要求
（1）设计方应考虑“施工安全和防护需要”，对施工安全的重点部分和环节应在设计文件中注明
（2）针对四新工程应提出保障施工作业人员安全和预防生产安全事故的“措施建议”
（3）设计时应考虑“施工安全和防护需要”，对生产安全事故防范提出“指导意见”
（4）在工程总概算中，应明确工程“安全环保设施费”和“安全施工和环境保护措施费”</td></tr>
<tr><td rowspan="2">施工阶段</td><td>业主方：（1）申领施工许可证时，应提供有关安全施工措施的资料
（2）依法批准开工报告的工程，应自开工报告批准之日起 15 日内，将保证安全施工的措施报送有关部门备案</td></tr>
<tr><td>施工方：（1）总承包方应对现场安全生产负总责并自行完成工程主体结构施工
（2）分包方应接受总承包方的安全管理
（3）分包合同中应当明确各自的安全生产方面的权利、义务
（4）分包单位不服从管理导致安全事故的，分包单位承担主要责任
（5）总承包和分包单位对分包工程的安全生产承担连带责任</td></tr>
</table>

3. 根据《职业健康安全管理体系要求及使用指南》，属于运行部分的内容是（　　）。

A. 管理评审

B. 危险源辨识

C. 理解组织及其所处的环境

D. 应急准备和响应

考点：《职业健康安全管理体系要求及使用指南》

解析：

运行包括：运行策划和控制、应急准备和响应。

《职业健康安全管理体系要求及使用指南》	P	策划	
	D	支持	资源 能力 意识 沟通
		运行	运行策划和控制 应急准备和响应
	C	绩效评价	监视、测量、分析和绩效评价（合规性评价） 内部审核 管理评审
	A	改进	事件、不符合和纠正措施 持续改进

4. 对于依法批准开工报告的建设工程，建设单位应当自开工报告批准之日起（　　）日内将保证安全施工的措施报送工程所在地相关部门备案。

A. 7　　B. 14

C. 15　　D. 30

考点：职业健康安全及环境管理——管理要求

解析：

依法批准开工报告的工程，应自开工报告批准之日起 15 日内，将保证安全施工的措施报送有关部门备案。

5. 建设项目的职业健康安全和环境管理涉及大量的露天作业，受到气候条件、工程地质和水文地质、地理条件和地域资源等不可控因素的影响较大，反映出职业健康安全与环境管理具有（　　）特点。

A. 多样性　　B. 复杂性

C. 多变性　　D. 协调性

考点：职业健康安全及环境管理——管理特点

解析：

职业健康安全与环境管理（三）		
管理特点	复杂性	大量的露天作业，受到气候条件、工程地质和水文地质、地理条件、地域资源等不可控因素的影响较大
	多变性	材料、设备、施工机具的流动性大，以及不断引入新技术、新设备和新工艺，会加大管理难度
	协调性	现场涉及工种较多，各工种经常需要交叉作业
	持续性	建设周期长，从设计、实施到投产，诸多工序环环相扣，前一道工序隐患可能会引发后续安全事故
	经济性	产品的时代性、社会性与多样性决定环境管理的经济性
	多样性	产品的时代性和社会性决定环境管理的多样性

6. 下列职业健康安全与环境管理体系文件中，以体系标准中管理要素为对象编写的文件是（　　）。

A. 程序文件　　B. 质量手册

C. 质量计划　　D. 质量记录

考点：职业健康安全及环境管理——管理体系文件

解析：

职业健康安全及环境管理（四）	
体系文件编写	（1）管理手册：是对施工企业整个管理体系的整体性描述，是管理体系的纲领性文件 （2）程序文件：编写应符合以下要求： ① 针对需要编制程序文件的管理要素 ② 程序文件的内容可按“4W1H”的顺序和内容来编写 ③ 一般格式可按照目的和适用范围、引用的标准及文件、术语和定义、职责、工作程序、报告和记录的格式以及相关文件等的顺序来编写 （3）作业文件：是指管理手册、程序文件之外的文件，包括 ① 作业指导书（操作规程） ② 管理规定 ③ 监测活动准则 ④ 程序文件引用的表格

7. 作业文件是职业健康安全与环境管理体系文件的组成之一，其内容包括（　　）。

A. 管理手册、管理规定、监测活动准则及程序文件

B. 操作规程、管理规定、监测活动准则及程序文件引用的表格

C. 操作规程、管理规定、监测活动准则及管理手册

D. 操作规程、管理规定、监测活动准则及程序文件

考点：职业健康安全及环境管理——管理体系文件

解析：

作业文件是指管理手册、程序文件之外的文件，包括：①作业指导书（操作规程）；②管理规定；③监测活动准则；④程序文件引用的表格。

8. 关于建设工程职业健康安全管理体系与环境管理体系维持的说法，正确的是（　　）。

A. 内部审核是组织最高管理者对管理体系的系统评价

B. 管理评审是组织对其自身管理体系进行的审核

C. 公司级合规性评价应每年进行两次

D. 项目组级合规性评价应由项目经理组织有关人员进行

考点：职业健康安全及环境管理——管理体系维持

解析：

职业健康安全与环境管理（五）		
管理体系维持	内部审核	（1）是施工企业对其自身的管理体系进行的审核 （2）是管理体系自我保证和自我监督的一种机制

（续）

职业健康安全与环境管理（五）		
管理体系维持	管理评审	管理评审是施工企业的最高管理者对管理体系的系统评价，判断组织的管理体系面对内部情况和外部环境的变化是否充分适应有效
	合规性评价	（1）为了履行遵守法律法规要求的承诺，合规性评价分为公司级（管理者代表组织）和项目组级评价（项目经理组织）两个层次 （2）当某个阶段施工时间超过半年时，项目组级评价应不少于一次 （3）项目工程结束时，应针对整个项目工程进行系统的合规性评价 （4）公司级评价每年进行一次

9. 关于职业健康安全与环境管理体系管理评审的说法，正确的是（　　）。

A. 管理评审是管理体系接受政府监督的一种机制

B. 管理评审是最高管理者对管理体系的系统评价

C. 管理评审是管理体系自我保证和自我监督的一种机制

D. 管理评审是第三方论证机构对管理体系的系统评价

考点：安全管理体系的维持

解析：

管理评审是由施工企业的最高管理者对管理体系的系统评价，用于判断组织的管理体系面对内部情况和外部环境的变化是否充分适应有效。

第二节　安全生产管理

考点一：安全生产管理制度

考点二：安全生产管理预警体系的建立和运行

考点三：施工安全技术措施和安全技术交底

考点四：安全生产检查监督的类型和内容

考点五：安全隐患的处理

➢ 实战训练

10. 建设工程安全生产管理制度的核心制度是（　　）。

A. 安全教育制度　　B. 安全生产责任制度

C. 安全检查制度　　D. 安全预评价制度

考点：安全生产管理制度——安全生产责任制度

解析：

安全生产责任制度是最基本的安全管理制度，是所有安全管理制度的核心。

11. 根据《建筑施工企业安全生产管理机构设置及专职安全生产管理人员配备办法》，某3万m^2的建筑工程项目部应配备专职安全管理人员的最少人数是（　　）名。

A. 1　　B. 3　　C. 4　　D. 2

考点：安全生产管理制度——安全生产责任制度

解析：

安全生产管理制度（一）		
安全生产责任制度	内涵：安全生产责任制度，是最基本的安全管理制度 安全生产责任制度，是所有安全生产管理制度的核心	
	安全员现场配备	建筑、装修：1 万 m^2 以下时，至少 1 人 1 万~5 万 m^2时，至少 2 人 5 万 m^2 及以上时，至少 3 人

12. 根据《安全生产许可证条例》，安全生产许可证的有效期是（　　）年。

A. 6　　B. 5

C. 4　　D. 3

考点：安全生产管理制度——安全生产许可制度

解析：

安全生产管理制度（二）	
安全生产许可制度	《安全生产许可证》取得条件
	制度：建立健全安全生产责任制度，制定安全生产规章制度和操作规程 资源：安全投入符合安全生产要求 人员：设置安全生产管理机构，配备专职安全生产管理人员 主要负责人和安全管理人员经考核合格 特种作业人员经有关主管部门考核合格，取得《特种作业操作资格证书》 从业人员经安全生产教育和培训合格 依法参加工伤保险，为从业人员缴纳保险费 设备：厂房、作业场所和安全设施、设备、工艺符合安全生产相关规定 有职业危害防治措施，为从业人员配备合规的劳动防护用品 评价：依法进行安全评价 预案：有重大危险源检测、评估、监控措施和应急预案 有安全事故应急救援预案、应急救援组织或救援人员，配备应急救援器材、设备
	《安全生产许可证》管理要求
	审查：安全生产许可证颁发和管理机构应当自收到申请之日起 45 日内审查完毕 期限：安全生产许可证的有效期为 3 年 安全生产许可证有效期延期 3 年 企业应当于期满前 3 个月，向原安全生产许可证颁发管理机关办理延期手续 免审：有效期内未发生死亡事故的，有效期届满时，经原发证机关同意，不再审查 禁止：企业不得转让、冒用安全生产许可证或者使用伪造的安全生产许可证

13. 根据《安全生产许可证条例》，施工企业安全生产许可证（　　）。

A. 有效期满时经同意可以不再审查

B. 有效期为 2 年

C. 要求企业获得职业健康安全管理体系认证

D. 应在期满后 3 个月内办理延期手续

考点：安全生产管理制度——安全生产许可制度

解析：

选项 A、B，企业在安全生产许可证有效期内严格遵守有关安全生产的法律法规，未发生死亡事故的，安全生产许可证有效期届满时，经原安全生产许可证颁发管理机关同意，不再审查，安全生产许可证有效期延期 3 年。

选项 C，职业健康安全管理体系没有公正的第三方认证。

选项 D，安全生产许可证有效期满需要延期的，企业应当于期满前 3 个月向原安全生产许可证颁发管理机关办理延期手续。

14. 下列企业安全生产教育培训形式中，属于员工经常性教育的有（　　）。

A. 安全活动日　　B. 改变工艺时的安全教育

C. 事故现场会　　D. 安全技术理论培训

E. 安全生产会议

考点：安全生产管理制度——安全生产教育培训制度

解析：

安全生产管理制度（三）		
安全生产教育培训制度	对象	企业安全生产教育培训包括对管理人员、特种作业人员、企业员工的安全教育
	类别	三级安全教育 内涵：三级安全教育指“企业、项目、班组”三级 要点：①企业员工岗前应进行三级安全教育，考核合格后方可上岗 ②企业新员工，岗前培训时间不得少于“24 学时” ③企业级安全教育由主管领导负责，安全管理部门会同有关部门组织实施 ④项目级安全教育由项目负责人组织实施，安全员协助 ⑤班组级安全教育由班组长组织实施
		改变工艺和换岗时的安全教育
		经常安全教育——“宣传活动三开会”： ①张贴安全宣传画、宣传标语及标志 ②安全活动日 ③安全生产会议 ④事故现场会 ⑤每天班前班后会上，说明安全注意事项

15. 关于安全生产教育培训的说法，正确的是（　　）。

A. 企业新员工按规定经过三级安全教育和实际操作训练后即可上岗

B. 项目级安全教育由企业安全生产管理部门负责人组织实施，安全员协助

C. 班组级安全教育由项目负责人组织实施，安全员协助

D. 企业安全教育培训包括对管理人员、特种作业人员和企业员工的安全教育

考点：安全生产管理制度——安全生产教育培训制度

解析：

选项 A，企业新员工上岗前必须进行三级安全教育，企业新员工须按规定通过三级安全教育和实际操作训练，并经考核合格后方可上岗。

选项 B，项目级安全教育由项目级负责人组织实施，专职或兼职安全员协助。

选项 C，班组级安全教育由班组长组织实施。

16. 编制安全技术措施计划包括以下工作：①工作活动分类；②风险评价；③危险源识别；④制定安全技术措施计划；⑤评价安全技术措施计划的充分性；⑥风险确定。正确的编制步骤是（　）。

A. ①→②→③→④→⑤→⑥　　B. ③→①→②→⑥→④→⑤

C. ①→③→⑥→②→⑤→④　　D. ①→③→⑥→②→④→⑤

考点：安全生产管理制度——安全技术措施制度

解析：

编制安全技术措施计划的步骤：①工作活动分类；②危险源识别；③风险确定；④风险评价；⑤制定安全技术措施计划；⑥评价安全技术措施计划的充分性。

17. 关于某起重信号工病休 7 个月后重返工作岗位的说法，正确的是（　）。

A. 应重新进行安全技术理论学习，经确认合格后上岗作业

B. 应在从业所在地考核发证机关申请备案后上岗作业

C. 应重新进行实际操作考试，经确认合格后上岗作业

D. 应重新进行安全技术理论学习、实际操作考试，经确认合格后上岗作业

考点：安全生产管理制度——特种作业人员管理制度

解析：

特种作业操作证在全国范围内有效，离开特种作业岗位 6 个月以上的特种作业人员，应当重新进行实际操作考试，经确认合格后方可上岗作业。

安全生产管理制度（四）		
特种作业人员持证上岗制度	人员类别	（1）爆破作业人员　（2）垂直运输机械作业人员 （3）安装拆卸工　（4）起重信号工 （5）登高架设作业人员
	人员要求	（1）必须按照国家有关规定经过专门的安全作业培训，并取得特种作业操作资格证书后，方可上岗作业 （2）特种作业操作证在全国范围内有效，离开特种作业岗位 6 个月以上的特种作业人员，应当重新进行实际操作考试，经确认合格后方可上岗作业

18. 根据《建设工程安全生产管理条例》，施工单位应当组织专家进行论证、审查的专项施工方案有（　）。

A. 深基坑工程

B. 起重吊装工程

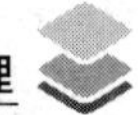

C. 脚手架工程

D. 拆除、爆破工程

E. 高大模板工程

考点： 安全生产管理制度——专项方案专家论证制度

解析：

安全生产管理制度（五）	
专项方案专家论证制度	编案范围："基土起重拆脚模" （1）基坑支护降水　（2）土方开挖工程　（3）起重吊装工程 （4）拆除、爆破工程　（5）脚手架工程　（6）模板工程
	论证范围："高大暗挖深基坑" （1）高大模板　（2）地下暗挖工程　（3）深基坑
	验算签认：达到一定规模的危大工程专项方案，应附验算结果 并由"施工企业技负"及"总监"签字确认
	现场监督：危大工程专项方案，应由专职安全员现场监督

19. 根据《建设工程安全生产管理条例》，对达到一定规模的危险性较大的分部（分项）工程编制专项施工方案，经施工单位技术负责人和（　　）签字后实施。

A. 项目经理

B. 项目技术负责人

C. 业主方项目负责人

D. 总监理工程师

考点： 安全生产管理制度——专项方案专家论证制度

解析：

对达到一定规模的危险性较大的分部（分项）工程编制专项施工方案，并附具安全验算结果，经施工单位技术负责人、总监理工程师签字后实施。

20. 根据《建设工程安全生产管理条例》，达到一定规模的危险性较大的起重吊装工程应由（　　）进行现场监督。

A. 施工单位技术负责人

B. 总监理工程师

C. 专职安全生产管理人员

D. 专业监理工程师

考点： 安全生产管理制度——专项方案专家论证制度

解析：

需由专职安全生产管理人员进行现场监督的包括基坑支护与降水工程，土方开挖工程，模板工程，起重吊装工程，脚手架工程，拆除、爆破工程，国务院建设行政主管部门或其他有关部门规定的其他危险性较大的工程。

21. 对所用机械设备和工具检查称为（　　）。

A. 全面安全检查

B. 专业或专职安全管理人员的专业安全检查

C. 要害部门重点安全检查

D. 经常性安全检查

考点：安全生产管理制度——安全检查制度

解析：

安全生产管理制度（六）		
安全生产检查	组织	施工项目的安全检查应由项目经理组织，定期进行
	类型	（1）全面安全检查：应包括职业健康安全管理方针、管理组织机构及其安全管理的职责、安全设施、操作环境、防护用品、卫生条件、运输管理、危险品管理、火灾预防、安全教育和安全检查制度等项内容 （2）经常性安全检查：工作人员必须在工作前，对所用的机械设备和工具进行仔细的检查，发现问题立即上报。下班前，还必须进行班后检查，做好设备的维修保养和清整场地等工作 （3）专业或专职安全管理人员的专业安全检查 （4）季节性安全检查 （5）节假日检查 （6）要害部门重点安全检查：对于企业要害部门和重要设备必须进行重点检查，发现损伤立即更换，绝不能“带病”作业
	主要内容	（1）查思想 （2）查制度 （3）查管理 （4）查隐患 （5）查整改 （6）查事故处理

22.《中华人民共和国安全生产法》规定，生产经营单位新建工程项目的安全设施必须与主体工程同时（　　）。

A. 设计　　B. 招标

C. 施工　　D. 验收

E. 使用

考点：安全生产管理制度——三同时制度

解析：

安全生产管理制度（七）	
三同时制度	“设施投入三同时”：施工单位新、改、扩工程项目的安全设施，必须与主体工程“同时设计、同时施工、同时投入生产和使用”
	安全设施投资应当纳入建设项目概算

23. 建筑施工企业自主决定为从事危险作业职工投保的是（　　）。

A. 意外伤害险　　B. 工伤保险

C. 基本医疗险　　　　　　　　　　　D. 失业保险

考点：安全生产管理制度——工伤和意外伤害保险制度

解析：

鼓励企业为从事危险作业的职工办理意外伤害保险，支付保险费。为从事危险作业的职工办理意外伤害险并非强制性规定，是否投保意外伤害险由建筑施工企业自主决定。

24. 一个完整的施工企业安全生产管理预警体系由（　　）构成。

A. 事故预警系统　　　　　　　　　　B. 外部环境预警系统

C. 预警信息管理系统　　　　　　　　D. 预警评价分析系统

E. 内部管理不良预警系统

考点：安全生产管理预警体系——体系构成

解析：

安全生产管理预警体系	
预警体系构成	口诀：内外信息看事故
	（1）外部环境预警系统：①自然环境突变预警；②政策法规变化预警；③技术变化预警 （2）内部管理不良预警系统：①质量管理预警；②设备管理预警；③人的行为活动预警 （3）预警信息管理系统 （4）事故预警系统
预警分析内容	口诀：监测信息两评价
	（1）预警监测 （2）预警信息管理 （3）预警评价指标体系构建 （4）预警评价 作用：①预警级别；②预警信号标准 级别：Ⅰ级预警：安全状况"特别严重"，红色 Ⅱ级预警：受到事故"严重威胁"，橙色 Ⅲ级预警：处于事故"上升阶段"，黄色 Ⅳ级预警：生产活动"正常状态"，蓝色

25. 设备管理预警属于安全生产管理预警体系要素中（　　）的内容。

A. 外部环境预警系统　　　　　　　　B. 预警信息管理系统

C. 事故预警系统　　　　　　　　　　D. 内部管理不良预警系统

考点：安全生产管理预警体系——体系构成

解析：

内部管理不良预警系统：质量管理预警、设备管理预警、人的行为活动预警。

26. 关于建设工程安全生产管理预警级别的说法，正确的是（　　）。

A. Ⅳ级预警一般用蓝色表示

B. Ⅰ级预警表示生产活动处于正常状态

C. Ⅱ级预警表示处于事故的上升阶段

D. Ⅲ级预警表示受到事故的严重威胁

考点：安全生产管理预警体系——预警分析内容

解析：

预警信号一般采用国际通用的颜色表示不同的安全状况：Ⅰ级预警，表示安全状况特别严重，用红色表示；Ⅱ级预警，表示受到事故的严重威胁，用橙色表示；Ⅲ级预警，表示处于事故的上升阶段，用黄色表示；Ⅳ级预警，表示生产活动处于正常状态，用蓝色表示。

27. 建设工程施工安全控制的具体目标有（　　）。

A. 改善生产环境和保护自然环境

B. 减少和消除人的不安全行为

C. 提高员工安全生产意识

D. 减少或消除设备和材料的不安全状态

E. 安全事故整改

考点：安全技术措施——安全生产控制目标

解析：

<table>
<tr><th colspan="3">安全技术措施</th></tr>
<tr><td>安全生产控制目标</td><td colspan="2">（1）减少或消除人的不安全行为
（2）减少或消除设备、材料的不安全状态
（3）改善生产环境和保护自然环境</td></tr>
<tr><td>安全控制程序</td><td colspan="2">程序：目标→计划→实施→检查→处理
（1）确定安全目标　（2）编制安全技术措施计划
（3）安全技术措施计划的落实和实施　（4）安全技术措施计划的验证
（5）持续改进验证结果</td></tr>
<tr><td rowspan="7">一般要求</td><td>内容</td><td>备注</td></tr>
<tr><td>（1）安全技术措施必须在开工前制定</td><td>—</td></tr>
<tr><td>（2）安全技术措施要有全面性</td><td>—</td></tr>
<tr><td>（3）安全技术措施要有针对性</td><td>—</td></tr>
<tr><td>（4）安全措施力求全面、具体、可靠</td><td>这些制度无须抄录，但必须严格执行</td></tr>
<tr><td>（5）安全技术措施必须包括应急预案</td><td>应急预案针对的是可能发生的“事故和自然灾害”</td></tr>
<tr><td>（6）安全措施要有可行性和可操作性</td><td>既要保证施工安全，又要考虑现场环境条件和施工技术条件能够做得到</td></tr>
<tr><td>主要内容</td><td colspan="2">（1）安全技术措施中必须包含施工总平面图
（2）结构复杂、危险性大、特性较多的分部分项工程，应编制专项施工方案和安全措施</td></tr>
</table>

28. 关于施工安全技术措施要求的说法，正确的有（　　）。

A. 施工安全技术措施应包括应急预案

B. 施工企业针对工程项目可编制统一的施工安全技术措施

C. 编制施工安全技术措施应与工程施工同步进行

D. 编制施工组织设计时必须包括专项安全施工技术方案

E. 施工安全技术措施要具有可行性和可操作性

考点：安全技术措施——一般要求

解析：

选项 B，施工安全技术措施要有针对性。

选项 C，施工安全技术措施必须在工程开工前制定。

选项 D，对于大中型工程项目、结构复杂的重点工程，除必须在施工组织设计中编制施工安全技术措施外，还应编制专项工程施工安全技术措施。

29. 关于安全技术交底内容及要求的说法，正确的有（　　）。

A. 内容中必须包括事故发生后的避难和急救措施

B. 项目部必须实行逐级交底制度，纵向延伸到班组全体人员

C. 内容中必须包括针对危险点的预防措施

D. 定期向交叉作业的施工班组进行口头交底

E. 涉及“四新”项目的单项技术设计必须经过两阶段技术交底

考点：安全技术交底——交底要求

解析：

安全技术交底（一）	
交底要求	（1）项目部必须实行逐级安全技术交底制度 （2）技术交底必须具体、明确，针对性强 （3）技术交底内容应针对施工给作业人员带来的潜在危险因素和存在的问题 （4）应优先采用新的安全技术措施 （5）“四新”工程或技术含量高、难度大的设计，须进行“两阶段交底”，即“初步设计技术交底和施工图技术设计交底” （6）应将工程概况、施工方法、施工程序、安全技术措施等向工长、班组长进行详细交底 （7）定期向有两个以上作业队进行交叉施工的作业队伍进行书面交底 （8）保持书面安全技术交底签字记录

30. 建设工程施工安全技术交底的主要内容包括（　　）。

A. 本工程项目的施工作业特点和危险点

B. 作业过程中应注意的安全事项

C. 针对危险点的具体预防措施

D. 事故报告的程序与基本要求

E. 发生事故后应采取的避难和急救措施

考点：安全技术交底——交底内容

解析：

安全技术交底（二）	
交底内容	（1）工程项目和分部分项工程概况 （2）本施工项目的施工作业特点和危险点 （3）针对危险点的具体预防措施 （4）作业中应遵守的安全操作规程以及应注意的安全事项 （5）作业人员发现事故隐患应采取的措施 （6）发生事故后应及时采取的避难和急救措施

31. “施工现场在对人、机、环境进行安全治理的同时，还需治理安全管理措施”，这体现了安全事故隐患的（　　）原则。

A. 冗余安全度治理

B. 直接隐患与间接隐患并治

C. 单项隐患综合治理

D. 预防与减灾并重治理

考点：安全生产管理——安全隐患的治理

解析：

安全隐患治理		
	内容	示例与备注
治理原则	（1）冗余安全度治理原则	道路上有一个坑，既要设防护栏及警示牌，又要设照明及夜间警示红灯
	（2）单项隐患综合治理原则	“人机料法环”任一环节产生安全事故隐患，都要从五者安全匹配的角度考虑，调整匹配的方法，提高匹配的可靠性
	（3）事故直接隐患与间接隐患并治原则	对人、机、环境进行安全治理的同时，还需治理安全管理措施
	（4）预防与减灾并重治理原则	施工单位应定期组织事故发生时疏散及抢救方法的训练和演习
	（5）重点治理原则	
	（6）动态治理原则	

32. 施工单位应定期组织事故发生时疏散及抢救方法的训练和演习，这体现了安全隐患治理原则中的（　　）原则。

A. 预防与减灾并重治理

B. 单项隐患综合治理

C. 冗余安全度治理

D. 直接与间接隐患并治

考点：安全生产管理——安全隐患的治理

解析：

预防与减灾并重治理原则：治理安全事故隐患时，需尽可能减少发生事故的可能性，如果不能安全控制事故的发生，也要设法将事故等级减低。应定期组织训练和演习，使该生产环境中每名干部及工人都真正掌握这些减灾技术。

33. 触电事故后，项目部组织安全用电培训，同时对现场触电箱进行防护改造，设置漏电开关，遵循的治理原则是（　　）。

A. 重点　　B. 冗余

C. 综合　　D. 动态

考点：安全生产管理——安全隐患的治理

解析：

单项隐患综合治理原则：某工地发生触电事故，不仅要进行人员安全用电操作教育，也要在现场设置漏电开关，对配电箱、用电电路进行防护改造。

34. 某项目在施工化粪池时，为确保安全，在开挖的基坑边，既设立了防护栏及警示牌，又设立了照明灯及夜间警示红灯。这体现了安全事故隐患治理的（　　）原则。

A. 重点治理

B. 冗余安全度治理

C. 单项隐患综合治理

D. 预防与减灾并重治理

考点：安全生产管理——安全隐患的治理

解析：

为确保安全，在治理事故隐患时应考虑设置多道防线，即使发生有一两道防线无效还有冗余的防线可以控制事故隐患。例如，道路上有一个坑，既要设防护栏及警示牌，又要设照明及夜间警示红灯。

第三节　安全事故应急预案和事故处理

考点一：安全事故应急预案

考点二：安全事故管理

➢ 实战训练

35. 关于生产安全事故应急预案的说法，正确的有（　　）。

A. 应急预案体系包括综合应急预案、专项应急预案和现场处置方案

B. 编制目的是杜绝职业健康安全事故和环境事故的发生

C. 综合应急预案从总体上阐述应急的基本要求和程序

D. 专项应急预案是针对具体装置、场所或设施、岗位所制定的应急措施

E. 现场处置方案是针对具体事故类别、危险源和研究保障而制定的计划或方案

考点： 安全事故应急预案——预案类别

解析：

<table>
<tr><th colspan="3">安全事故应急预案（一）</th></tr>
<tr><td>编制目的</td><td colspan="2">防止紧急情况发生时，按照合理的程序，采取恰当的救援措施，预防和减少可能随之引发的职业健康安全和环境影响</td></tr>
<tr><td rowspan="6">预案类别</td><td rowspan="2">综合应急预案</td><td>内涵：综合应急预案，是总体上阐述应急的基本要求和程序；是应对各类事故的综合性预案</td></tr>
<tr><td>内容：（1）总则 （2）组织机构及职责
（3）培训与演练 （4）施工单位的危险性分析
（5）应急响应 （6）保障措施
（7）预防与预警 （8）信息发布
（9）后期处置 （10）奖惩
（11）附则</td></tr>
<tr><td rowspan="2">专项应急预案</td><td>内涵：是综合应急预案的组成部分。针对具体事故类别、危险源和应急保障而制定的方案</td></tr>
<tr><td>内容：（1）组织机构及职责 （2）应急物资与装备保障
（3）事故类型和危害程度分析 （4）预防与预警
（5）信息报告程序 （6）应急处置基本原则
（7）应急处置</td></tr>
<tr><td rowspan="2">现场处置方案</td><td>内涵：是针对具体装置、场所，或设施、岗位所制定的应急措施</td></tr>
<tr><td>内容：（1）事故特征 （2）应急组织与职责
（3）应急处置 （4）注意事项</td></tr>
</table>

36. 下列生产安全事故应急预案的相关内容中，属于现场处置方案内容的是（　　）。

A. 应急演练总结　　B. 事故特征分析

C. 应急经费安排　　D. 事故整改措施

考点： 安全事故应急预案——现场处置方案

解析：

现场处置方案的主要内容：①事故特征；②应急组织与职责；③应急处置；④注意事项。

37. 建设工程生产安全事故应急预案管理包括应急预案的（　　）。

A. 评审、备案、实施和奖惩

B. 制定、评审、备案和实施

C. 评审、备案、实施和落实

D. 制定、备案、实施和奖惩

考点： 安全事故应急预案——管理过程

解析：

安全事故应急预案（二）		
应急预案管理	评审	参加人员：（1）政府部门相关工作人员 （2）安全生产及应急管理方面专家 关系管理：评审人员与所评审预案的生产经营单位有利害关系的，应当回避
	备案	（1）地方应急部门应急预案：报备同级人民政府，抄送上级应急部门 （2）地方有关部门应急预案：抄送同级应急部门 （3）央企集团（上市公司）： ①总公司：报国务院有关主管部门，抄送国务院应急管理部 ②下属单位：抄送省、自治区、直辖市或设区的市级安监局，报备省、自治区、直辖市或设区的市级主管部门
	实施	编制组织：（1）生产经营单位应制定本单位应急预案演练计划 （2）"每年"应至少组织一次：综合应急预案演练或专项应急预案演练 （3）"每半年"至少组织一次现场处置方案演练
		预案修订：（1）法律法规、标准及上级预案发生"重大变化" （2）应急指挥机构及职责发生"重大变化" （3）面临的事故风险发生"重大变化" （4）重要的应急资源发生"重大变化" （5）预案中其他信息发生"重大变化" （6）应急演练和事故应急救援中"发现问题"需要修订
	奖惩	

38. 应当及时修订生产安全事故应急预案的情形有（　　）。

A. 依据的上位预案中的有关规定发生重大变化

B. 编制人员构成发生重大变化

C. 重要应急资源发生重大变化

D. 面临的事故风险发生重大变化

E. 应急演练中发现问题需要修订

考点：安全事故应急预案——修订

解析：

有下列情形之一的，应急预案应当及时修订并归档：

（1）依据的法律、法规、规章、标准及上位预案中的有关规定发生重大变化的。

（2）应急指挥机构及其职责发生调整的。

（3）面临的事故风险发生重大变化的。

（4）重要应急资源发生重大变化的。

（5）预案中的其他重要信息发生变化的。

（6）在应急演练和事故应急救援中发现问题需要修订的。

（7）编制单位认为应当修订的其他情况。

39. 关于生产安全事故应急预案管理的说法，正确的有（　　）。

A. 生产经营单位应每半年至少组织一次现场处置方案演练

B. 生产经营单位应每年至少组织一次综合应急预案演练

C. 地方各级人民政府应急管理部门的应急预案应当报同级人民政府备案

D. 非生产经营单位的应急管理方面的专家均可受邀参加应急方案的评审

E. 施工单位应急预案涉及应急响应等级内容变更的，应重新进行修订

考点：安全事故应急预案管理

解析：

选项D，参加应急预案评审的人员应当包括应急预案涉及的政府部门工作人员和有关安全生产及应急管理方面的专家。评审人员与所评审预案的施工单位有利害关系的，应当回避。

40. 某房屋建筑拆除工程施工中，发生倒塌事故，造成12人重伤、6人死亡，根据《企业职工伤亡事故分类标准》，该事故属于（　　）。

A. 较大事故

B. 特大伤亡事故

C. 重大事故

D. 重大伤亡事故

考点：安全事故——《企业职工伤亡事故分类》

解析：

根据《企业职工伤亡事故分类》（GB 6441—1986）的规定，死亡1~2人为重大事故；达到3人及以上的，为特大事故。

41. 某项目拆除爆破工程，发生安全事故，造成70人重伤，6人死亡，该事故属于（　　）。

A. 一般事故　　　　B. 较大事故

C. 重大事故　　　　D. 特别重大事故

考点：安全事故——《生产安全事故报告和调查处理条例》

解析：

6人死亡为较大事故，70人重伤为重大事故，该事故属于重大事故。

	一般	较大	重大	特大
死亡	3人	10人	30人	
重伤	10人	50人	100人	
直接经济损失	1000万元	5000万元	1亿元	

42. 关于建设工程安全事故报告的说法，正确的是（　　）。

A. 各行业专业工程可只向有关行业主管部门报告

B. 安全生产监督管理部门除按规定逐级上报外，还应同时报告本级人民政府

C. 一般情况下，事故现场有关人员应立即向安全生产监督部门报告

D. 事故现场有关人员应直接向事故发生地县级以上人民政府报告

考点：安全事故——《生产安全事故报告和调查处理条例》

解析：

<table>
<tr><th colspan="4">安全事故报告</th></tr>
<tr><td rowspan="5">事故上报</td><td rowspan="2">参建单位</td><td>原则</td><td>（1）现场有关人员应立即向本单位负责人报告
（2）单位负责人应于 1h 内向安监部门及负有安监职责的部门报告
（3）各行业建设施工中出现安全事故，应向建设行政主管部门报告
（4）专业工程出现安全事故，还需向行业主管部门报告</td></tr>
<tr><td>例外</td><td>情况紧急，现场人员可直接向安监部门和负有安监职责的部门报告</td></tr>
<tr><td rowspan="3">安监部门</td><td>原则</td><td>（1）安监部门、负有安监职责的部门应逐级上报安全事故
（2）每级上报时间不长于 2h</td></tr>
<tr><td>例外</td><td>特殊情况下，有关部门可越级上报</td></tr>
<tr><td>级别</td><td>（1）一般事故：①“本级人民政府”
②设区的市级安监部门负有安监职责的部门
（2）较大事故：①本级人民政府
②省级安监部门和负有安监职责的有关部门
（3）重大事故/特大事故：①本级人民政府
②国务院安监部门和负有安监职责的有关部门
③国务院安监部门、省级政府上报至国务院</td></tr>
<tr><td rowspan="2">事故补报</td><td colspan="3">口诀：补报 30 交火 7</td></tr>
<tr><td colspan="3">（1）事故报告后有新情况：自事故发生之日起 30 日内伤亡人数变化，应及时补报
（2）交通、火灾事故：自发生之日起 7 日内，伤亡人数发生变化，应及时补报</td></tr>
</table>

43. 某工程安全事故造成了 960 万元的直接经济损失，没有人员伤亡，关于该事故调查的说法，正确的是（　　）。

A. 应由事故发生地省级人民政府直接组织事故调查组进行调查

B. 必须由事故发生地县级人民政府直接组织事故调查组进行调查

C. 应由事故发生地设区的市级人民政府委托有关部门组织事故调查组进行调查

D. 可由事故发生地县级人民政府委托事故发生单位组织事故调查组进行调查

考点：安全事故——《生产安全事故报告和调查处理条例》

解析：

<table>
<tr><th colspan="2">安全事故调查</th></tr>
<tr><td>组织调查</td><td>一般事故：县级人民政府或其授权委托的相关部门组织调查无伤亡一般事故，人民政府可委托事故发生单位组织调查
较大事故：设区市级人民政府或其授权委托的相关部门组织调查
重大事故：省级人民政府或其授权委托的相关部门组织调查
特大事故：国务院或其授权委托的相关部门组织调查</td></tr>
</table>

（续）

<table>
<tr><th colspan="2">安全事故调查</th></tr>
<tr><td>报告内容</td><td>（1）事故单位概况　（2）事故经过、救援情况
（3）人员伤亡、直接经济损失　（4）事故的原因、性质
（5）对事故责任认定、处理建议　（6）事故防范、整改措施</td></tr>
<tr><td>报告提交</td><td>原则：事故调查报告，应自事故发生之日起60日内提交
例外：经人民政府批准，可延期提交，但延期时间不得超过60日</td></tr>
<tr><td rowspan="2">报告批复</td><td>批复主体：负责安全事故调查的人民政府</td></tr>
<tr><td>批复期限：一般事故、较大事故、重大事故：自收到事故调查报告之日起的15日内做出批复
特大事故：自收到事故调查报告之日起的30日内做出批复，特殊情况可延长批复时间，延期不超过30日</td></tr>
</table>

44. 根据《生产安全事故报告和调查处理条例》（国务院令第493号），事故调查报告的内容主要有（　　）。

A. 事故发生单位概况

B. 事故发生经过和事故援救情况

C. 事故造成的人员伤亡和直接经济损失

D. 事故责任者的处理结果

E. 事故发生的原因和事故性质

考点：安全事故——《生产安全事故报告和调查处理条例》

解析：

选项D为事故责任者的处理建议。

45. 县级人民政府立案自收到调查报告15日内批复（　　）。

A. 无人员死亡的较大事故　　B. 直接经济损失较小的重大事故

C. 人员死亡的一般事故　　D. 特别重大事故

E. 无人员伤亡的一般事故

考点：安全事故——《生产安全事故报告和调查处理条例》

解析：

县级人民政府负责调查一般事故。

第四节　施工现场职业健康安全与环境管理的要求

考点一：施工现场文明施工

考点二：施工现场环境保护

考点三：施工现场职业健康安全卫生

➢实战训练

46. 关于建设工程现场文明施工管理措施的说法，正确的有（　　）。

A. 项目安全负责人是施工现场文明施工的第一负责人

B. 沿工地四周连续设置围挡，市区主要路段的围挡高度不低于 1.8m

C. 施工现场设置排水系统、泥浆、污水、废水有组织地排入下水道

D. 施工现场必须实行封闭管理，严格执行外来人员进场登记制度

E. 现场必须有消防平面布置图，临时设施按消防条例的有关规定布置

考点：现场文明施工管理——封闭管理

解析：

现场文明施工管理（一）	
责任划分	项目经理为现场文明施工的第一责任人
封闭管理	总论：施工现场必须实行封闭管理 大门：设置大门，制定门卫制度，严格执行外来人员进场登记制度 场地：（1）施工现场作业区、生活区主干道必须硬化 （2）施工现场适当位置设置吸烟处，作业区内禁止随意吸烟 围挡：（1）沿工地四周连续设置围挡 （2）市区主要路段围挡高度≥2.5m；其他一般路段围挡高度≥1.8m （3）围挡材料要求坚固、稳定、统一、整洁、美观

47. 关于施工现场文明施工管理措施的说法，正确的有（　　）。

A. 施工现场实行封闭管理，外来人员进场实行登记制度

B. 施工现场作业区、生活区主干道地面必须硬化

C. 市区主要路段的工地围挡高度不低于 2m

D. 施工现场作业区内禁止随意吸烟

E. 施工现场消防重点部位设置灭火器和消防沙箱

考点：现场文明施工管理——封闭管理

解析：

选项 C，市区主要路段围挡高度不得低于 2.5m，其他工地的围挡高度不得低于 1.8m。

48. 包含防治污染设施的建设工程项目，其防治污染的设施必须经（　　）验收合格后，该项目方可投入生产或使用。

A. 建设单位的上级主管部门

B. 工程质量监督机构

C. 环境保护行政主管部门

D. 安全生产行政管理部门

考点：现场文明施工管理——环境保护

解析：

<table>
<tr><th colspan="4">现场文明施工管理（二）</th></tr>
<tr><td rowspan="8">环境保护</td><td>总则</td><td colspan="2">（1）建设工程项目中防治污染的设施，必须与主体工程同时设计、同时施工、同时投产使用
（2）防治污染的设施必须经原审批环境影响报告书的环境保护行政主管部门验收合格方可投入使用
（3）防治污染的设施不得擅自拆除或者闲置，确有必要拆除或者闲置的，必须征得所在地的环境保护行政主管部门同意
（4）对施工场界内的污染防治是职业健康问题，对周围环境的污染防治是环境保护的问题</td></tr>
<tr><td>大气
（防尘、防烟）</td><td colspan="2">（1）高大建筑物清理施工垃圾时，要使用封闭式的容器或者采取其他措施处理高空废弃物，严禁凌空随意抛撒
（2）施工现场道路应指定专人定期洒水清扫
（3）对于细颗粒散体材料（如水泥、粉煤灰、白灰）的运输、储存要注意①遮盖、②密封
（4）除设有符合规定的装置外，禁止在施工现场焚烧油毡等废弃物及其他会产生有毒、有害烟尘和恶臭气体的物质
（5）工地茶炉应尽量采用电热水器，只能使用烧煤茶炉和锅炉时，应选用消烟除尘型的，大灶应选用消烟节能回风炉灶，使烟尘降至允许排放范围为止
（6）大城市市区的建设工程已不容许搅拌混凝土</td></tr>
<tr><td>水
（防污、防渗）</td><td colspan="2">（1）禁止将有毒有害废弃物作土方回填
（2）施工现场搅拌站废水，现制水磨石的污水，电石（碳化钙）的污水必须经沉淀池沉淀合格后排放，最好将沉淀水用于工地洒水降尘或采取措施回收利用
（3）现场存放油料，必须对库房地面进行防渗处理
（4）施工现场 100 人以上的临时食堂，污水排放时可设置简易有效的隔油池
（5）工地临时厕所、化粪池应采取防渗漏措施
（6）化学用品、外加剂等要妥善保管，库内存放，防止污染环境</td></tr>
<tr><td rowspan="5">噪声</td><td>声源</td><td>（1）声源上降低噪声，是防止噪声污染的最根本措施
（2）采用低噪声设备；在声源处安装消声器</td></tr>
<tr><td>传播途径</td><td>（1）吸声；隔声；消声（利用消声器阻止传播）
（2）减振降噪（如将阻尼材料涂在振动源上、改变振动源与其他刚性结构的连接方式）</td></tr>
<tr><td>接收者防护</td><td>使用耳塞、耳罩等防护用品</td></tr>
<tr><td>严格控制人为噪声</td><td>（1）不得高声喊叫、无故甩打模板
（2）限制高音喇叭的使用，减少扰民
（3）人口稠密区，晚上 10 点至次日早上 6 点之间停止强噪声作业</td></tr>
<tr><td colspan="2">《建筑施工场界环境噪声排放标准》（GB 12523—2011）规定：建筑施工场界环境噪声排放限值，昼间 70dB（A），夜间 55dB（A）</td></tr>
</table>

（续）

现场文明施工管理（二）				
环境保护	固体废弃物	处理的基本思想	资源化、减量化、无害化	
		主要处理方法	回收利用	进行资源化的重要手段之一
			减量化处理	进行分选、破碎、压实浓缩、脱水等减少其最终处理量，降低处理成本，减少对环境的污染
			焚烧	（1）焚烧用于不适合再利用且不宜直接予以填埋处置的废物 （2）除有符合规定的装置外，不得在施工现场熔化沥青和焚烧油毡、油漆，亦不得焚烧其他可产生有毒、有害和恶臭气体的废弃物
			稳定和固化	利用水泥、沥青等胶结材料，将松散的废物胶结包裹起来，以减少对环境的污染
			填埋	将经过无害化、减量化处理的废物残渣集中到填埋场进行处置

49. 下列施工现场噪声控制措施中，属于控制传播途径的有（　　）。

A. 选用吸声材料搭设防护棚

B. 使用耳塞、耳罩等防护用品

C. 改变震动源与其他刚性结构的连接方式

D. 限制高音喇叭的使用

E. 进行强噪声作业时严格控制作业时间

考点：现场文明施工管理——环境保护

解析：

选项 B 属于接收者的防护；选项 D、E 属于严格控制人为噪声。

50. 下列施工现场环境保护措施中，属于空气污染防治措施的有（　　）。

A. 施工现场不得甩打模板

B. 指定专人定期清扫施工现场道路

C. 工地茶炉采用电热水器

D. 使用封闭式容器处理高空废弃物

E. 化学药品应在库内存放

考点：现场文明施工管理——环境保护

解析：

选项 A，施工现场不得无故甩打模板属于噪声的控制措施。

选项 E，化学药品应在库内存放属于水污染的防治措施。

51. 关于施工过程中水污染预防措施的说法，正确的有（　　）。

A. 禁止将有毒有害废弃物作为土方回填

B. 施工现场搅拌站废水经沉淀池沉淀合格后也不能用于工地洒水降尘

C. 现制水磨石的污水必须经沉淀池沉淀合格后再排放

D. 现场存放油料，必须对库房地面进行防渗处理

E. 化学用品、外加剂等要妥善保管，库内存放

考点：现场文明施工管理——环境保护

解析：

选项B，施工现场搅拌站废水、现制水磨石的污水、电石（碳化钙）的污水必须经沉淀池沉淀合格后再排放，最好将沉淀水用于工地洒水降尘或采取措施回收利用。

52. 昼间和夜间的噪声排放限值分别是（　　）。

A. 70dB（A）和55dB（A）　　B. 75dB（A）和55dB（A）

C. 70dB（A）和60dB（A）　　D. 80dB（A）和55dB（A）

考点：现场文明施工——《建筑施工场界环境噪声排放标准》

解析：

《建筑施工场界环境噪声排放标准》（GB 12523—2011）规定：建筑施工场界环境噪声排放限值，昼间70dB（A），夜间55dB（A）。

53. 在人口稠密区进行施工作业时，停止强噪声作业的时段一般是（　　）。

A. 晚上11点至第二天早上6点

B. 晚上9点至第二天早上5点

C. 晚上10点至第二天早上6点

D. 晚上8点至第二天早上8点

考点：现场文明施工管理——环境保护

解析：

在人口稠密区进行强噪声作业时，须严格控制作业时间，一般晚上10点到第二天早上6点之间停止强噪声作业。

54. 关于建设工程现场职业健康安全卫生措施的说法，正确的有（　　）。

A. 每间宿舍居住人员不得超过16人

B. 施工现场宿舍必须设置可开启式窗户

C. 现场食堂炊事人员必须持身体健康证上岗

D. 厕所应设专人负责清扫、消毒

E. 施工区必须配备开水炉

考点：施工现场宿舍、食堂及卫浴管理

解析：

现场文明施工管理（三）	
宿舍管理	（1）宿舍内净高不得小于2.4m，通道宽度应不小于0.9m （2）每间宿舍居住人员不得超过16人 （3）施工现场宿舍必须设置可开启式窗户 （4）宿舍内的床铺不得超过2层，严禁使用通铺 （5）宿舍内应设置生活用品专柜，有条件的宿舍宜设置生活用品储藏室 （6）宿舍内应设置垃圾桶，宿舍外宜设置鞋柜或鞋架 （7）生活区内应提供为作业人员晾晒衣服的场地

（续）

现场文明施工管理（三）	
食堂管理	（1）现场食堂应远离厕所、垃圾站、有毒有害场所 （2）现场食堂应设置独立的制作间、储藏间 （3）现场食堂门扇下方应设高度不低于0.2m的防鼠挡板 （4）现场食堂应配备必要的排风设施和冷藏设施 （5）食堂燃气罐应单独设置存放间，存放间应通风良好并严禁存放其他物品 （6）食堂制作间灶台及周边应铺贴高度不低于1.5m的瓷砖 （7）地面应做硬化和防滑处理，炊具宜存放在封闭的橱柜内，刀、盆、案板等炊具生熟分开 （8）炊具、餐具和公用饮水器具必须清洗消毒 （9）食堂储藏室的粮食存放台距墙和地面应大于0.2m （10）现场食堂外应设置密闭式泔水桶，并及时清运 （11）现场食堂必须办理卫生许可证 （12）炊事员必须持身体健康证上岗，上岗应穿戴洁净的工作服、工作帽和口罩，不得穿工作服出食堂 （13）非炊事人员不得随意进入制作间
厕所管理	（1）现场应设置水冲式或移动式厕所 （2）厕所地面应硬化，门窗应齐全 （3）蹲位之间宜设置隔板，隔板高度宜不低于0.9m （4）厕所大小应根据作业人员的数量设置 （5）高层建筑施工大于8层后，每4层宜设临时厕所 （6）厕所应设专人清扫、消毒，化粪池应及时清掏

55. 关于施工现场宿舍安全卫生要求的说法，正确的是（　　）。

A. 现场宿舍每间居住人数不得超过18人

B. 现场宿舍的室内净高不得小于2.1m

C. 现场宿舍通道宽度不得小于0.6m

D. 现场宿舍内应设置生活用品专柜和垃圾桶

考点：施工现场宿舍、食堂及卫浴管理

解析：

选项A，现场宿舍每间居住人数不得超过16人。

选项B，现场宿舍的室内净高不得小于2.4m。

选项C，现场宿舍通道宽度不得小于0.9m。

56. 关于施工现场食堂管理的说法，正确的有（　　）。

A. 食堂必须设有卫生许可证

B. 非炊事人员不得随意进入制作间

C. 门扇下方应当设置不低于0.1m的防鼠挡板

D. 制作间灶台及其周边应贴高度不小于1.5m的瓷砖

E. 各种作料和副食应贴好标识，存放在密闭器皿内

考点：施工现场宿舍、食堂及卫浴

解析：

选项C，门扇下方应设不低于0.2m的防鼠挡板。

选项D，制作间灶台及周边应贴瓷砖，所贴瓷砖高度不宜小于1.5m。

参 考 答 案

题号	1	2	3	4	5	6	7	8	9	10
答案	A	B	D	C	B	A	B	D	B	B
题号	11	12	13	14	15	16	17	18	19	20
答案	D	D	A	ACE	D	D	C	AE	D	C
题号	21	22	23	24	25	26	27	28	29	30
答案	D	ACE	A	ABCE	D	A	ABD	AE	ABCE	ABCE
题号	31	32	33	34	35	36	37	38	39	40
答案	B	A	C	B	AC	B	A	ACDE	ABCE	B
题号	41	42	43	44	45	46	47	48	49	50
答案	C	B	D	ABCE	CE	DE	ABDE	C	AC	BCD
题号	51	52	53	54	55	56				
答案	ACDE	A	C	ABCD	D	ABE				

第六章　建设工程合同与合同管理

➤ 核心考点

第一节：施工招投标
第二节：建设工程合同内容
第三节：合同计价方式
第四节：建设工程施工合同风险管理、工程保险和工程担保
第五节：建设工程施工合同实施
第六节：建设工程索赔
第七节：国际建设工程施工承包合同

第一节　施工招投标

考点一：工程招标范围
考点二：工程招标条件
考点三：招标准备阶段
考点四：招投标阶段
考点五：开评标阶段
考点六：定标签约阶段

➤ 实战训练

1. 根据《中华人民共和国招标投标法》，下列宜采用公开招标方式确定承包人的有（　　）。

A. 技术复杂且潜在投标人较少的项目
B. 大型基础设施项目
C. 部分使用国有资金投资的项目
D. 使用国际组织援助资金的项目
E. 关系公众安全的公共事业项目

考点： 工程招投标——依法必须公开招标的条件

解析：

选项 A 属于可以邀请招标的范围。

工程招投标（一）	
依法必须招标范围	三大原则 （1）大型公众：大型基础设施、公用事业关系社会公共利益、公众安全的项目 （2）国资国融：全部或者部分使用国有资金投资或者国家融资的项目 （3）外国援贷：使用国际组织或者外国政府贷款、援助资金的项目
	三类价款 （1）施工：施工单项合同估算价在 400 万元人民币以上的 （2）主材：重要设备、材料等货物的采购，单项合同估算价在 200 万元人民币以上的 （3）勘设：勘察、设计、监理等服务的采购，单项合同估算价在 100 万元人民币以上的 同一项目中，可以合并进行的勘察、设计、施工、监理以及重要设备、材料等的采购，合同估算价合计达到上述标准的
公开招标	口诀：重点投资两方面
	重点项目：（1）国家重点项目 （2）省、自治区、直辖市人民政府确定的地方重点项目 主导控股：（3）国有资金占控股或者主导地位
邀请招标	口诀：人少钱多不适宜
	（1）人少：技术复杂、特殊要求、地域限制，只有少量潜在投标人可供选择的 （2）钱多：公开招标费用占合同金额比例过大
招标条件	口诀：人图财盖房
	（1）招标人已经依法成立 （2）招标范围、方式、组织形式等已经核准 （3）初步设计概算应当履行的审批手续已经批准 （4）有相应的资金或资金来源已经落实 （5）有招标所需的设计图纸及技术资料

2. 根据我国有关法规规定，建设工程施工招标应具备的条件包括（　　）。

A. 招标人已经委托了招标代理单位

B. 施工图设计已经全部完成

C. 有相应资金或资金来源已经落实

D. 应当履行审批手续的初步设计及概算已获批准

E. 应当履行核准手续的招标范围和招标方式等已获核准

考点： 招标准备阶段——招标条件

解析：

建设工程施工招标应该具备的条件包括：招标人已经依法成立；初步设计及概算应当履行审批手续的，已经批准；招标范围、招标方式和招标组织形式等应当履行核准手续的，已经核准；相应资金或资金来源已经落实；有招标所需的设计图纸及技术资料。

3. 根据《工程建设项目施工招标办法》，工程施工项目招标信息发布时，正确的有（　　）。

A. 指定媒介可以酌情收取费用

B. 招标人应至少在两家指定的媒介发布招标公告

C. 招标人可以对招标文件所附的设计文件向投标人收取一定费用

D. 招标文件售出后不予退还

E. 自招标文件出售之日起至停止出售之日止，最短不得少于 5 日

考点：招标准备阶段——招标信息发布

解析：

工程招投标（二）		
招标信息发布	（1）公开招标是一种公开的经济活动，要采用公开的方式发布信息 （2）依法招标的项目，招标公告应在中国招投标公共平台或省级招投标公共平台发布	
招标公告和资审公告的内容	口诀：招投电子两文件	
	招：（1）招标项目名称、内容、范围、规模、资金来源 （2）招标人及招标代理机构的名称、地址、联系人及联系方式 投：（3）投标资格能力要求，以及是否接受联合体投标 电子：（4）潜在投标人访问电子招标投标交易平台的网址和方法 两文件：（5）获取资格预审文件或招标文件的时间、方式 （6）递交资格预审文件或投标文件的截止时间、方式	
投标邀请书	（1）依法邀请招标取得的《投标邀请书》 （2）通过资格预审发放的《投标邀请书》	
文件管理要点	签章：（1）《招标公告》由招标人或其招标代理机构盖章，并由主要负责人或其授权项目负责人签名 （2）采用数据电文形式，应按规定进行电子签名	
	发售：（1）投标人必须自费购买招标或资格预审文件 （2）招标人发售资审、招标文件收取费用应限于补偿印刷、邮寄成本支出，不得以营利为目的 （3）招标文件或资格预审文件售出后，不予退还 （4）招标人发布招标公告、投标邀请书后或售出招标文件或资格预审文件后不得擅自终止招标	
日期管理	售期：（1）招标文件：发售日期不得少于 5 日 （2）资审文件：发售日期不得少于 5 日	
	修期：（1）招标文件：自修改日起至投标截止日不少于 15 日 （2）资审文件：自修改日起至申请截止日不少于 3 日	
	备期：（1）招标文件：自发售之日起至投标截止日不少于 20 日 （2）资审文件：自停售日起至申请截止日不少于 5 日	

4. 根据《招标投标法》的规定，招标人对已发出的招标文件进行必要的澄清或修改的，应当在招标文件要求的投标文件截止时间至少（　　）日前书面通知。

A. 7　　B. 14　　C. 21　　D. 15

考点：招标准备阶段——招标信息发布

解析：

根据《招标投标法》的规定，招标人对已发出的招标文件进行必要的澄清或修改的，应当在招标文件要求的投标文件截止时间至少15日前书面通知所有招标文件收受人，澄清或修改的内容为招标文件的有效组成部分。

5. 根据我国有关法规规定，下列关于招标文件出售的说法中，正确的是（　　）。

A. 自招标文件出售之日起至停止出售之日止不得少于20日

B. 对招标文件的收费应合理，遵循微利的原则

C. 招标人在售出招标文件后，可随时终止招标

D. 招标文件售出后，不予退还

考点：招标准备阶段——招标信息发布

解析：

选项A，自招标文件出售之日起至停止出售之日止不得少于5日。

选项B，招标人发售资格预审文件、招标文件收取的费用应当限于补偿印刷、邮寄的成本支出，不得以营利为目的。

选项C，招标人在发布招标公告、发出投标邀请书后或者售出招标文件或资格预审文件后不得擅自终止招标。

6. 根据《招标投标法实施条例》，下列招标人的行为中，属于以不合理条件限制、排斥潜在投标人或者投标人的有（　　）。

A. 要求投标人的性质必须是国有企业

B. 设定的资格条件明显高于招标项目的实际需要

C. 以项目所在地的业绩作为评标加分条件

D. 要求投标人不得以联合体的形式投标

E. 在技术文件中明确了主要设备的性能指标

考点：招标准备阶段——招标信息发布

解析：

根据《招标投标法实施条例》第三十二条：招标人有下列行为之一的，属于以不合理条件限制、排斥潜在投标人或者投标人：

（1）就同一招标项目向潜在投标人或者投标人提供有差别的项目信息。

（2）设定的资格、技术、商务条件与招标项目的具体特点和实际需要不相适应或者与合同履行无关。

（3）依法必须进行招标的项目以特定行政区域或者特定行业的业绩、奖项作为加分条件或者中标条件。

（4）对潜在投标人或者投标人采取不同的资格审查或者评标标准。

（5）限定或者指定特定的专利、商标、品牌、原产地或者供应商。

（6）依法必须招标的项目，非法限定潜在投标人或其所有制形式或组织形式。

（7）以其他不合理条件限制、排斥潜在投标人或者投标人。

7. 关于投标文件的说法，正确的是（　　）。

A. 通常投标文件中需要提交投标担保

B. 投标文件在对招标文件的实质性要求做出响应后，可另外提出新的要求

C. 投标书只需要盖有投标企业公章或企业法定代表人名章

D. 投标书可由项目所在地的企业项目经理部组织投标，不需要授权委托书

考点：招投标阶段——施工投标

解析：

选项 B，投标不完备或投标没有达到招标人的要求，在招标范围以外提出新的要求，均不被招标人所接受。

选项 C，投标书还需要按照要求签章，投标书需要盖有投标企业公章以及企业法定代表人的名章（或签字）。

选项 D，如果项目所在地与企业距离较远，由当地项目经理部组织投标的，需要提交企业法人对于投标项目经理的授权委托书。

工程招投标（三）		
施工投标	研究招标文件	（1）投标人须知：招标人向投标人传递基础信息的文件，包括工程概况、招标内容、招标文件的组成、投标文件的组成、报价的原则、招投标时间安排等关键信息 投标人应注意： ①招标工程的详细内容和范围，避免漏报或多报 ②投标文件的组成，防止因资料不全而废标 ③注意重要时间安排，避免迟到或遗忘而失去竞争机会 （2）投标书附录与合同文件 （3）技术说明 （4）永久性工程之外的报价补充文件
	复核工程量	（1）对于单价合同，尽管是以实测工程量结算工程款，但投标人仍应根据图纸仔细核算工程量，当发现相差较大时，投标人应向招标人要求澄清 （2）对于总价合同，如果业主在投标前对争议工程量不予更正，而且是对投标者不利的情况，投标者应按实际工程量调整报价
	选择施工方案	施工方案应由投标人的技术负责人主持制定
	正式投标	（1）注意截止日期：在招标文件要求提交投标文件的截止时间后送达的投标文件，招标人可以拒收 （2）投标文件的完备性：投标不完备或投标没有达到招标人的要求，在招标范围以外提出新的要求，均被视为对于招标文件的否定，不会被招标人所接受 （3）注意标书的标准： ①标书的提交要有固定的要求，基本内容是签章、密封。如果不密封或密封不满足要求，投标是无效的 ②投标书还需要按照要求签章，投标书需要盖有投标企业公章以及企业法定代表人的名章（或签字） ③如果项目所在地与企业距离较远，由当地项目经理部组织投标，需要提交企业法人对于投标项目经理的授权委托书 （4）注意投标的担保：通常投标需要提交投标担保

8. 关于正式投标及投标文件的说法，正确的有（　　）。

A. 标书密封不满足要求，经甲方同意投标是有效的

B. 项目经理部组织投标时不需要企业法人对投标项目经理的授权书

C. 通常情况下投标不需要提交投标担保

D. 在招标文件要求提交的截止时间后送达的投标文件，招标人可以拒收

E. 标书提交的基本要求是签章、密封

考点： 招投标阶段——投标

解析：

选项A，标书密封不满足要求，投标是无效的。

选项B，项目经理部组织投标时需要企业法人对投标项目经理的委托授权书。

选项C，通常情况下投标需要提交投标担保。

9. 关于建设工程合同订立程序的说法，正确的是（　　）。

A. 招标人通过媒体发布招标公告，称为承诺

B. 招标人向符合条件的投标人发出招标文件，称为要约邀请

C. 投标人向招标人提交投标文件，称为承诺

D. 招标人向中标人发出中标通知书，称为要约邀请

考点： 合同签约阶段——合同订立程序

解析：

工程招投标（四）	
五组概念	订立方式：合同订立采取“要约和承诺”方式
	要约邀请：①发布招标公告；②发布招标文件
	要约：向招标人提交投标文件
	承诺：确定中标人，并发出中标通知书
	合同生效：订立书面合同时，合同成立并生效

10. 建设工程施工合同订立过程中，发承包双方开展合同谈判的时间是（　　）。

A. 投标人提交投标文件时

B. 明确中标人并发出中标通知书后

C. 订立、签署书面合同时

D. 招标人退还投标保证金后

考点： 合同签约阶段——合同谈判

解析：

在明确中标人并发出中标通知书后，双方即可就建设工程施工合同的具体内容和有关条款展开谈判，在30日内签订合同。

工程招投标（五）	
合同谈判	（1）工程内容和范围的确认 谈判达成一致的内容，应以“合同补遗或会议纪要”方式作为合同附件，并明确它是构成合同的一部分
	（2）技术要求、技术规范和施工技术方案 谈判阶段，尚可对技术要求、规范和施工方案等进行进一步讨论和确认
	（3）合同价格条款：在合同谈判阶段往往没有讨论的余地
	（4）价格调整条款 工期较长的项目，易遭受货币贬值或通胀等因素的影响。因此，发承包双方一般通过价格调整条款约定风险分担方式
	（5）合同款支付方式的条款 施工合同付款分四个阶段：预付款→工程进度款→最终付款→退还质保金
	（6）工期和维修期 ①中标人与招标人可根据招标文件中要求的工期，或根据投标文件中承诺的工期，考虑工程范围和工程量的变动，商定一个确定的工期 ②有较多单项工程的项目，可在合同中明确允许分部位或分批提交验收 ③明确承包人要求合理延期情形 ④承包人只承担材料、施工方法、操作工艺不符合合同规定而产生缺陷的责任 ⑤承包人应力争以维修保函来代替业主扣留的质量保证金
	（7）合同条件中其他特殊条款的完善
合同订立	（1）合同风险评估 （2）合同文件内容 （3）关于合同协议的补遗 ①施工承包合同必须遵守法律 ②违反法律的条款，即使合同双方达成协议并签了字，也不受法律保障 （4）签订合同：合同谈判结束后，经双方代表认可后形成正式文件

11. 关于建设工程施工合同谈判与签约的说法，正确的是（　　）。

A. 在合同谈判阶段形成的所有文件都是合同文件的组成部分

B. 建设工程施工合同由合同双方达成协议并签字后，即受法律保护

C. 双方在合同谈判结束后，即形成正式的合同文件

D. 在合同谈判中，双方可以对技术要求进行进一步讨论和确认

考点：合同签约阶段——合同谈判

解析：

选项 A，谈判达成一致的内容，应以“合同补遗或会议纪要”的方式作为合同附件，并明确它是构成合同的一部分。

选项 B，建设工程施工承包合同必须遵守法律，对于违反法律的条款，即使由合同双方达成协议并签了字，也不受法律保护。

选项 C，合同谈判结束后，应形成一个完整的合同文本草案，经双方代表认可后形成

正式文件。

12. 业主依据建设工程施工承包合同支付工程合同款可分（　　）四个阶段进行。

A. 履约担保金、工程预付款、工程进度款和最终付款

B. 履约担保金、工程进度款、工程付款和退还保留金

C. 工程预付款、工程进度款、工程变更款和最终付款

D. 工程预付款、工程进度款、最终付款和退还保留金

考点：合同签约阶段——合同谈判

解析：

建设工程施工合同的付款分四个阶段进行，即预付款、工程进度款、最终付款和退还质量保留金。

13. 关于合同谈判中工期和维修期的说法，止确的有（　　）。

A. 对于具有较多单项工程的建设项目，可在合同中明确允许分部位提交业主验收

B. 由于工程变更原因对工期产生不利影响时，应给予承包人要求合理延长工期的权利

C. 承包人只应该承担由于材料、施工方法及操作工艺等不符合合同规定而产生缺陷的责任

D. 承包人不能用维修保函来代替业主扣留的保留金

E. 业主和承包人应当根据项目准备情况、施工环境因素等商定适当的开工时间

考点：合同签约阶段——合同谈判

解析：

选项D，承包人应力争以维修保函来代替业主扣留的保留金。与质量保证金相比，维修保函对承包人有利，主要是因为可提前取回被扣留的现金，而且保函是有时效的，期满将自动作废。同时，它对业主并无风险，真正发生维修费用时，业主可凭保函向银行索回款项。

14. 施工单位中标后与建设工程项目招标人进行合同谈判后达成一致的内容，应以（　　）方式确定下来作为合同的附件。

A. 合同补遗　　B. 工程变更文件　　C. 会议纪要

D. 投标补充文件　　E. 协议书

考点：合同签约阶段——合同谈判

解析：

谈判达成一致的内容，应以“合同补遗或会议纪要”的方式作为合同附件，并明确它是构成合同的一部分。

第二节　建设工程合同内容

考点一：建设工程施工合同

考点二：监理委托合同

考点三：施工专业分包合同

考点四：施工劳务分包合同

考点五：工程总承包合同

考点六：物资采购合同

➤实战训练

15. 根据《中华人民共和国合同法》的规定，下列合同中属于建设工程合同的有（　　）。

A. 勘察合同　　　　B. 施工承包合同
C. 设计合同　　　　D. 工程监理合同
E. 咨询合同

考点：建设工程合同——类别及构成

解析：

建设工程合同（一）	
合同类型	工程合同：①勘察合同；②设计合同；③施工承包合同 委托合同：①监理合同；②咨询合同
施工合同	合同文本：①协议书；②专用条款；③通用条款
	合同文件："协议中标投标函，专通条款图清单" ①协议书；②中标通知书；③投标函及附录；④专用条款；⑤通用条款；⑥标准规范；⑦设计图纸；⑧已标价工程量清单；⑨其他合同文件

16. 根据《建设工程施工合同（示范文本）》(GF-2017-0201)，合同文本由（　　）组成。

A. 通用合同条款　　　　B. 合同协议书
C. 专用合同条款　　　　D. 中标通知书
E. 标准和技术规范

考点：建设工程合同——类别及构成

解析：

各种施工合同示范文本一般都由3部分组成：协议书、通用条款、专用条款。

17. 根据《建设工程施工合同（示范文本）》通用合同条款规定的优先解释顺序，排在投标函及其附录之前的文件是（　　）。

A. 招标文件　　　　B. 专用合同
C. 合同协议书　　　　D. 中标通知书

考点：建设工程合同——类别及构成

解析：

通用条款规定的优先顺序：①合同协议书；②中标通知书；③投标函及其附录；④专用合同条款；⑤通用合同条款；⑥技术标准和要求；⑦图纸；⑧已标价工程量清单或预算书；⑨其他合同文件。

18. 关于施工承包合同中缺陷责任与保修的说法，正确的是（　　）。

A. 缺陷责任期自实际竣工日期起计算，最长不超过12个月
B. 缺陷责任期满，承包人仍应按合同约定的各部位保修年限承担保修义务
C. 因发包人原因导致工程无法按合同约定期限进行竣工验收的，缺陷责任期自竣工验收合格之日开始计算

D. 发包人未经竣工验收擅自使用工程的，缺陷责任期自承包人提交竣工验收申请报告之日开始计算

考点： 建设工程合同——合同日期

解析：

建设工程合同（二）	
开工日期	（1）计划开工日：合同协议书约定的日期 （2）实际开工日：开工通知中载明的日期
竣工日期	（1）计划竣工日：协议书约定的竣工日期 （2）实际竣工日： ①工程竣工验收合格的 ②业主原因，未在监理人收到竣工验收申请报告42天内完成竣工验收的 ③完成竣工验收不予签发工程接收证书的 （①②③：以提交竣工验收申请为实际竣工日） ④未经竣工验收，发包人擅自使用的：以转移占有之日为实际竣工日
工期	合同协议书约定的承包人完成工程所需的期限，包括按照合同约定所做的期限变更
基准日期	（1）招标工程：以投标截止日前28天为基准日期 （2）直接发包：以合同签订日前28天为基准日期
缺陷责任期	（1）自工程实际竣工日期起计算 （2）单位工程先于全部工程验收合格的，该单位工程缺陷责任期自验收合格之日起算 （3）因承包人原因导致无法按期竣工的，缺陷责任期自实际通过验收之日起算 （4）因发包人原因导致无法按期竣工的，承包人提交竣工验收申请报告后的90天内，自动进入缺陷责任期 （5）未经竣工验收，发包人擅自使用，缺陷责任期自转移占有之日起算 （6）缺陷责任期最长不超过24个月
保修期	从工程竣工验收合格之日起计算

19. 某工程承包人于2018年6月15日向监理人递交了竣工验收申请报告，7月10日竣工验收合格，7月18日发包人签发了工程验收证书。根据《建设工程施工合同（示范文本）》的通用条款，该工程的实际竣工日期、保修期起算日分别为（　　）。

A. 6月15日、7月10日　　B. 7月10日、7月18日

C. 6月15日、7月18日　　D. 7月18日、7月10日

考点： 建设工程合同——合同日期

解析：

工程竣工验收合格的，实际竣工日按提交竣工验收申请之日起算，保修期自竣工验收合格之日起算；故本题的实际竣工日为6月15日，保修期起算日为7月10日。

20. 根据《建设工程施工合同示范文本》，除专用合同条款另有约定外，发包人的责任和义务主要有（　　）。

A. 最迟于开工日期14天前向承包人发出开工通知

B. 应按照约定向承包人免费提供图纸

C. 提供场外交通设施的技术参数和具体条件

D. 提供“三通一平”施工条件

E. 提供正常施工所需的出入施工现场的交通条件

考点：施工合同示范文本——发包人

解析：

建设工程合同（三）		
发包方的责任义务	组织	（1）组织承包人、监理人和设计人进行图纸会审和设计交底 （2）组织竣工验收
	协调	与各场各参建方签订现场统一管理协议
	办证	（1）包括但不限于建设用地规划许可证、建设工程规划许可证、建设工程施工许可证，以及施工所需临时用水、临时用电、中断道路交通、临时占用土地等许可和批准 （2）发包人应协助承包人办理法律规定的有关施工证件和批件
	提供	（1）发包人应按照专用合同条款约定的期限、数量和内容向承包人免费提供图纸，发包人最迟不得晚于开工通知载明的开工日期前 14 天向承包人提供图纸 （2）除专用合同条款另有约定外，发包人应最迟于开工日期 7 天前向承包人移交施工现场 （3）协调处理施工现场周围地下管线和邻近建筑物、构筑物、古树名木的保护工作，并承担相关费用 （4）提供基础资料 （5）发包人应在收到承包人要求提供资金来源证明的书面通知后 28 天内，向承包人提供能够按照合同约定支付合同价款的相应资金来源证明
	保护	对化石、文物的保护，由此增加的费用和（或）延误的工期由发包人承担
	交通	（1）取得出入现场所需的批准手续和全部权利，以及取得因施工所需修建道路、桥梁以及其他基础设施的权利，并承担相关手续费用和建设费用 （2）场外交通设施无法满足工程施工需要的，由发包人负责完善并承担相关费用 （3）向承包人免费提供满足工程施工所需的场内道路和交通设施。因承包人原因造成上述道路或交通设施损坏的，承包人负责修复并承担由此增加的费用
	付款	支付合同价款
承包方的责任义务	办证	应由承包人办理的许可和批准，将办理结果书面报送发包人留存
	保护	（1）采取施工安全和环境保护措施，办理工伤保险，确保工程及人员、材料、设备和设施的安全 （2）负责施工场地及其周边环境与生态的保护工作
	计划	编制施工组织设计和施工措施计划，并对所有施工作业和施工方法的完备性和安全可靠性负责
	保修	完成工程，并在保修期内承担保修义务
	付款	将发包人支付的各项价款专用于合同工程，且应及时支付其雇用人员工资，并及时向分包人支付合同价款
	竣工	编制竣工资料，完成竣工资料立卷及归档，并按专用合同条款约定的竣工资料的套数、内容、时间等要求移交发包人

21. 根据《建设工程施工合同（示范文本）》通用条款，除专用条款另有约定外，发包人的责任与义务有（　　）。

A. 对施工现场发掘的文物古迹采取妥善保护措施

B. 负责完善无法满足施工需要的场外交通设施

C. 按照承包人实际需要的数量免费提供图纸

D. 无条件向承包人提供银行保函形式的支付担保

E. 最迟于开工日期 7 天内向承包人移交施工现场

考点：建设工程合同——发包人的权利及义务

解析：

选项 C，发包人应按照专用合同条款约定的期限、数量和内容向承包人免费提供图纸。

选项 D，除专用合同条款另有约定外，发包人要求承包人提供履约担保的，发包人应向承包人提供支付担保。

选项 E，最迟于开工日期 7 天前向承包人移交施工现场。

22. 发包人采购的门窗，与承包人共同清点验收后入库，完工后，监理单位检查质量不合格，要求拆除，下列说法正确的是（　　）。

A. 费用损失和工期延误由发包人承担

B. 补偿承包人费用，工期由承包人承担

C. 费用和工期由承包人承担

D. 补偿承包人费用，工期由发包人承担

考点：建设工程合同——不合格工程处理

解析：

因发包人原因造成工程不合格的，由此增加的费用和（或）工期延误由发包人承担，并支付承包人合理的利润。

23. 根据《建设工程施工合同（示范文本）》（GF-2017-0201）通用合同条款，关于工程施工交通运输的说法，正确的有（　　）。

A. 承包人未合理预见进出施工现场路径所增加的费用由发包人承担

B. 发包人负责取得出入施工现场所需的批准手续和全部权利

C. 因承包人原因造成的场内基本交通设施损坏的，由发包人承担修复费用

D. 场外交通设施无法满足工程施工需要的，由发包人负责完善

E. 运输超重件所需的道路临时加固费用由承包人承担

考点：建设工程合同——合同的权利及义务

解析：

选项 A，承包人应在订立合同前查勘施工现场，并根据工程规模及技术参数合理预见工程施工所需的进出施工现场的方式、手段、路径等，因承包人未合理预见所增加的费用和（或）延误的工期由承包人承担。

选项 C，因承包人原因造成上述道路或交通设施损坏的，承包人负责修复并承担由此增加的费用。

24. 根据《建筑工程施工合同（示范文本）》（GF-2017-0201）可以顺延工期的情况有（　　）。

A. 发包人比计划开工日晚 5 天下达开工通知

B. 发包人未按合同约定提供施工现场

C. 发包人提供的测量基准点存在错误

D. 分包商或供货商延误

E. 监理未按合同约定发出指示、批准文件

考点：建设工程合同——工程延期责任承担

解析：

建设工程合同（四）	
工期延误	因发包人原因导致工期延误，发包人承担工期、费用、利润的情况： （1）未按约定提供图纸或提供图纸不符合约定的 （2）未按约定提供施工现场、施工条件、基础资料、许可、批准等开工条件的 （3）测量基准点、基准线和水准点及其书面资料存在错误或疏漏的 （4）未在计划开工日期之日起 7 天内同意下达开工通知的 （5）未按约定日期支付工程预付款、进度款或竣工结算款的 （6）监理人未按约定发出指示、批准等文件的

25. 根据《建设工程施工专业分包合同（示范文本)》，分包人的责任和义务包括（　　）。

A. 提供具备施工条件的施工场地

B. 协调与同一施工场地的其他分包人之间的交叉配合

C. 编制、提交分包工程详细的施工组织设计

D. 直接向工程师提交分包工程进度统计表

E. 负责已完工程交付前的成品保护

考点：施工专业承包合同——合同义务

解析：

选项 A、B，属于承包人的责任和义务。

选项 D，未经承包人允许，分包人不得以任何理由与发包人或工程师发生直接工作联系，分包人不得直接致函发包人或工程师，也不得直接接受发包人或工程师的指令。如分包人与发包人或工程师发生直接工作联系，将被视为违约，并承担违约责任。

施工专业分包合同		
工程承包人（总承包单位）的主要责任和义务	提供	（1）承包人应提供总包合同（有关承包工程的价格内容除外）供分包人查阅 （2）向分包人提供与分包工程相关的各种证件、批件和各种相关资料，向分包人提供具备施工条件的施工场地 （3）提供设备和设施，并承担因此发生的费用 （4）随时为分包人提供确保分包工程的施工所要求的施工场地和通道等
	组织	组织分包人参加发包人组织的图纸会审，向分包人进行设计图纸交底
	协调	负责整个施工场地的管理工作，协调分包人与同一施工场地的其他分包人之间的交叉配合

（续）

施工专业分包合同		
分包人的主要责任和义务	与发包人的关系	（1）未经承包人允许，分包人不得以任何理由与发包人或工程师发生直接工作联系，分包人不得直接致函发包人或工程师，也不得直接接受发包人或工程师的指令 （2）如分包人与发包人或工程师发生直接工作联系，将被视为违约，并承担违约责任
	指令	（1）分包人须服从承包人转发的发包人或工程师与分包工程有关的指令 （2）就分包工程范围内的有关工作，承包人随时可以向分包人发出指令，分包人应执行承包人根据分包合同所发出的所有指令
	设计	完成规定的设计内容（有约定时），承包人承担由此发生的费用
	提交	（1）向承包人提供年度、季度、月度工程进度计划及相应进度统计报表 （2）向承包人提交详细施工组织设计
	办证	遵守有关规定，按规定办理有关手续，并以书面形式通知承包人，承包人承担由此发生的费用，因分包人责任造成的罚款除外
	进入场地	分包人应允许承包人、发包人、工程师（监理人）及其三方中任何一方授权的人员在工作时间内，合理进入分包工程施工场地或材料存放的地点，以及施工场地以外与分包合同有关的分包人的任何工作或准备的地点，分包人应提供方便
	保护	已竣工工程未交付承包人之前，分包人应负责已完分包工程的成品保护工作

26. 根据《建设工程施工专业分包合同（示范文本）》，关于专业工程分包人责任和义务的说法，正确的是（　　）。

A. 分包人应允许发包人授权的人员在工作时间内合理进入分包工程施工场地

B. 分包人必须服从发包人直接发出的指令

C. 分包人应遵守政府有关主管部门的管理规定但不用办理有关手续

D. 分包人可以直接与发包人或工程师发生直接工作联系

考点：施工专业承包合同——合同义务

解析：

选项 A，分包人作为分包工程的合同主体，应当允许发包人、承包人及监理人相关人员进入分包工程场地。

选项 B、D，分包人未经承包人允许，不得与发包人、监理人发生工作关系。

选项 C，分包人要遵守有关主管部门发布的规定，并按规定办理手续。

27. 根据《建设工程监理合同（示范文本）》（BF-2012-0202），关于监理人职责的说法，正确的是（　　）。

A. 当委托人与承包人之间发生合同争议时，监理人应不参与争议处理

B. 当委托人与承包人之间的合同争议提交仲裁机构仲裁时，监理人应提交必要的证明资料

C. 监理人可以遵循公平合理的原则，适度超越范围处理委托人与承包人所签合同的变更事宜

D. 除专用条件另有约定外，监理人发现承包人的人员不能胜任本职工作的，有权要求发包人责令承包人予以调换

28.《建设工程监理合同（示范文本）》规定，监理人更换总监理工程师时，应提前（　　）天向委托人书面报告。

A. 7　　B. 3

C. 5　　D. 14

考点：监理合同

解析：

监理人可根据工程进展和工作需要调整项目监理机构人员。监理人更换总监理工程师时，应提前7天向委托人书面报告，经委托人同意后方可更换；监理人更换项目监理机构其他监理人员时，应以相当资格与能力的人员替换，并通知委托人。

29. 某建设工程项目中，甲公司作为工程发包人与乙公司签订了工程承包合同，乙公司又与劳务分包人丙公司签订了该工程的劳务分包合同。则在劳务分包合同中，关于丙公司应承担义务的说法，正确的有（　　）。

A. 丙公司须服从乙公司转发的发包人及工程师的指令

B. 丙公司负责组织实施施工管理的各项工作，对工期和质量向发包人负责

C. 丙公司应自觉接受乙公司及有关部门的管理、监督和检查

D. 丙公司未经乙公司授权或允许，不得擅自与甲公司及有关部门建立工作联系

E. 丙公司应该按时提交报表、有关的技术经济资料，配合乙公司办理交工验收

考点：施工劳务合同义务——劳务分包方

解析：

施工劳务合同义务		
承包人责任	组建	组建项目管理班子，组织实施项目管理各项工作，对工期和质量向发包人负责
	提供	（1）向劳务分包人交付具备开工条件的施工场地 （2）提供满足劳务作业所需的能源供应、通信及施工道路畅通 （3）向劳务分包人提供相应的工程资料 （4）向劳务分包人提供生产、生活临时设施 （5）按时提供图纸，及时交付材料、设备
	编制	（1）编制施工组织设计 （2）统一制定各项管理目标 （3）组织编制年、季、月施工计划 （4）组织编制物资需用量计划表
	监督	工程质量、工期、安全、文明施工等的控制、监督、检查和验收
	实施	（1）工程测量定位、沉降观测、技术交底 （2）组织图纸会审 （3）统一安排技术档案的收集整理及交验
	协调	负责与发包人、监理、设计及有关部门联系，协调现场工作关系
	付款	按约定向劳务分包人支付劳动报酬

（续）

施工劳务合同义务		
劳务人责任	总则	对作业内容的实施、完工负责
	质量	（1）对分包范围内的工程质量向承包人负责 （2）严格按设计图纸施工，确保工程质量满足要求
	安全	加强安全教育，遵守安全制度，落实安全措施，确保施工安全
	工期	科学安排作业计划，保证工期
	文明施工	遵循各部门对现场文明施工所做的规定，做到文明施工
	接受监管	（1）接受承包人及有关部门的管理、监督和检查 （2）接受承包人对分包人对其材料、设备的保管和使用情况，人员持证上岗等情况的随机检查 （3）服从承包人转发的发包人及工程师的指令
	禁止	未经承包人允许，不得擅自与发包人及有关部门工作联系

30. 根据《建设工程施工劳务分包合同（示范文本）》(GF-2018-0214)，属于承包人工作的有（　　）。

A. 负责编制施工组织设计　　B. 科学安排作业计划
C. 组织编制年、季、月施工计划　　D. 负责工程测量定位
E. 负责与监理、设计及有关部门联系

考点：施工劳务合同义务——承包方

解析：

选项B属于劳务分包人的工作。

31. 根据《建设工程施工劳务分包合同（示范文本）》(GF-2018-0214)，从事危险作业职工的意外伤害保险应由（　　）办理。

A. 发包人　　B. 施工承包人　　C. 专业分包人　　D. 劳务分包人

考点：施工劳务合同内容——保险

解析：

施工劳务合同保险	
发包人	施工场地内的自有人员及第三人人员生命财产办理的保险
承包人	（1）运至施工场地用于劳务施工的材料和待安装设备，由承包人办理或获得保险 （2）承包人必须为租赁或提供给劳务分包人使用的施工机械设备办理保险
劳务分包人	（1）必须为从事危险作业的职工办理意外伤害保险 （2）并为施工场地内自有人员生命财产和施工机械设备办理保险

32. 根据《建设工程施工劳务分包合同（示范文本）》(GF-2018-0214)，需由劳务分包人承担的保险费用有（　　）。

A. 施工场地内劳务分包人自有人员生命财产
B. 运至施工现场用于施工的材料和待安装设备
C. 承包人提供给劳务人员使用的机械设备

D. 从事危险作业的劳务分包人职工的意外伤害险

E. 施工场地内劳务分包人自有的施工机构设备

考点：施工劳务合同内容——保险

解析：

选项B，运至施工场地用于劳务施工的材料和待安装设备，由承包人办理或获得保险。

选项C，承包人必须为租赁或提供给劳务分包人使用的施工机械设备办理保险。

33. 根据《建设项目工程总承包合同（示范文本）》（GF-2020-0216），发包人的责任和义务有（　　）。

A. 编制设计实施计划　　B. 编制施工的组织计划

C. 现场管理配合　　D. 及时向分包人支付合同价款

考点：建设项目工程总承包合同示范文本

解析：

选项A、B、D属于承包人的义务。

工程总承包合同		
不同之处	建设工程项目总承包与施工承包的最大不同之处在于承包商要负责全部或部分的设计，并负责物资设备的采购	
工程总包的任务	时间范围	勘察设计、设备采购、施工、试车（或交付使用）
	工程承包范围	所有的主体和附属工程、工艺、设备
发包人的义务和责任	（1）遵守法律 （2）提供施工现场和工作条件 （3）提供基础资料 （4）办理许可和批准 （5）向承包人提供支付担保，支付合同价款 （6）现场管理配合	
承包人的一般义务	（1）办理法律规定和合同约定由承包人办理的许可和批准，将办理结果书面报送发人留存 （2）按合同约定完成全部工作并在缺陷责任期和保修期内承担缺陷保证责任和保修义务 （3）提供工程设备和承包人文件，并按合同约定负责临时设施的设计、施工、运行、维护、管理和拆除 （4）编制设计、施工的组织和实施计划 （5）采取安全文明施工、职业健康和环境保护措施，办理员工工伤保险等相关保险 （6）将发包人按合同约定支付的各项价款专用于合同工程，且应及时支付其雇用人员（包括建筑工人）工资，并及时向分包人支付合同价款 （7）不得侵害发包人与他人使用公用道路、水源、市政管网等公共设施的权利，避免对邻近的公共设施产生干扰	

34. 根据《建设项目工程总承包合同（示范文本）》（GF-2020-0216），承包人的一般义务有（　　）。

A. 编制设计、施工的组织和实施计划　　B. 提供项目基础资料

C. 现场管理配合　　D. 办理建设用地规划许可证

E. 采取环境保护措施

考点：建设项目工程总承包合同示范文本

解析：

选项 B、C、D 为发包人的责任义务。

35. 建筑材料采购合同中应明确结算的（　　）。

A. 时间、方式和手续　　B. 地点、时间和人员

C. 时间、方式和人员　　D. 地点、人员和手续

考点： 建设工程合同——物资采购合同

解析：

建筑材料采购结算合同中应明确结算的时间、方式和手续。

36. 关于物资采购交货日期的说法，正确的是（　　）。

A. 凡委托运输部门送货的，以供货方发运产品时承运单位签发的日期为准

B. 供货方负责送货的，以供货方按合同规定通知的提货日期为准

C. 采购方提货的，以采购方收获戳记的日期为准

D. 凡委托运输单位代运的产品，以向承运单位提出申请的日期为准

考点： 建设工程合同——物资采购合同

解析：

交货日期的确定方式：

（1）供货方负责送货的，以采购方收货戳记的日期为准。

（2）采购方提货的，以供货方按合同规定通知的提货日期为准。

（3）凡委托运输部门或单位运输、送货或代运的产品，一般以供货方发运产品时承运单位签发的日期为准。

37. 建筑施工企业与物资供应企业就某建筑材料的供应签订合同，如该建筑材料不属于国家定价的产品，则其价格应（　　）。

A. 报请物价主管部门确定

B. 参考国家定价确定

C. 由供需双方协商确定

D. 按当地工程造价管理部门公布的指导价确定

考点： 建设工程合同——物资采购合同

解析：

物资采购合同	
合同内容	①标的；②数量；③包装；④验收；⑤交付及运输方式；⑥交货期限；⑦价格；⑧结算；⑨违约责任
价格	（1）国家定价的材料，按国家定价执行 （2）应由国家定价但尚无定价的材料，其价格应报物价主管部门批准 （3）不属于国家定价的产品，供需双方协商定价
交货期限	（1）供货方送货：以采购方收货戳记日期为准 （2）采购方提货：以约定的提货日期为准 （3）委托物流的：一般以供货方发运产品时承运单位签发的日期为准
违约责任	（1）逾期交货 ①按逾期交货部分货款总价计算违约金 ②若发生采购方的其他损失，其实际开支的费用也应由供货方承担

（续）

物资采购合同	
违约责任	（2）提前交货 ①采购方自提：采购方可拒绝提前提货 ②供货方交货：可按约定时间付款，多交货及不合约的部分产品，代管期实际支出保费由供货方承担 （3）部分交货 ①违约金=不能交货部分×违约金比例 ②违约金不足以偿付采购方实际损失时，采购方可另外提出补偿要求 （4）中途退货 ①违约金按退货部分货款计算违约金 ②承担由此给供货方造成的损失 （5）逾期提货 ①支付违约金 ②承担逾期提货给供货方造成的代为保管费、保养费 （6）逾期付款 采购方逾期付款，应该按照合同约定支付逾期付款利息

38. 关于建筑材料采购合同中违约责任的说法，正确的有（　　）。

A. 供货方提前发运或交付的货物，采购方要按实际发运或交付时间付款

B. 供货方发生逾期交货，要按合同约定依据逾期交货部分货款总价计算违约金

C. 供货方部分交货，应按合同约定违约金比例乘以不能交货部分货款计算违约金

D. 合同签订后采购方中途退货，应向供货方支付按退货货款总额计算的违约金

E. 合同签订后，采购方逾期付款，应按照合同约定支付逾期付款利息

考点：建设工程合同——物资采购合同

解析：

选项A，对于供货方提前发运或交付的货物，采购方仍可按合同规定的时间付款。

第三节　合同计价方式

考点一：单价合同

考点二：总价合同

➢ 实战训练

39. 关于单价合同的说法，正确的有（　　）。

A. 投标报价单中总价和单价计算结果不一致时，以单价为准调整总价

B. 投标书中出现明显的数字计算错误，业主有权利先修改再评标

C. 采用单价合同时，业主和承包人都不担心存在工程量方面的风险

D. 采用可调单价合同时，承包人的风险相对较小

E. 采用固定单价合同时，业主招标准备时间较长

考点：合同计价方式——单价合同的特点

解析：

<table>
<tr><th colspan="3">合同计价方式（一）</th></tr>
<tr><td rowspan="4">单价合同</td><td>类别</td><td>①固定单价合同；②可调单价合同</td></tr>
<tr><td>特点</td><td>（1）单价合同的特点是单价优先
（2）总价和单价的计算结果不一致时，以单价为准调整总价
（3）投标书中明显的计算错误，业主有权先修改再评标
（4）实际工程款的支付，是以实际完成工作量×合同单价进行计算</td></tr>
<tr><td>优点</td><td>（1）单价合同允许随工程量变化而调整总价
（2）业主和承包商均不存在工程量风险</td></tr>
<tr><td>缺点</td><td>（1）业主需要安排专门力量来核实已经完成的工程量，需要在施工过程中花费不少精力
（2）实际工程量可能超过预测的工程量，继而实际投资容易超过计划投资，对投资控制不利</td></tr>
<tr><td rowspan="2">固定单价合同</td><td>特点</td><td>无论发生哪些影响价格的因素都不对单价进行调整，因而，对承包商而言就存在一定的风险</td></tr>
<tr><td>应用</td><td>适用于工期较短、工程量变化幅度不大的项目</td></tr>
<tr><td>可调单价合同</td><td>特点</td><td>（1）双方可约定一个估算工程量，实际工程量发生较大变化时可对单价进行调整
（2）同时还应该约定如何对单价进行调整
（3）还可约定，当通货膨胀达到一定水平或国家政策发生变化时进行调整
（4）因此，承包商的风险就相对较小</td></tr>
</table>

40. 关于单价合同中承包商风险的说法，正确的是（　　）。

A. 单价合同中承包商存在工程量方面的风险

B. 固定单价合同条件下，承包商存在通货膨胀带来的单价上涨的风险

C. 单价合同中承包商存在投标总价过低方面的风险

D. 可调单价合同下，承包商存在通货膨胀带来的单价上涨的风险

考点：合同计价方式——单价合同的特点

解析：

选项 A，单价合同允许随工程量变化而调整工程总价，业主和承包商都不存在工程量方面的风险。

选项 C，单价合同中承发包双方根据投标单价和最终工程量确定总价，不存在投标总价方面的风险。

选项 D，当采用变动单价合同时，可以约定当通货膨胀达到一定水平或者国家政策发生变化时可以对哪些工程内容的单价进行调整以及如何调整等，因此承包商的风险就相对较小。

41. 采用单价合同时，最后工程结算总价是根据（　　）计算确定的。

A. 发包人提供的清单工程量及承包方所填报的单价

B. 发包人提供的清单工程量及承包方实际发生的单价

C. 实际完成并经工程师计量的工程量及承包人实际发生的单价

D. 实际完成并经工程师计量的工程量及承包人所填报的单价

考点：合同计价方式——单价合同的特点

解析：

采用单价合同时，实际工程款的支付以实际完成工程量乘以合同单价进行计算。

42. 当建设工程施工承包合同的计价方式采用可调单价时，合同中可以约定合同单价调整的情况有（ ）。

A. 工程量发生比较大的变化　　B. 承包商自身成本发生比较大的变化

C. 通货膨胀达到一定水平　　D. 业主资金不到位

E. 国家相关政策发生变化

考点：合同计价方式——单价合同的特点

解析：

变动单价合同可以约定出现以下情况时调整单价：①实际工程量发生较大变化；②通货膨胀达到一定水平；③国家政策发生变化。

43. 对建设周期一年半以上的工程项目，采用变动总价合同时，应考虑引起价格变化的因素有（ ）。

A. 银行利率的调整　　B. 国家政策改变引起的工程费用上涨

C. 人工工资的上涨　　D. 设计变更引起的费用变化

E. 材料费的上涨

考点：合同计价方式——总价合同

解析：

合同计价方式（二）		
总价合同	特点	（1）发包人可在报价竞争状态下确定项目总造价，可较早确定或者预测工程成本 （2）业主风险较小，承包人承担较多风险 （3）易于迅速确定最低报价的投标人 （4）施工进度上，能极大地调动承包人的积极性 （5）发包人更容易对项目进行控制 （6）必须完整而明确地规定承包人的工作 （7）必须将设计和施工方面的变化控制在最小限度内
	类别	总价合同分为固定总价合同和可调总价合同
	内涵	（1）总价合同，也称“总价包干合同”——即施工内容及有关条件不变，业主付给承包商的价款总额就不变 （2）合同总价一次包死，固定不变——即不再因环境变化和工程量增减而变化 （3）继而，承包商承担全部的工作量和价格的风险，其风险较大，业主的风险较小 （4）当然，合同中还可约定，在发生重大工程变更、累计工程变更超过一定幅度或者其他特殊条件下，可以调整合同价款
固定总价合同	风险	（1）出于上述原因，承包商在报价中不可避免地要增加一笔较高的不可预见风险费 （2）承包方的风险来源包括：①价格的风险；②工作量风险 （3）价格风险：①报价计算错误；②漏报项目；③物价和人工费上涨 （4）工程量风险：①工程量计算错误；②工程范围不确；③工程变更；④图纸设计深度不够所造成的误差

（续）

合同计价方式（二）		
固定总价合同	应用	（1）工程量小、工期短，一年左右的工程 （2）图纸完整，工程任务和范围明确 （3）工程结构和技术简单，风险小 （4）投标期相对宽裕，承包商可详细考察现场、复核工程量、分析招标文件、拟订施工计划 （5）固定总价合同在国际上被广泛接受和应用
可调总价合同	内涵	（1）合同价格是以图纸及规定、规范为基础，按照时价进行计算 （2）建设周期一年半以上的工程，应考虑价格变化问题
	特点	（1）劳务工资以及材料费用上涨 （2）运输费、燃料费、电力等价格的变化 （3）外汇汇率的不稳定 （4）国家或省、市立法的改变引起的工程费用的上涨

44. 关于总价合同的说法，正确的有（　　）。

A. 当施工内容及有关合同工程量未发生变化时，业主付给承包商的总价不变

B. 采用总价合同的前提是施工图设计完成，施工任务和范围比较明确

C. 总价合同中，业主风险较大、承包商风险较小

D. 总价合同中，可约定在发生设计变更时对合同价格进行调整

E. 总价合同在施工进度上能够调动承包人的积极性

考点：合同计价方式——总价合同

解析：

选项 C，总价合同，业主的风险较小，承包人将承担较多的风险。

选项 D，固定总价合同在重大工程变更、累计工程量变更超过一定幅度的条件下可调整。

45. 关于固定总价合同的说法，正确的有（　　）。

A. 合同总价一次包死，业主不承担投资风险

B. 图纸和工程内容明确，是使用这种合同的前提之一

C. 固定总价合同也有调整合同总价的可能

D. 合同双方结算比较简单

E. 在国际上很少采用固定总价合同

考点：合同计价方式——固定总价合同

解析：

选项 A，固定总价合同的合同总价一次包死，固定不变，即不再因为环境的变化和工程量的增减而变化，承包商承担了全部的工作量和价格风险，但业主并非毫无风险，固定总价合同也有调整合同总价的可能。

选项 E，在国际上，固定总价合同被广泛接受和采用，因为有比较成熟的法规和先例的经验。

46. 采用固定总价合同时，承包商承担的价格风险有（　　）。

A. 漏报项目　　B. 报价计算错

C. 工程范围不确定　　D. 工程量计算错误

E. 物价和人工费上涨

考点：合同计价方式——固定总价合同

解析：

固定总价合同，承包商承担量、价的风险。其中，价格风险有报价计算错误、漏报项目、物价和人工费上涨等；工作量风险有工程量计算错误、工程范围不确定、工程变更，以及由于设计深度不够所造成的误差等。

47. 关于总价合同的说法，正确的有（　　）。

A. 发包人可以较早确定或预测工程成本

B. 能极大地调动承包人控制进度的积极性

C. 必须完整而明确地规定承包人的工作

D. 将设计与施工变化控制在最小限度内

E. 承包人将承担较少风险

考点：合同计价方式——总价合同

解析：

选项E，总价合同中承包人承担较大的风险。

总价合同的特点：

（1）发包单位可以较早确定或预测工程成本。

（2）业主的风险较小，承包人将承担较多的风险。

（3）评标时易于迅速确定最低报价的投标人。

（4）在施工进度上能极大地调动承包人的积极性。

（5）发包单位能更容易、更有把握地对项目进行控制。

（6）必须完整而明确地规定承包人的工作。

（7）必须将设计和施工方面的变化控制在最小限度内。

48. 关于成本加酬金合同的说法，正确的是（　　）。

A. 成本加固定费用的合同，承包商的酬金不可调整

B. 成本加固定比例费用的合同，有利于缩短工期

C. 当实行风险型CM模式时，适宜采用最大成本加费用合同

D. 当设计深度达到可以报总价的深度时，适宜采用成本加奖金合同

考点：合同计价方式——成本加酬金合同

解析：

选项A，成本加固定费用的合同，如果设计变更或增加新项目，当直接费超过原估算成本的一定比例（如10%）时，固定的报酬也要增加。

选项B，成本加固定比例费用的合同，工程成本中直接费用加一定比例的报酬，报酬部分的比例在签订合同时由双方确定，这种方式的报酬费用总额随成本的加大而增加，不利于缩短工期和降低成本。

选项D，在招标时，当图纸、规范等准备不充分，不能据以确定合同价格，而仅能制定

一个估算指标时，可采用成本加奖金形式。

49. 下列成本加酬金合同的优点中，对业主有利的有（　　）。

A. 可以确定合同工程内容、工程量及合同终止时间

B. 可以通过分段施工缩短施工工期

C. 可以通过最高限价约束工程成本，转移全部风险

D. 可以利用承包商的施工技术专家帮助改进设计的不足

E. 可以较深入地控制工程施工和管理

考点：合同计价方式——成本加酬金合同

解析：

对业主而言，成本加酬金合同也有一定优点：①可以通过分段施工缩短工期；②可以减少承包商的对立情绪；③可以利用承包商的施工技术专家，帮助改进或弥补设计中的不足；④业主可以根据自身力量和需要，较深入地介入和控制工程施工和管理；⑤也可以通过确定最大保证价格约束工程成本不超过某一限值，从而转移一部分风险；其缺点是合同的不确定性，由于设计未完成，无法准确确定合同的工程内容、工程量以及合同的终止时间，有时难以对工程计划进行合理安排。

选项A为成本加酬金的缺点，选项C只能转移一部分风险而不能转移全部风险。

50. 关于工程咨询服务费用计算方法、费用构成和合同计价的说法，正确的有（　　）。

A. 可报销费用包括在公司管理费中

B. 工程建设费用百分比法适用于工程规模较小、工期较短的建设工程项目

C. 按日计费法是以服务时间为基础的计算方法

D. 工程量和价格均无变化时，咨询公司不能提取不可预见费

E. 工程咨询服务合同的计价主要采用总价和成本加酬金方式

考点：合同计价方式——工程咨询合同

解析：

选项A，可报销费用是指在执行咨询任务期间发生的、未包括在公司管理费中的、可以据实报销的费用。

工程咨询合同的计价方式		
计算方法	人月费单价法	（1）是最常用、最基本的以服务时间为基础的计费方法 （2）它通常是按每人每月所需费用（即人月费率）乘以相应的人月数，再加上其他非工资性开支（即可报销费用）计算 （3）这种计算方法广泛用于一般性的项目规划和可行性研究、工程设计项目管理和施工监理以及技术援助任务
	按日计费法	（1）也是一种以服务时间为基础的计费方法，通常是按每人每日所需费用乘以相应的工作日数计算 （2）这种计费方法通常要比按人月费率折算所得的平均日费用额高 （3）一般适用于咨询工作期限短或不连续、咨询人员少的咨询项目，如管理或法律咨询、专家论证等

（续）

工程咨询合同的计价方式		
计算方法	工程建设费用百分比法	（1）工程规模越大、工程建设费越多，咨询费的比例越低 （2）一般适用于工程规模较小、工期较短（一般不超过一年）的建筑工程项目
费用构成	酬金	人月费率乘以人月数
	可报销费用	
	不可预见费用	（1）为了解决不可预见的工作量增加和由于价格上涨而引起的实际咨询服务费用增加的问题 （2）通常为酬金与可报销费用之和的5%~15% （3）如果工作量和价格均无变化，咨询公司就不能提取这笔款项
计价方式	总价和成本加酬金（成本加固定酬金）	

51. 计算一般性的项目规划和可行性研究、工程设计和施工监理服务费用时，最常用的费用计算方法是（　　）。

A. 人月费单价法　　B. 按日计费法

C. 按实计量法　　D. 工程建设费用百分比法

考点：合同计价方式——工程咨询合同

解析：

咨询合同计算方法包括：人月费单价法、按日计费法、工程建设费用百分比法。人月费单价法是咨询服务中最常用、最基本的以服务时间为基础的计费方法。它通常是按每人每月所需费用（即人月费率）乘以相应的人月数，再加上其他非工资性开支（即可报销费用）计算。这种计算方法广泛用于一般性的项目规划和可行性研究、工程设计、项目管理和施工监理以及技术援助任务。

第四节　建设工程施工合同风险管理、工程保险和工程担保

考点一：施工合同风险管理

考点二：工程保险

考点三：工程担保

➢ 实战训练

52. 下列建设工程施工合同的风险中，属于管理风险的有（　　）。

A. 政府工作人员干预　　B. 环境调查不深入

C. 投标策略错误　　D. 汇率调整

E. 合同条款不严密

考点：合同风险管理——风险类别

解析：

施工合同风险管理		
风险概念	按原因	（1）合同工程风险：指客观风险。包括①不利的地质条件；②工程变更；③物价上涨；④不可抗力 （2）合同信用风险：指主观风险。包括①业主拖欠工程款；②承包商层层转包；③非法分包；④以次充好；⑤偷工减料
	按阶段	（1）合同订立风险　（2）合同履约风险
风险类别	环境风险	（1）政治环境变化　（2）经济环境变化　（3）法律环境变化 （4）自然环境变化
	组织资信和能力风险	（1）业主资信和能力风险　（2）承包商资信和能力风险 （3）其他方面 ①政府机关、相关部门的干预、苛求和个人需求 ②项目周边或居民、单位的干预、抗议或苛刻的要求
	管理风险	（1）环境调查和预测的风险 （2）合同条款不严密、错误、二义性 （3）工程范围和标准存在不确定性 （4）承包商投标策略错误 （5）承包商的设计，施工方案、计划和组织措施存在缺陷 （6）实施控制过程中的风险

53. 根据合同风险产生的原因分类，属于合同工程风险的是（　　）。

A. 非法分包　　B. 偷工减料

C. 物价上涨　　D. 以次充好

考点：合同风险管理——风险概念

解析：

选项A、B、D，属于合同信用风险。合同工程风险是指客观原因和非主观故意导致的。例如，工程进展过程中发生不利的地质条件变化、工程变更、物价上涨、不可抗力等。合同信用风险是指主观故意原因导致的，表现为合同双方的机会主义行为，如业主拖欠工程款，承包商层层转包、非法分包、偷工减料、以次充好、知假买假等。

54. 关于工程合同风险分配的说法，正确的是（　　）。

A. 业主、承包商谁能更有效地降低风险损失，则应由谁承担相应的风险责任

B. 承包商在工程合同风险分配中起主导作用

C. 业主、承包商谁承担管理风险的成本最高，则应由谁来承担相应的风险责任

D. 合同定义的风险没有发生，业主不用支付承包商投标中的不可预见风险费

考点：合同风险管理——风险分配

解析：

选项A，风险对应收益，高风险对应高收益。所以风险是给有能力承担它的人承担的。

选项B，在合同风险中起主导作用的一定是业主方。

选项C，选项A是正确的，那么选项C显然就是错误的。

选项 D，不可预见费不是对损失的补偿，而是对风险的补偿。所以即便风险没有发生，这笔钱也该给施工方，成为施工单位的超额利润。

55. 下列损失中，属于建设工程人身意外伤害险中除外责任范围的有（　　）。

A. 被保险人不忠实履行约定义务造成的损失

B. 项目建设人员由于施工原因而受到人身伤害的损失

C. 战争或军事行为等所造成的损失

D. 投标人故意行为所造成的损失

E. 项目法人和承包人以外的第三人由于施工原因受到的财产损失

考点： 工程保险——概述

解析：

工程保险（一）	
概述	保险标的：是保险保障的目标和实体 指保险合同双方当事人权利和义务所指向的对象
	保险金额：保险金额简称保额 是保险人承担赔偿或给付保险金责任的最高限额
	保险费：保险费简称保费 是投保人为转嫁风险支付给保险人的与保险责任相应的价金
	除外责任：（1）投保人故意行为所造成的损失 （2）因被保险人不忠实履行约定义务所造成的损失 （3）战争或军事行为所造成的损失 （4）保险责任范围以外，其他原因所造成的损失

56. 按照我国保险制度，建设工程一切险（　　）。

A. 投保人应以双方名义共同投保

B. 由承包人投保

C. 包含职业责任险

D. 包含人身意外伤害险

考点： 工程保险——建设工程一切险

解析：

工程保险（二）		
种类	建设工程一切险	类别：①建筑工程一切险；②安装工程一切险 投标：要求投标人以发包、承包双方共同名义投保
	人身意外伤害险	目的：将参建人员由于施工原因受到人身意外伤害的损失转移给保险公司

57. 根据《建设工程施工合同（示范文本）》，除另有约定外，国内工程中通常由发包人投保的险种是（　　）。

A. 工伤保险　　　　B. 人身意外伤害险

C. 执业责任险　　　　　　　　　　　　　D. 建筑工程一切险

考点： 工程保险——建设工程一切险

解析：

除专用合同条款另有约定外，发包人应投保建筑工程一切险或安装工程一切险；发包人委托承包人投保的，因投保产生的保险费和其他相关费用由发包人承担。

58. 下列财产损失和人身伤害事件中，属于第三者责任险赔偿范围的是（　　）。

A. 项目承包商在施工工地的财产损失

B. 项目承包商职工在施工工地的人身伤害

C. 项目法人任聘员工在施工工地的人身伤害

D. 项目法人、承包商以外的第三人因施工原因造成的财产损失

考点： 工程保险——第三方责任险

解析：

工程保险（三）		
种类	第三方责任险	概念：施工原因导致承发包以外的第三人财产损失或人身伤害的赔偿 对象：第三者责任险的被保险人也应是项目法人和承包人 性质：该险种一般附加在工程一切险中 范围：发承包双方在工地的财产损失及职工伤亡不属于第三者责任险赔偿范围，而是工程一切险和人身意外险范围

59. 下列关于工程保险的说法，正确的有（　　）。

A. 战争和军事属于保险人不承担责任的范围

B. 工程保险包含财产和人身保险

C. 除合同另有约定的发包人购买一切险

D. 除合同另有约定的发包人变更保险合同应征得承包人同意

E. 保险不能解决所有风险只能转移部分风险

考点： 工程保险

解析：

工程保险保险人不承担责任的范围：

（1）投保人故意行为所造成的损失。

（2）因被保险人不忠实履行约定义务所造成的损失。

（3）战争或军事行为所造成的损失。

（4）保险责任范围以外，其他原因所造成的损失。

选项 B 正确，根据保险标的的不同，保险可以分为财产保险（包括财产损失保险、责任保险、信用保险等）和人身保险（包括人寿保险、健康保险、意外伤害保险等）两大类，而工程保险既涉及财产保险，也涉及人身保险。

选项 C，为了保证一切险的有效性和连贯性，国内工程通常由项目法人办理保险，国际工程一般要求承包人办理保险。

60. 我国投标担保可以采用的担保方式有（　　）。

A. 银行保函　　　　　　　　　　　　　B. 投标保证金

C. 信用证　　　　　　　　　　　　　　D. 同业担保书

E. 担保公司担保书

考点：工程担保——投标担保

解析：

工程担保（一）		
投标担保	含义	指投标人向招标人提供的担保，保证投标人一旦中标即按中标通知书投标文件和招标文件等有关规定与业主签订承包合同
	形式	银行保函、担保公司担保书、投标保证金、同业担保书
	担保额度	（1）《中华人民共和国招标投标法实施条例》规定，投标保证金不得超过招标项目估算价的2%，投标保证金有效期应当与投标有效期一致 （2）《工程建设项目施工招标投标办法》规定，施工投标保证金的数额一般不得超过投标总价的2%，但最高不得超过80万元人民币。投标保证金有效期应当超出投标有效期30天
	作用	主要目的是保护招标人不因中标人不签约而蒙受经济损失

61. 施工项目投标保证金有效期应当与（　　）一致。

A. 投标截止日期　　　　　　　　　　B. 中标通知书发出日期

C. 投标有效期　　　　　　　　　　D. 评标报告

考点：工程担保——投标担保

解析：

根据《中华人民共和国招标投标法实施条例》，投标保证金不得超过招标项目估算价的2%。投标保证金有效期应当与投标有效期一致。

62. 根据《工程建设项目施工招标投标办法》，项目估算总价为3500万元的工程项目，其施工投标保证金的金额一般不得超过（　　）万元。

A. 35　　　　B. 80　　　　C. 105　　　　D. 70

考点：工程担保——投标担保

解析：

根据《工程建设项目施工招标投标办法》的规定，施工投标保证金的数额一般不得超过投标总价的2%，但最高不得超过80万元人民币。3500万元×2%＝70万元。

63. 工程担保金额最大的担保是（　　）。

A. 投标　　　　　　　　　　B. 支付

C. 履约　　　　　　　　　　D. 预付

考点：工程担保——履约担保

解析：

履约担保是最重要也是担保金额最大的工程担保。

64. 根据《招标投标法实施条例》，投标保证金不得超过招标项目估算价的（　　）。

A. 2%　　　　B. 3%　　　　C. 5%　　　　D. 10%

考点：工程担保——投标担保

解析：

根据《中华人民共和国招标投标法实施条例》，投标保证金不得超过招标项目估算价的2%。投标保证金有效期应当与投标有效期一致。

65. 招标人在招标文件中要求中标的投标人提交保证履行合同义务和责任的担保，其形式有（　　）。

A. 投标保函　　B. 履约担保书

C. 银行保函　　D. 质量保证金

E. 保兑支票

考点：工程担保——履约担保

解析：

<table>
<tr><th colspan="4">工程担保（二）</th></tr>
<tr><td rowspan="7">履约担保</td><td>内涵</td><td colspan="2">指招标人要求中标人提交的保证履行合同义务和责任的担保</td></tr>
<tr><td>期限</td><td colspan="2">起始时间：工程开工之日
终止时间：可约定竣工交付日或保修期满之日
若终止日为竣工交付日，需提供工程保修担保</td></tr>
<tr><td rowspan="4">形式</td><td>履约保函</td><td>（1）由商业银行开具的担保证明
（2）通常为合同金额的 10%左右
（3）银行保函分为有条件的银行保函和无条件的银行保函
（4）建筑业通常采用有条件的保函</td></tr>
<tr><td>履约担保书</td><td>（1）担保公司或保险公司开具履约担保书
（2）承包人违约时，担保人用该项担保金完成施工任务，或向发包人支付完成该项目所实际花费的金额
（3）该金额必须在保证金的担保金额之内</td></tr>
<tr><td>质量保证金</td><td>（1）发包人累计扣留的质保金，不得超过工程款结算总额的 3%
（2）保函金额应不高于工程价款结算总额的 3%</td></tr>
<tr><td>同业担保</td><td>不允许两家企业互相担保或多家企业交叉互保</td></tr>
</table>

66. 关于履约担保的说法，正确的有（　　）。

A. 履约担保是为保证正确、合理地使用发包人支付的预付款而提供的担保

B. 履约担保有效期始于工程开工之日，终止日期可以约定在工程竣工交付之日

C. 银行履约保函担保金额通常为合同金额的 10%左右

D. 保留金由发包人从工程进度款中扣除，总额一般限制在合同总价款的 5%

E. 履约担保书由商业银行开具，金额在保证金的担保金额之内

考点：工程担保——履约担保

解析：

选项 A，履约担保是指招标人在招标文件中规定的要求中标的投标人提交的保证履行合同义务和责任的担保。

选项 D，质量保证金不得超过工程价款结算总额的 3%。

选项 E，履约担保书由担保公司或者保险公司开具。

67. 建设工程施工预付款担保的主要形式是（　　）。

A. 支票　　B. 银行保函

C. 现金　　D. 汇票

考点： 工程担保——预付款担保

解析：

工程担保（三）	
预付款担保	阶段：签约后，在发包人支付预付款 7 天前提供 内涵：为保证正确、合理使用发包人支付的预付款而提供的担保 数额：一般为合同金额的 10%；发包人逐期扣回预付款后，预付款担保额度应相应减少但剩余预付款的保额不得低于未被扣回的预付款金额 形式：①银行保函；②担保公司提供保证担保；③抵押等担保形式 作用：保证承包人能按合同规定进行施工，偿还发包人已支付的全部预付金额
支付担保	内涵：中标人要求招标人保证履行合同中约定的工程款支付义务的担保 数额：发包人的支付担保实行分段滚动担保 支付担保额度为工程合同总额的 20%~25% 形式：①银行保函；②履约保证金；③担保公司担保

68. 某工程的合同总额为 1000 万元，则发包人合理的支付担保额是（　　）万元。

A. 100　　B. 500

C. 1000　　D. 200

考点： 工程担保——支付担保

解析：

发包人的支付担保实行分段滚动担保。支付担保的额度为工程合同总额的 20%~25%。1000 万元×20%＝200 万元，1000 万元×25%＝250 万元，故合理的支付担保额为 200 万~250 万元，选项 D 最符合题意。

69. 下列担保中，担保金额在担保有效期内逐步减少的是（　　）。

A. 预付款担保　　B. 投标担保

C. 履约担保　　D. 支付担保

考点： 工程担保——预付款担保

解析：

预付款担保一般为合同金额的 10%，由承包人提供，通常与发包人的预付款是等值的，担保数额逐月减少。

70. 下列工程担保中，应由发包人出具的是（　　）。

A. 履约担保　　B. 支付担保

C. 预付款担保　　D. 保修担保

考点： 工程担保——支付担保

解析：

支付担保是中标人要求招标人提供的保证履行合同中约定的工程款支付义务的担保。

第五节 建设工程施工合同实施

考点一：合同分析
考点二：合同交底
考点三：合同跟踪
考点四：偏差处理
考点五：分包合同

➢ 实战训练

71. 关于合同分析及其作用的说法，正确的有（　　）。
A. 合同分析要从合同执行的角度去分析
B. 合同分析往往由项目经理负责
C. 合同分析的目的之一是合同任务分解、落实
D. 分析合同中的漏洞，解释有争议的内容
E. 合同分析同招标文件分析的侧重点相同

考点：施工合同实施——合同分析

解析：

施工合同实施（一）		
合同分析	目的作用	口诀："漏洞风险任务分"
		（1）分析合同中的漏洞，解释有争议的内容 （2）分析合同风险，制定风险对策 （3）合同任务分解、落实，便于实施与检查

72. 关于承包人施工合同分析内容的说法，正确的是（　　）。
A. 应明确承包人的合同标的
B. 分析工程变更补偿范围，通常以合同金额的一定百分比表示，百分比值越大，承包人的风险越小
C. 合同实施中，承包人必须无条件执行工程师指令的变更
D. 分析索赔条款，索赔有效期越短，对承包人越有利

考点：合同分析——分析内容

解析：

施工合同实施（二）		
合同分析	分析内容	（1）法律基础
		（2）工期
		（3）违约责任

（续）

<table>
<tr><th colspan="3">施工合同实施（二）</th></tr>
<tr><td rowspan="4">合同分析</td><td rowspan="4">分析内容</td><td>（4）合同价格："式范程序调欠款"
①合同计价方式；②合同价格范围；③合同价格调整；
④工程计量程序；⑤价款结算方法和程序；⑥拖欠工程款责任</td></tr>
<tr><td>（5）承包人任务
履约：①完成合同约定的各项主要任务，即合同标的
②做好施工现场管理
③给业主方人员提供生活及工作条件
范围：①通过工程量清单、图纸、工程说明、技术规范来确定工作范围
②监理人指令工程变更属于合约范围，承包人必须无条件执行
③工程变更超过合同约定范围的，承包人可向业主要求补偿变更
变更：①工程变更的补偿范围，以合同金额一定的百分比表示
②这个百分比越大，承包人风险越大
③工程变更索赔有效期一般为28天，也有14天的；时间越短，对承包人管理水平要求越高，对承包人越不利</td></tr>
<tr><td>（6）发包人任务：★重点分析其"合作责任"
雇佣：雇佣工程师，并授权履行业主部分合同责任
协调：对承包人和供应商进行责任划分、争议裁决、工作协调，并承担协调失误造成的损失
决策：及时做出下达指令、做出认可、请示答复和履行审批手续等承包人履行合同所必需的决策
提供：提供设计图纸、场地、道路等施工条件
付款：按约定及时支付工程款，及时接受已完工程</td></tr>
<tr><td>（7）竣工验收移交
分析说明：合同分析应对验收要求、验收时间、验收程序、法律后果做出说明
验收移交：工程竣工验收合格，办理移交竣工验收合格并移交，表示
①业主认可并接收工程
②承包人的施工任务完成
③工程所有权的转让
④承包人照管责任的结束和业主照管责任的开始
⑤保修责任的开始
⑥工程款支付条款有效</td></tr>
</table>

73. 对建设工程施工合同中发包人的责任进行分析时，主要分析其（　　）。

A. 报批责任　　　　B. 监督责任

C. 合作责任　　　　D. 组织责任

考点：合同分析——分析内容

解析：

对建设工程施工合同中发包人的责任进行分析时，主要分析其合作责任。

74. 在施工合同分析中，发包人的合作责任有（　　）。

A. 施工现场的管理，给发包人的管理人员提供生活和工作条件

B. 及时提供设计资料、图纸、施工场地等

C. 按合同规定及时支付工程款

D. 对平行的各承包人和供应商之间的责任界限做出划分

E. 及时做出承包人履行合同所必需的决策

考点：合同分析——分析内容

解析：

分析发包人（业主）的合作责任通常有以下几方面：①业主雇佣工程师，并授权履行业主部分合同责任；②业主和工程师有责任对平行的各承包人和供应商之间的责任界限做出划分、争执裁决、工作协调，以及承担协调失误造成的损失；③及时做出下达指令、认可、请示答复和履行审批手续等承包人履行合同所必需的决策；④提供设计图纸、场地、道路等施工条件；⑤按约定及时支付工程款，及时接收已完工程。

75. 竣工验收合格工程的移交是建设工程项目合同实施过程中的一个重要里程碑，该事件代表（　　）。

A. 业主认可并接收工程　　B. 承包人履约义务的结束

C. 工程照管责任的转移　　D. 承包人保修责任的开始

E. 工程所有权的转让

考点：合同分析——分析内容

解析：

竣工验收合格即办理移交。移交作为一个重要的合同事件，同时又是一个重要的法律概念。它表示：

（1）业主认可并接收工程，承包人工程施工任务的完结。

（2）工程所有权的转让。

（3）承包人工程照管责任的结束和业主工程照管责任的开始。

（4）保修责任的开始。

（5）合同规定的工程款支付条款有效。

76. 关于合同管理人员合同交底目的和任务的说法，正确的有（　　）。

A. 明确合同实施偏差的处理措施

B. 明确减轻自身责任的事项

C. 对合同的主要内容达成一致理解

D. 明确完不成任务的影响和法律后果

E. 将各种合同事件的责任分解落实到各工程小组或分包人

考点：施工合同交底——交底目的

解析：

施工合同实施（三）		
合同交底	交底内涵	是合同管理人员向各层管理者做的交底 是项目管理人员和各工程小组学习合同条文和合同总体分析的结果
	交底落实	项目经理或合同管理人员应将各种任务或事件的责任分解，落实到具体的工作小组、人员或分包单位

（续）

施工合同实施（三）		
合同交底	交底目标	明确义务：明确合同有关各方的责任和义务 明确理解：对合同的主要内容达成一致理解 明确责任：将合同事件的责任分解落实到各工程小组或分包人 明确各分包人之间的责任界限 明确目标：将工程项目和任务分解，明确质量和技术要求及实施注意要点 明确各工作或工程的工期要求 明确成本目标和消耗标准 明确关系：明确相关事件之间的逻辑关系 明确后果：明确完不成任务的影响和法律后果

77. 施工合同的实施中，应由（　　）对各工程小组进行建设工程施工合同交底。

A. 施工员　　B. 项目技术负责人

C. 项目经理　　D. 施工企业负责人

考点：施工合同交底——交底内涵

解析：

合同分析后，应向各层次管理者进行“合同交底”，项目经理或合同管理人员应将各种任务或事件的责任分解，落实到具体的工作小组、人员或分包单位。

78. 在施工合同实施中，“项目经理将各种任务的责任分解，并落实到具体人员”，该活动属于（　　）的内容。

A. 合同分析　　B. 合同跟踪

C. 合同交底　　D. 合同实施控制

考点：施工合同交底

解析：

合同交底时，项目经理或合同管理人员应将各种任务或事件的责任分解，落实到具体的工作小组、人员或分包单位。

79. 下列建设工程施工合同跟踪的对象中，属于对业主跟踪的是（　　）。

A. 成本的增减　　B. 图纸的提供

C. 施工的质量　　D. 分包人失误

考点：施工合同跟踪

解析：

对业主和其委托的工程师的工作跟踪包括：①业主是否及时、完整地提供了工程施工的实施条件，如场地、图纸、资料等；②业主和工程师是否及时给予了指令、答复和确认等；③业主是否及时并足额地支付了应付的工程款项。

80. 关于施工合同跟踪的说法，错误的是（　　）。

A. 承包单位的合同管理职能部门对合同执行者的履行情况进行跟踪、监督和检查

B. 合同执行者本身对合同计划的执行情况进行跟踪、检查和对比

C. 合同跟踪的内容包含业主是否及时给予了指令、答复等

D. 可以将工程任务发包给专业分包完成，并由专业分包对合同计划的执行进行跟踪、检查和对比

考点： 施工合同跟踪——综合考点

解析：

施工合同实施（四）		
合同跟踪	要求	承包方必须对合同执行者的履行情况进行跟踪、监督和控制，确保合同义务的完全履行
	内涵	施工合同跟踪有两个方面的含义 （1）外部跟踪：承包方合同管理职能部门，对合同执行者的履行情况进行跟踪、监督和检查 （2）自我跟踪：合同执行者本身对合同计划的执行情况进行的跟踪、检查与对比跟踪对象
	对象	承包人："三控一数量" （1）施工质量 （2）工程进度 （3）工程数量 （4）成本增减
		分包人：可将工程施工任务分解交由不同工程小组或发包给专业分包完成，承包人进行跟踪、检查
		业主及监理：（1）业主是否及时、完整地提供了场地、图纸、资料等 （2）业主和工程师是否及时给予了指令、答复和确认等 （3）业主是否及时并足额地支付了应付的工程款项

81. 下列合同实施偏差的调整措施中，属于组织措施的是（ ）。

A. 增加人员投入
B. 增加资金投入
C. 变更技术方案
D. 变更合同条款

考点： 合同实施偏差处理——处理措施

解析：

施工合同实施（五）		
偏差处理	处理措施	组织措施："组织措施找职能" （1）增加人员投入 （2）调整人员安排 （3）调整工作流程 （4）工作计划
		技术措施："技术措施两方案" （1）变更技术方案 （2）采取高效率的施工方案
		经济措施："激励投入找经济" （1）增加投入 （2）采取经济激励措施
		合同措施："变更索赔签协议" （1）进行合同变更 （2）签订附加协议 （3）采取索赔手段

82. 下列合同实施偏差处理措施中，属于合同措施的是（ ）。

A. 变更技术方案
B. 采取索赔手段
C. 调整工作流程
D. 增加经济投入

考点： 合同实施偏差处理——处理措施

解析：

选项 A 属于技术措施，选项 C 属于组织措施，选项 D 属于经济措施。

83. 根据《建设工程施工合同（示范文本）》在合同实施过程中发生的下列事项中，属于工程变更的是（　　）。

A. 更换施工技术负责人　　B. 改动工程的施工顺序

C. 提供错误的地质资料　　D. 删除工作交他人实施

考点：合同实施偏差处理——工程变更管理

解析：

<table>
<tr><th colspan="3">施工合同实施（六）</th></tr>
<tr><td rowspan="8">工程
变更管理</td><td colspan="2">变更情形</td></tr>
<tr><td colspan="2">（1）增加或减少合同中任何工作，或追加额外的工作
（2）取消合同中任何工作，但转由他人实施的工作除外
（3）改变合同中任何工作的质量标准或其他特性
（4）改变工程的基线、标高、位置和尺寸
（5）改变工程的时间安排或实施顺序</td></tr>
<tr><td colspan="2">程序</td></tr>
<tr><td>1. 提出工程变更</td><td>①承包商；②业主方；③设计方</td></tr>
<tr><td>2. 工程变更的批准</td><td>（1）承包商提出的工程变更，应该交与工程师审查并批准
（2）设计方提出的工程变更应该与业主协商或经业主审查并批准
（3）业主方提出的工程变更，涉及设计修改的应该与设计单位协商，并一般通过工程师发出</td></tr>
<tr><td>3. 工程变更指令的发出及执行</td><td>（1）根据工程惯例，除非工程师明显超越合同权限，承包人应该无条件地执行工程变更的指示
（2）即使工程变更价款没有确定，或者承包人对工程师答应给予付款的金额不满意，承包人也必须一边进行变更工作，一边根据合同寻求解决办法</td></tr>
<tr><td>4. 工程变更的责任分析与补偿要求</td><td>（1）由于业主要求、政府部门要求、环境变化、不可抗力、原设计错误等导致的设计修改，应该由业主承担责任
（2）由于承包人的施工过程、施工方案出现错误、疏忽而导致设计的修改，应该由承包人承担责任
（3）施工方案变更要经过工程师的批准，不论这种变更是否会对业主带来好处
（4）业主向承包人授标前（或签订合同前），可以要求承包人对施工方案进行补充、修改或做出说明，以便符合业主的要求。在授标后（或签订合同后）业主为了加快工期、提高质量等要求变更施工方案，由此所引起的费用增加可以向业主索赔</td></tr>
</table>

84. 关于工程变更管理的说法，正确的有（　　）。

A. 承包人对变更价格不满意的，有权停止执行变更工作

B. 工程变更的补偿范围，通常以实际支付工程款的百分比表示

C. 因业主在授标前要求承包人修改施工方案的承包人可向业主索赔

D. 设计人提出的工程变更应与业主协商，或经业主审查并批准

E. 有利于业主的施工方案变更仍然需要（咨询）工程师批准

考点：施工合同实施——工程变更管理

解析：

选项A，即使工程变更价款没有确定，或者承包人对工程师答应给予付款的金额不满意，承包人也必须一边进行变更工作，一边根据合同寻求解决办法。

选项B，工程变更的补偿范围，通常以合同金额一定的百分比表示。通常这个百分比越大，承包人的风险越大。

选项C，业主向承包人授标前（或签订合同前），可以要求承包人对施工方案进行补充、修改或做出说明，以便符合业主的要求。在授标后（或签订合同后），业主为了加快工期、提高质量等要求变更施工方案，由此所引起的费用增加承包人可以向业主索赔。

85. 关于对施工分包单位进行管理的说法，正确的有（　　）。

A. 对业主指定分包单位进行管理的第一责任主体是业主

B. 分包工程在分包人自检合格的基础上可以直接提请业主或监理工程师验收

C. 总承包单位要积极为分包工程的施工创造条件，协调好各分包单位之间的关系

D. 分包单位的选择要符合资质类别和等级的有关规定，并经业主和监理机构认可

E. 总承包单位建立工程例会，及时处理分包单位施工过程中出现的问题

考点：施工分包单位管理

解析：

选项A，对施工分包单位进行管理的第一责任主体是施工总承包或者施工总承包管理单位。

选项B，根据总包单位自身的质量体系控制分包工程的施工质量，应该在承包人和分包人自检合格的基础上提交给业主方检查和验收。

86. 施工合同履行过程中，承包商向指定分包商支付工程款的时间应当是（　　）。

A. 分包合同约定的付款时间，不论承包人是否收到了业主支付的工程款

B. 承包商收到业主工程款之后

C. 业主向承包人支付工程款之前14天

D. 业主向承包人支付工程款之前7天

考点：施工分包单位管理

解析：对于业主指定分包，如果不是由业主直接向分包支付工程款，则一定要在收到业主的工程款之后才能支付，并应扣除管理费、配合费和质量保证金等。

87. 关于建筑市场诚信行为记录的说法，不正确的有（　　）。

A. 不良行为记录信息的公布期限一般为1年

B. 良好行为记录信息的公布期限一般为3年

C. 不良行为记录信息公布时间是行政处罚决定做出后7日内

D. 拒不整改或整改不力的单位，信息发布部门可延长其不良行为记录信息公布期限

考点：合同履行的信用管理

解析：

选项A，不良行为记录的公布时间为行政处罚决定做出后7日内，公布期限一般为6个月至3年。

第六节　建设工程索赔

考点一：索赔起因
考点二：索赔类别
考点三：索赔成立条件
考点四：索赔依据
考点五：索赔内容
考点六：反索赔
考点七：费用索赔
考点八：工期索赔

➤实战训练

88. 建设工程索赔成立的前提条件有（　　）。
A. 与合同对照，事件已造成了承包人工程项目成本的额外支出或工期损失
B. 造成费用增加或工期损失的原因，按合同约定不属于承包人的行为责任和风险责任
C. 承包人按合同规定的程序和时间提交索赔意向通知和索赔报告
D. 造成费用增加或工期损失额度巨大，超出了正常的承受范围
E. 索赔费用计算正确，并且容易分析

考点： 工程索赔——索赔成立的条件

解析：

建设工程索赔（一）	
索赔起因	（1）对方违约：①合同对方违约；②不履行或未能正确履行合同义务与责任 （2）合同错误：①合同条文不全、错误、矛盾；②设计图纸、技术规范错误等 （3）合同变更 （4）环境变化：①法律、物价变化；②自然条件的变化 （5）不可抗力：①恶劣气候条件；②地震、洪水
索赔类别	（1）承包人与发包人之间的索赔 （2）承包人与分包人之间的索赔 （3）承包人或发包人与供货人之间的索赔 （4）承包人或发包人与保险人之间的索赔
索赔成立条件	前提：对方应承担责任行为责任或风险责任 后果：给本方造成损失，包括工期、费用、利润、利息 程序：按合约程序及时提出索赔
索赔依据	（1）合同文件　（2）法律、法规　（3）工程建设惯例
索赔意向通知	发生索赔事件，承包人首先要提出索赔意向通知
索赔文件	（1）总述部分　（2）论证部分　（3）索赔款项计算　（4）证据部分

89. 在工程实施过程中发生索赔事件或承包人发现索赔机会后，承包人应首先提交的文件是（　　）。

A. 索赔意向通知　　B. 索赔初步意见

C. 索赔报告　　D. 索赔款项计算

考点：工程索赔——索赔意向通知

解析：

在工程实施过程中发生索赔事件以后，或者承包人发现索赔机会，首先要提出索赔意向，即在合同规定时间内将索赔意向用书面形式及时通知发包人或者工程师，向对方表明索赔愿望、要求或者声明保留索赔权利，这是索赔工作程序的第一步。

90. 建设工程中的反索赔是相对索赔而言的，反索赔的提出者（　　）。

A. 仅限发包方　　B. 仅限承包方

C. 仅限监理方　　D. 双方均可以

考点：工程索赔——反索赔

解析：

索赔是双向的，合同双方均可向对方提出索赔要求，双方也有权反驳和反击对方提出的索赔要求，这种反击和反驳就是反索赔。

91. 下列事件中，承包人不能提出工期索赔的是（　　）。

A. 开工前业主未能及时交付施工图纸

B. 异常恶劣的气候条件

C. 业主未能及时支付工程款造成工期延误

D. 因工期拖延，工程师指示承包人加快施工进度

考点：工程索赔——工期索赔

解析：

选项D，工程师指示加快工期，承包人可以索赔费用，赶工不能赔工期。

92. 在建设工程项目施工索赔中，可索赔的人工费包括（　　）。

A. 完成合同之外的额外工作所花费的人工费用

B. 施工企业因雨季停工后加班增加的人工费用

C. 法定人工费增长费用

D. 非承包商责任造成的工期延长导致的工资上涨费

E. 不可抗力造成的工期延长导致的工资上涨费

考点：工程索赔——费用索赔

解析：

建设工程索赔（二）		
费用索赔内容	人工费	（1）完成合同之外额外工作所花费的人工费 （2）非承包人责任的工效降低所增加的人工费用 （3）法定工作时间以外的加班加点劳动 （4）法定人工费上涨 （5）非承包人原因下的工程延期引起的窝工费及工资上涨

（续）

建设工程索赔（二）		
费用索赔内容	材料费	（1）索赔事件引起的材料实际量超过计划量增加的材料费 （2）客观原因导致材料价格大幅度上涨 （3）非承包方责任下的工程延期，导致材料价格上涨和超期存储费用 （4）材料费应包括运输费、仓储费及合理损耗费
	机械费	（1）完成额外工作增加机械费 （2）非承包人原因下的工效降低增加的机械使用费 （3）业主或监理人原因导致机械停工的窝工费
	现场管理费	指承包人完成额外工程及工期延长期间的现场管理费
	利润	（1）工程范围变更 （2）文件有缺陷或技术性错误 （3）业主未能提供现场
费用索赔方法	实际费用法	以承包人的实际开支为根据，向业主要求费用补偿
	总费用法	多次索赔事件后，重新计算该工程的实际总费用

93. 由于非承包商责任造成承包商自有机械设备窝工，其索赔费按（　　）计算。

A. 台班租金　　B. 台班折旧费

C. 折算租金　　D. 折算租金乘以规定的降效系数

考点：工程索赔——费用索赔

解析：

非承包人原因下的闲置费有两种补偿方式：

（1）自有机械，按机械折旧费计算闲置费。

（2）租赁机械，按机械租赁费计算闲置费。

94. 在建设工程项目施工过程中，施工机具使用费的索赔款项包括（　　）。

A. 因监理工程师指令错误导致机械停工的窝工费

B. 因机械故障停工维修而导致的窝工费

C. 非承包商责任导致功效降低增加的机械使用费

D. 由于完成额外工作增加的机械使用费

E. 因机械操作工患病停工而导致的机械窝工费

考点：工程索赔——费用索赔

解析：

选项 B、E 属于承包商原因导致的不可索赔。

95. 在建设工程项目施工索赔中，可索赔的材料费包括（　　）。

A. 非承包商原因导致材料实际用量超过计划用量而增加的费用

B. 因政策调整导致材料价格上涨的费用

C. 因质量原因导致工程返工所增加的材料费

D. 因承包商提前采购材料而发生的超期存储费用

E. 由业主原因造成的材料损耗费

考点：工程索赔——费用索赔

解析：

选项 C、D 属于承包商原因导致的不可索赔。

96. 承包商可以向业主索赔利润的情况有（　　）。

A. 工程项目范围变更　　B. 文件有缺陷

C. 分部工程延期施工　　D. 文件技术性错误

E. 业主未能提供现场

考点：工程索赔——费用索赔

解析：

由于工程范围的变更、文件有缺陷或技术性错误、业主未能提供现场等引起的索赔，承包人可以将其列入利润。

97. 某防水工程施工中出现了设计变更，导致工程量由 1600m^2 增加到了 2400m^2，原定施工工期为 60 天，合同约定工程量增减 10%为承包商应承担的风险，则承包商可索赔工期（　　）天。

A. 12　　B. 30　　C. 24　　D. 60

考点：工程索赔——工期索赔

解析：

工期索赔值＝原工期×新工程量/原工程量＝60 天×($2400m^2-1600m^2\times110\%$)/$1600m^2$＝24 天。

98. 工程施工合同履行中，可用来计算工期索赔时间的方法是（　　）。

A. 动态比率法　　B. 工期定额法　　C. 插值分析法　　D. 比例分析法

考点：工程索赔——工期索赔

解析：

工期索赔的计算方法：

直接法：干扰事件直接发生在关键线路上。

比例分析法：可按工程量或造价的比例来计算工期的索赔时间。

网络分析法：可用于各种干扰事件和多种干扰事件共同作用所引起的工期索赔。

99. 建设工程索赔中，承包商计算索赔费用时最常用的方法是（　　）。

A. 总费用法　　B. 修正的总费用法

C. 实际费用法　　D. 修正的实际费用法

考点：工程索赔——费用索赔计算方法

解析：

建设工程索赔（三）		
费用索赔计算方法	实际费用法	最常用的方法，以承包商为某项索赔工作所支付的实际开支为根据
	总费用法	（1）多次索赔事件后，重新计算该工程的实际总费用 （2）索赔金额＝实际总费用－投标报价估算总费用
	修正的总费用法	（3）修正的总费用法与总费用法相比，有了实质性的改进，它的准确程度已接近于实际费用法 （4）索赔金额＝某项工作调整后的实际总费用－该项工作的报价费用

第七节　国际建设工程施工承包合同

考点一：FIDIC 系列合同条件
考点二：合同争议解决方式

➤ 实战训练

100. 关于 FIDIC《土木工程施工合同条件》的说法，正确的是（　　）。

A. 合同计价方式采用单价合同，但也有些子项采用包干单价

B. 由业主或业主代表管理合同

C. “新红皮书”的应用范围比原“红皮书”小

D. “新红皮书”适用于由承包商做绝大部分设计的工程项目

考点：国际工程施工条件——《土木工程施工合同条件》

解析：

选项 B，业主委派工程师管理合同，监督工程进度、质量，签发支付证书、接收证书和履约证书，处理合同管理中的有关事项。

选项 C，“新红皮书”与原“红皮书”相对应，但其名称改变后合同的适用范围更大。

选项 D，“新黄皮书”适用于由承包商做绝大部分设计的工程项目。

<table>
<tr><th colspan="3">国际常用施工承包合同条件（一）</th></tr>
<tr><td rowspan="9">FIDIC 系列合同条件</td><td rowspan="3">施工合同条件（新红皮书）</td><td>应用场景：用于由发包人或由咨询工程师设计的房建工程和土木工程的施工项目</td></tr>
<tr><td>计价方式：①合同计价方式属于单价合同，但也有某些子项采用包干价格
②单价可随各类物价的波动而调整</td></tr>
<tr><td>合同管理：业主委派工程师管理合同，监督进度、质量，签发支付、接收、履约证书，处理合同有关事项</td></tr>
<tr><td rowspan="3">永久设备和设计—建造合同条件（新黄皮书）</td><td>应用场景：①适用于由承包商做绝大部分设计的工程项目
②承包商要按照业主的要求进行设计、提供设备以及建造其他工程</td></tr>
<tr><td>计价方式：①合同计价采用总价合同方式
②发生法规规定的变化或物价波动，合同价格也可随之调整</td></tr>
<tr><td>合同管理：其合同管理与《施工合同条件》下由工程师负责合同管理的模式基本类似</td></tr>
<tr><td rowspan="3">EPC 交钥匙项目合同条件（银皮书）</td><td>应用场景：用于在交钥匙的基础上进行的工程设计和施工，承包商要负责所有的设计、采购和建造工作，在交钥匙时，要提供一个设施配备完整、可以投产运行的项目</td></tr>
<tr><td>计价方式：合同计价采用固定总价方式，只有某些特定风险出现时才调整价格</td></tr>
<tr><td>合同管理：没有业主委托的工程师这一角色，由业主或业主代表管理合同的具体实施</td></tr>
</table>

101. 关于 FIDIC《永久设备和设计—建造合同条件》内容的说法，正确的是（　　）。

A. 业主委派工程师管理合同

B. 承包商仅需负责提供设备和建造工作

C. 合同计价采用单价合同方式，某些子项采用包干价格

D. 合同计价采用总价合同方式，合同价格不能调整

考点：国际工程施工条件——《永久设备和设计—建造合同条件》

解析：

选项 B，适用于由承包商做绝大部分设计的工程项目，承包商要按照业主的要求进行设计、提供设备以及建造其他工程。

选项 C、D，合同计价采用总价合同方式，如果发生法规规定的变化或物价波动，合同价格可随之调整。

102. 关于 FIDIC《EPC 交钥匙项目合同条件》特点的说法，正确的是（　　）。

A. 适用于承包商做大部分设计的工程项目，承包商要按照业主的要求进行设计、提供设备，以及建造其他工程

B. 合同采用固定总价合同，只有在特定风险出现时才调整价格

C. 业主委派工程师管理合同，监督工程进度质量

D. 承包商承担的风险较小

考点：国际工程施工条件——《EPC 交钥匙项目合同条件》

解析：

选项 A，用于在交钥匙的基础上进行的工程项目的设计和施工，承包商要负责所有的设计、采购和建造工作。

选项 C，没有业主委托的工程师这一角色。

选项 D，承包商要承担较大的风险。

103. 国际工程承包合同争议解决的方式包括（　　）。

A. 协商　　B. 单方解除合同

C. 仲裁　　D. 诉讼

E. 调解

考点：国际工程施工条件——合同争议解决方式

解析：

国际工程承包合同争议解决方式与国内一样，包括协商、调解、仲裁、诉讼。

104. 关于国际工程施工承包合同争议解决的说法，正确的是（　　）。

A. 国际工程施工承包合同中，仲裁实行一裁终局制

B. 国际工程施工承包合同中，应首选诉讼作为解决争议的方式

C. 国际工程施工承包合同争议解决最有效的方式是协商

D. FIDIC 合同中，DAB 提出的裁决是强制性的

考点：国际工程施工承包合同争议解决方式

解析：

国际常用施工承包合同条件（二）	
协商	是解决争议最常见和最有效的方式
调解	
仲裁	地点：（1）工程所在国仲裁 （2）被诉方所在国仲裁 （3）约定的第三国仲裁
	效力：（1）双方的合同中应该约定仲裁的效力，即仲裁决定是否为终局性 （2）如果双方或一方对裁决不服，是否可提起诉讼以及强制执行 （3）在我国，仲裁实行一裁终局制
	特点：①效率高，周期短，费用少；②保密性好；③专业化
争端裁决委员会（DAB）	应用：许多国际工程承包合同实施过程中，合同双方往往愿意采用 DAB 方式解决争议
	作用：双方协商选定一个独立公正的 DAB，发生合同争议时由 DAB 做出决定
	任命：（1）包括常任争端裁决委员会和特聘争端裁决委员会 （2）特聘争端裁决委员会，由只在发生争端时任命的一名或三名成员组成 （3）DAB 的成员一般为工程技术和管理方面的专家，且不应是任一方的代表，与业主、承包商无任何利益及业务联系
	优点：（1）DAB 可在项目开始时就介入项目 （2）DAB 的公正性和中立性 （3）周期短，可以及时解决争议 （4）DAB 的费用较低 （5）由于是发承包双方选择，其裁决意见容易为他们所接受 （6）非强制性的，不具有终局性，双方或一方不满意裁决，仍可提请仲裁或诉讼

105. 关于国际工程施工承包合同争议解决的说法，正确的是（　　）。

A. 相比诉讼方式，仲裁的保密性更高

B. 调解是应该首选的最常见、最有效的方式

C. 仲裁实行一裁终局制

D. 仲裁地点必须在工程所在国

考点：国际工程施工承包合同争议解决方式

解析：

选项 B，国际工程施工承包合同争议解决的方式一般包括协商、调解、仲裁或诉讼等。协商解决争议是最常见也是最有效的方式，也是应该首选的最基本的方式。

选项 C，双方的合同中应该约定仲裁的效力，即仲裁决定是否为终局性，如果双方或一方对裁决不服，是否可提起诉讼以及强制执行；在我国，仲裁实行一裁终局制。

选项 D，仲裁地点通常有以下三种选择：①在工程所在国仲裁（比较常见）；②在被诉方所在国仲裁；③在合同约定的第三国仲裁。

106. 对国际工程承包合同，采用争端裁决委员会（DAB）方式处理解决合同争端的特点是（　　）。

A. 具有中立性和终局性并有利于保护守约方权益

B. 具有强制性和终局性并有利于争端决定的执行

C. 具有专业性和强制性并有利于快速启动仲裁

D. 具有中立性和专业性并有利于早期解决争端

考点：国际工程施工承包合同争议解决方式

解析：

采用 DAB 方式解决争端的优点在于以下几个方面：

（1）DAB 可在项目开始时就介入项目。

（2）DAB 的公正性和中立性。

（3）周期短，可以及时解决争议。

（4）DAB 的费用较低。

（5）由于是发承包双方的选择，其裁决意见容易为他们所接受。

（6）非强制性的，不具有终局性，双方或一方不满意裁决，仍可提请仲裁或诉讼。

107. 在 FIDIC 施工合同条件下，合同双方在收到争端裁决决定后（　　）天内均未提出异议的，则裁决即为最终决定。

A. 28　　　　B. 14

C. 21　　　　D. 42

考点：国际工程施工条件——合同争议解决方式

解析：

当发生合同争议时，由该委员会对其争议做出决定。合同双方在收到决定后 28 天内均未提出异议，则该决定即是最终决定，对双方均具有约束力。

参考答案

题号	1	2	3	4	5	6	7	8	9	10
答案	BCDE	CDE	DE	D	D	ABC	A	DE	B	B
题号	11	12	13	14	15	16	17	18	19	20
答案	D	D	ABCE	AC	ABC	ABC	D	B	A	BCDE
题号	21	22	23	24	25	26	27	28	29	30
答案	AB	A	BDE	BCE	CE	A	B	A	ACD	ACDE
题号	31	32	33	34	35	36	37	38	39	40
答案	D	ADE	C	AE	A	A	C	BCDE	ABCD	B
题号	41	42	43	44	45	46	47	48	49	50
答案	D	ACE	BCE	ABE	BCD	ABE	ABCD	C	BDE	BCDE
题号	51	52	53	54	55	56	57	58	59	60
答案	A	BCE	C	A	ACD	A	D	D	ABDE	ABDE
题号	61	62	63	64	65	66	67	68	69	70
答案	C	D	C	A	BCD	BC	B	D	A	B

（续）

题号	71	72	73	74	75	76	77	78	79	80
答案	ACD	A	C	BCDE	ACDE	CDE	C	C	B	D
题号	81	82	83	84	85	86	87	88	89	90
答案	A	B	B	DE	CDE	B	A	ABC	A	D
题号	91	92	93	94	95	96	97	98	99	100
答案	D	ACD	B	ACD	ABE	ABDE	C	D	C	A
题号	101	102	103	104	105	106	107			
答案	A	B	ACDE	C	A	D	A			

第七章　建设工程项目信息管理

➢ 核心考点

第一节：项目信息管理的目的和任务

第二节：项目信息的分类、编码和处理方法

第三节：建设工程管理信息化及建设工程项目管理信息系统的功能

第一节　项目信息管理的目的和任务

➢ 实战训练

1. 项目信息管理的目的，是通过对项目信息传输的有效组织和控制，为项目的（　　）提供服务。

A. 技术更新　　B. 档案管理

C. 信息管理　　D. 建设增值

考点：项目信息管理的目的

解析：

项目信息管理的目的，旨在为项目建设增值

2. 下列工程项目管理工作中，属于信息管理部门工作任务的是（　　）。

A. 工程质量管理　　B. 工程安全管理

C. 工程档案管理　　D. 工程进度管理

考点：信息管理部门的工作任务

解析：

信息管理部门的工作任务包括：①负责编制信息管理手册；②负责协调和组织项目管理班子中各个工作部门的信息处理工作；③负责信息处理工作平台的建立和运行维护；④与其他工作部门协同组织收集信息、处理信息和形成各种反映项目进展和项目目标控制的报表和报告；⑤负责工程档案管理等。

3. 下列工作任务中，不属于信息管理部门的是（　　）。

A. 负责编制行业信息管理规范

B. 负责信息处理工作平台的建立和运行维护

C. 负责工程档案管理

D. 负责协调各部门的信息处理工作

考点：信息管理部门的工作任务

解析：

选项 A 不属于信息管理部门的工作任务。

4. 由于建设工程项目大量数据处理的需要，应重视利用信息技术的手段进行信息管理，其核心手段是（　　）。

A. 基于局域网的信息管理平台　　B. 基于互联网的信息处理平台

C. 基于互联网的信息传输平台　　D. 基于局域网的信息处理平台

考点： 信息处理平台

解析：

由于建设工程项目大量数据处理的需要，在当今时代应重视利用信息技术的手段进行信息管理。其核心手段是基于互联网的信息处理平台。

第二节　项目信息的分类、编码和处理方法

➤ 实战训练

5. 建设工程项目信息，按其内容属性可分为（　　）。

A. 资源类信息　　B. 组织类信息

C. 管理类信息　　D. 技术类信息

E. 经济类信息

考点： 项目信息类别

解析：

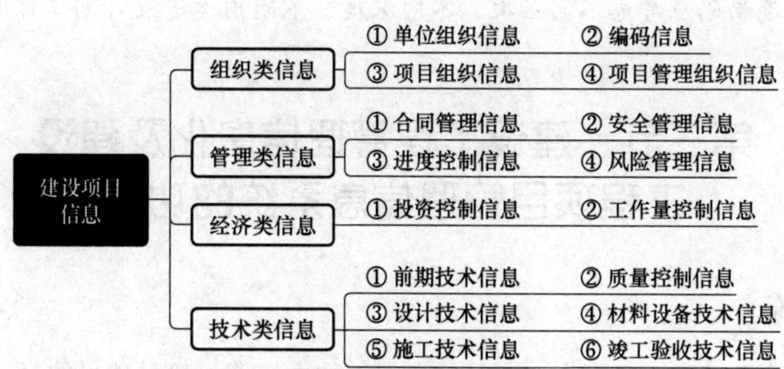

6. 下列项目信息中，属于组织类信息的是（　　）。

A. 工作量控制信息　　B. 编码信息

C. 前期技术信息　　D. 合同管理信息

考点： 项目信息类别

解析：

组织类信息包括：①编码信息；②单位组织信息；③项目组织信息；④项目管理组织信息。

7. 下列建设项目信息中，属于经济类信息的是（　　）。

A. 工作量控制信息　　B. 合同管理信息

C. 质量控制信息　　D. 风险管理信息

考点： 项目信息类别

解析：

经济类信息包括：①投资控制信息；②工作量控制信息。

8. 根据建设项目信息的内容属性，质量控制信息应归类为（　　）。

A. 组织类信息　　B. 技术类信息

C. 管理类信息　　D. 经济类信息

考点： 项目信息类别

解析：

技术类信息包括：①前期技术类信息；②设计技术类信息；③质量控制信息；④材料设备技术信息；⑤施工技术信息；⑥竣工验收技术信息。

9. 关于项目信息编码的说法正确的是（　　）。

A. 投资项编码应采用预算定额确定的分部分项工程编码

B. 项目实施的工作项编码就是指对施工和设备安装工作项的编码

C. 项目管理组织结构编码要依据组织结构图，对每一个工作部门进行编码

D. 进度编码应根据不同层次的进度计划工作需要分别建立

考点： 项目信息编码

解析：

选项A，投资项编码应为综合考虑概算、预算、标底、合同价和工程款等支付因素同意建立的编码。

选项B，项目实施工作编码应覆盖项目实施工作目录的全部内容。

选项D，进度编码应考虑不同层次、不同深度、不同用途进度计划工作的需要，建立统一的编码。

第三节　建设工程管理信息化及建设工程项目管理信息系统的功能

➤ 实战训练

10. 对一个建设工程项目而言，项目信息门户的主持者一般是项目的（　　）。

A. 施工单位　　B. 设计单位

C. 业主　　D. 主管部门

考点： 项目信息门户

解析：

项目信息门户的主持者一般是业主方或业主方委托代表其利益的工程顾问公司。

11. 关于项目信息门户的说法，正确的是（　　）。

A. 项目信息门户的运行期是项目的实施期

B. 项目信息门户是各参与方信息交流、共同工作、共同使用和互动的管理工具

C. 项目信息门户主要用于项目的目标控制

D. 国际上项目信息门户应用的主流是 PSWS 模式

考点：项目信息门户

解析：

选项 A，项目信息门户的运行期是项目的全寿命周期。

选项 C，项目管理信息系统是基于计算机的项目管理的信息系统，主要用于项目的目标控制。

选项 D，国际上项目信息门户应用的主流是 ASP 模式。

12. 建设项目信息管理门户建立运行的基础是（　　）。

A. 综合集成理论　　B. 远程合作理论

C. 网络互联理论　　D. 协同优化理论

考点：项目信息门户

解析：

项目信息门户建立和运行的理论基础是远程合作理论。

13. 下列工程项目管理系统的功能中，属于成本控制子系统的有（　　）。

A. 投标估算的数据计算和分析

B. 计划施工成本

C. 计算实际成本

D. 编制资源需求量计划

E. 计划成本与实际成本的比较分析

考点：项目管理信息系统功能

解析：

选项 D 为进度控制的功能。

成本控制包括：

（1）投标估算的数据计算和分析。

（2）计划施工成本。

（3）计算实际成本。

（4）计划成本与实际成本的比较分析。

（5）根据工程的进展进行施工成本预测等。

14. 工程项目管理信息系统中，属于进度控制的功能有（　　）。

A. 编制资源需求量计划

B. 根据工程进展进行施工成本预测

C. 项目估算的数据计算

D. 进度计划执行情况的比较分析

E. 确定关键工作和关键路线

考点：项目管理信息系统功能

解析：

进度控制包括：

（1）计算工程网络计划的时间参数，并确定关键工作和关键路线。

（2）绘制网络图和计划横道图。

(3) 编制资源需求量计划。

(4) 进度计划执行情况的比较分析。

(5) 根据工程的进展进行工程进度预测。

15. 工程项目管理信息系统中，合同管理子系统的功能有（　　）。

A. 合同结构的选择　　B. 合同执行情况统计分析

C. 合同辅助起草　　D. 合同通用条件的编写

E. 合同基本数据查询

考点：项目管理信息系统功能

解析：

合同管理包括：

(1) 合同基本数据查询。

(2) 合同执行情况的查询和统计分析。

(3) 标准合同文本查询和合同辅助起草等。

参考答案

题号	1	2	3	4	5	6	7	8	9	10
答案	D	C	A	B	BCDE	B	A	B	C	C
题号	11	12	13	14	15					
答案	B	B	ABCE	ADE	BCE					

附录　2024 年全国一级建造师执业资格考试“建设工程项目管理”预测模拟试卷

附录 A　预测模拟试卷（一）

一、**单项选择题**（共 70 题，每题 1 分。每题的备选项中，只有 1 个最符合题意）

1. 下列关于建设工程管理内涵和任务的说法，正确的是（　　）。
A. 物业运行管理包括维修管理和现代化管理
B. 建设工程管理是自项目开始到完成，通过策划和控制使项目目标得以实现
C. 决策阶段管理的主要任务是定义项目开发或建设的任务
D. 建设工程管理的核心任务是为决策和实施增值

2. 关于业主方项目管理目标和任务的说法中，错误的是（　　）。
A. 业主方项目管理是建设工程项目管理的核心
B. 业主方项目管理目标包括项目的投资目标、进度目标和质量目标
C. 项目进度目标对业主而言是项目竣工的时间目标
D. 业主方项目管理的质量目标包括设计、施工、材料、设备和环境质量

3. 关于施工方项目管理的说法，错误的是（　　）。
A. 可以采用建设项目总承包管理模式
B. 施工方项目管理不涉及设计前准备阶段
C. 施工方成本目标由施工企业根据其生产和经营情况自行确定
D. 施工方对业主方指定分包承担的目标和任务负责

4. 关于施工总承包模式，下列说法错误的是（　　）。
A. 开工前有较明确的合同价，有利于业主的总投资
B. 施工图设计结束后才能招标，因此工程不能太早开工，建设周期较长
C. 工程质量好坏很大程度上取决于施工总承包方的管理
D. 分包人由施工总承包方选择、业主方认可，分包工程款由业主方支付

5. 建设工程项目实施阶段策划的主要任务是（　　）。
A. 确定项目建设的指导思想
B. 定义建设项目的建设目标
C. 定义项目开发或建设的任务和意义
D. 确定如何组织项目的开发或建设

6. 下列建设工程项目策划工作中，属于实施阶段策划的是（　　）。

A. 编制项目实施期组织的总体方案

B. 编制项目实施期管理的总体方案

C. 编制项目实施期合同结构的总体方案

D. 制订项目风险管理与工程保险方案

7. 项目管理实施规划的编制过程包括：①熟悉相关法规和文件：②分析项目条件和环境；③履行报批手续；④组织编制。根据《建设工程项目管理规范》，正确的编制程序是（　　）。

A. ①→②→③→④　　B. ②→①→④→③

C. ①→③→④→②　　D. ②→①→③→④

8. 关于施工组织设计的编制、审批、修改，下列说法正确的是（　　）。

A. 施工组织设计由施工单位项目技术负责人组织编制

B. 专业承包单位施工的专项工程施工方案应由总承包单位技术负责人审批

C. 施工方案由项目技术负责人审批，专项施工方案由施工单位技术负责人审批

D. 设计图纸有修改，应当修改施工组织设计

9. 关于工程监理职责，下列说法正确的是（　　）。

A. 监理规划，在签订监理合同及收到设计文件后开始编制

B. 工程监理人员发现工程设计不符合建筑工程质量标准的，应当要求设计单位改正

C. 未经监理工程师签字，建设单位不得拨付工程款，不进行竣工验收

D. 监理过程中发现安全事故隐患，应当及时要求施工单位停止施工

10. 某工程工作逻辑关系如下表，工作 D 的紧后工作是（　　）。

工作	A	B	C	D	E	F	G	H
紧前工作	—	—	A	A、B	C	B、C	D、E	C、F、G

A. 工作 H　　B. 工作 G　　C. 工作 F　　D. 工作 E

11. 关于综合成本分析的说法，正确的有（　　）。

A. 单位工程成本分析是施工项目成本分析的基础

B. 月（季）度成本分析时，如果存在“政策性”亏损，则应控制支出，压缩超支额

C. 月度成本分析的重点是，针对下一年度的进展情况，规划切实可行的成本管理措施

D. 分部分项工程成本分析的方法是进行预算成本和目标成本的对比

12. 建设工程项目施工成本按项目结构可分解为（　　）。

A. 直接费、间接费、利润、税金等

B. 单项工程、单位工程、分部工程和分项工程施工成本等

C. 分部分项工程费、措施项目费、其他项目费等

D. 人工费、材料费、施工机具使用费、企业管理费等

13. 某双代号网络计划如下图（单位：天），其关键工作是（　　）。

A. 工作③→⑤　　B. 工作①→④

C. 工作⑧→⑪　　D. 工作⑦→⑩

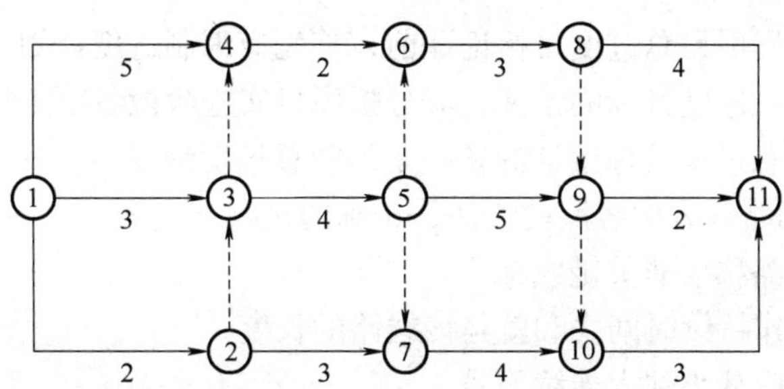

14. 按照建设工程项目不同参与方的工作性质和组织特征划分的项目管理类型，施工方的项目管理不包括（　　）的项目管理。

A. 施工总承包方　　B. 建设项目总承包方

C. 施工总承包管理方　　D. 施工分包方

15. 下列关于职能组织结构、线性组织结构、矩阵组织结构的论述，正确的是（　　）。

A. 线性组织结构，指令源是唯一的，不能跨部门指挥，但可以越级指挥

B. 职能组织结构中，每一个部门均可对其直接下属和非直接下属部门下达工作指令

C. 矩阵组织结构是一种较新型的组织模式，指令源有多个，适用于大型组织系统

D. 线性组织结构中，每一个工作部门只有一个直接的下级部门，每一个工作部门只对直接下属部门下达指令

16. 某施工项目经理部为了赶工，制定了增加人力投入和夜间施工两个赶工方案并提交给项目经理。项目经理对可能的方案进行比较，则该项目经理的行为属于管理职能的（　　）环节。

A. 提出问题　　B. 决策

C. 筹划　　D. 执行

17. 下列成本计划中，用于确定责任总成本目标的是（　　）。

A. 指导性成本计划　　B. 竞争性成本计划

C. 响应性成本计划　　D. 实施性成本计划

18. 关于施工总承包管理模式的特点，说法正确的是（　　）。

A. 由业主方与分包人直接签约可以减少业主方的风险

B. 由于要进行多次招标，业主用于招标的时间多，建设工期会加长

C. 一般情况下，业主不直接与分包人签订合同

D. 业主招标工作量大，对业主不利

19. 下列施工组织设计的基本内容中，可以反映现场文明施工组织的是（　　）。

A. 工程概况　　B. 施工部署

C. 施工平面图　　D. 技术经济指标

20. 根据《建设工程项目管理规范》，下列工作内容中，属于施工方项目管理机构负责人权限的是（　　）。

A. 参与工程竣工验收　　B. 组建工程项目经理部

C. 选择大宗资源的供应单位　　D. 主持项目部的工作

21. 关于建设工程项目总进度目标论证的说法，正确的是（　　）。

A. 项目总进度目标，是在实施阶段确定的

B. 在进行建设工程项目总进度目标论证前，首先应编制进度计划

C. 建设工程项目总进度目标的论证，应分析项目实施阶段各项工作的进度和关系

D. 大型建设项目总进度目标论证的核心是编制总进度纲要

22. 关于双代号网络计划中线路的说法，正确的是（ ）。

A. 长度最短的线路称为非关键线路

B. 线路中各项工作持续时间之和就是该线路的长度

C. 线路中各节点应从小到大连续编号

D. 没有虚工作的线路称为关键线路

23. 工程咨询服务合同的计价方式主要采用（ ）。

A. 总价合同和成本加酬金合同 B. 总价合同和单价合同

C. 单价合同和成本加酬金合同 D. 总价合同、单价合同和成本加酬金合同

24. 某分项工程某月计划工程量为3200m^2，计划单价为15元/m^2；月底核定承包商实际完成工程量为2800m^2，实际单价为20元/m^2，则该工程的SV为（ ）元。

A. −14000 B. 14000

C. 6000 D. −6000

25. 建设工程项目总进度目标的控制是（ ）项目管理的任务。

A. 施工方 B. 业主方

C. 设计方 D. 工程总承包方

26. 设计方进度控制的任务是依据（ ）对设计工作进度的要求，控制设计工作进度。

A. 可行性研究报告 B. 设计大纲

C. 设计总进度纲要 D. 设计任务委托合同

27. 如果一个进度计划系统由总进度计划、项目子系统进度计划、项目子系统的单项工程进度计划组成，则该进度计划系统是由（ ）的计划组成的计划系统。

A. 不同功能 B. 不同项目参与方

C. 不同深度 D. 不同周期

28. 业务核算是施工成本分析的依据之一，其目的是（ ）。

A. 预测成本变化发展的趋势 B. 迅速取得资料，及时采取措施调整经济活动

C. 计算当前的实际成本水平 D. 记录企业的一切生产经营活动

29. 某工程网络计划中，工作F的最早开始时间为第11天，持续时间为5天，工作F有三项紧后工作，它们的最早开始时间分别为第20天、第22天和第23天，最迟开始时间分别为第21天、第24天和第27天，则工作F的总时差和自由时差分别为（ ）。

A. 5天和4天 B. 11天和7天

C. 5天和5天 D. 4天和4天

30. 质量控制活动包括：①设定目标；②评价分析；③测量检测；④纠正偏差。正确的顺序应该是（ ）。

A. ①→②→③→④ B. ③→①→②→④

C. ①→③→②→④ D. ③→④→①→②

31. 某企业在通过质量体系认证后由于严重不符合认证要求，认证机构对其做出了撤销

认证的决定。关于该企业重新申请认证的说法，正确的是（　　）。

A. 一年后方可重新提出认证申请　　B. 不能再重新提出认证申请

C. 三年后方可重新提出认证申请　　D. 三个月后方可重新提出认证申请

32. 关于住宅工程分户验收的说法，正确的是（　　）。

A. 分户验收应在住宅工程竣工验收合格后进行

B.《住宅工程质量分户验收表》应作为竣工验收备案的文件之一

C. 分户验收时，需对每户住宅及相关公共部位进行检查验收

D. 分户验收由建设单位组织施工、设计等单位进行

33. 关于施工总承包单位安全责任的说法，正确的是（　　）。

A. 总承包单位对施工现场的安全生产负总责

B. 总承包单位的项目经理是施工企业安全生产的第一负责人

C. 业主指定的分包单位可以不服从总承包单位的安全生产管理

D. 分包单位不服从管理导致安全生产事故的，总承包单位不承担责任

34. 关于职业健康安全管理体系与环境管理体系中合规性评价的说法，正确的是（　　）。

A. 公司级合规性评价每半年进行一次

B. 项目组级合规性评价由最高管理者组织项目组进行

C. 合规性评价是管理体系自我保证和自我监督的一种机制

D. 合规性评价是为了履行遵守法律法规要求的承诺

35. 关于安全生产事故应急预案管理的说法，错误的是（　　）。

A. 地方各级人民政府应急管理部门的应急预案应当报同级人民政府备案

B. 其他负有安全生产监督管理职责的部门的应急预案应当抄送同级人民政府应急管理部门

C. 生产经营单位应每半年至少组织两次综合应急预案演练或者专项应急预案演练

D. 生产经营单位应每半年至少组织一次现场处置方案演练

36. 下列建筑施工企业为从事危险作业的职工办理的保险中，属于非强制性保险的是（　　）。

A. 工伤保险　　B. 基本医疗保险

C. 意外伤害保险　　D. 失业保险

37. 根据《生产安全事故报告和调查处理条例》，下列安全事故中，属于重大事故的是（　　）。

A. 3 人死亡，10 人重伤，直接经济损失 2000 万元

B. 12 人死亡，直接经济损失 960 万元

C. 36 人死亡，50 人重伤，直接经济损失 6000 万元

D. 2 人死亡，100 人重伤，直接经济损失 1.2 亿元

38. 关于 FIDIC《白皮书》中附件 B 的主要内容，说法正确的是（　　）。

A. 包括对应标准条件的有关条款和附加条款

B. 规定工程咨询师的服务范围

C. 规定业主提供的职员、设备、设施和其他人员的服务

D. 规定报酬和支付

39. 某建设工程由于业主方临时设计变更导致停工。承包商的工人窝工8个工日，人工工日单价为400元/工日，窝工费为300元/工日，承包商租赁的挖土机窝工2个台班，挖土机租赁费为1000元/台班，动力费为160元/台班；承包商自有的自卸汽车窝工2个台班，该汽车折旧费用为400元/台班，动力费为200元/台班，则承包商可以向业主索赔的费用为（　　）元。

A. 4800　　B. 5200　　C. 5400　　D. 5800

40. 根据建设工程项目总进度目标论证的工作步骤，在完成“项目结构分析”工作之后应立即进行的工作是（　　）。

A. 调查研究和收集资料　　B. 进度计划系统的结构分析

C. 项目的工作编码　　D. 编制各层进度计划

41. 下列建设工程项目进度控制的措施中，属于组织措施的是（　　）。

A. 优选工程项目施工方案　　B. 确定各类进度计划的审批程序

C. 选择合理的合同结构　　D. 分析影响工程进度的组织风险

42. 已知某建设工程网络计划中A工作的自由时差为5天，总时差为7天。监理工程师在检查施工进度时发现只有该工作实际进度拖延，且影响总工期3天，则该工作实际进度比计划进度拖延（　　）天。

A. 3　　B. 5　　C. 8　　D. 10

43. 根据《建筑工程施工质量验收统一标准》，分项工程的划分依据是（　　）。

A. 工程部位　　B. 施工特点　　C. 施工段　　D. 施工工艺

44. 关于施工图预算和施工预算的说法，正确的是（　　）。

A. 施工预算的材料消耗量一定低于施工图预算的材料消耗量

B. 施工预算是施工企业内部管理的一种文件，与建设单位无直接关系

C. 施工图预算中的脚手架是根据施工方案确定的搭设方式和材料计算的

D. “两算”对比的方法有数量对比法和费用对比法

45. 对采用锚杆、锚索支护的方式，施工过程质量进行检测试验的主要参数是（　　）。

A. 抗拔力　　B. 完整性

C. 抗渗性　　D. 锁定力

46. 建立项目质量控制体系的过程包括：①分析质量控制界面；②确立系统质量控制网络；③制定质量控制制度；④编制质量控制计划。其正确的工作步骤是（　　）。

A. ②→③→①→④　　B. ①→②→③→④

C. ②→①→③→④　　D. ①→③→②→④

47. 某双代号网络计划如下图，关于工作时间参数的说法，正确的是（　　）。

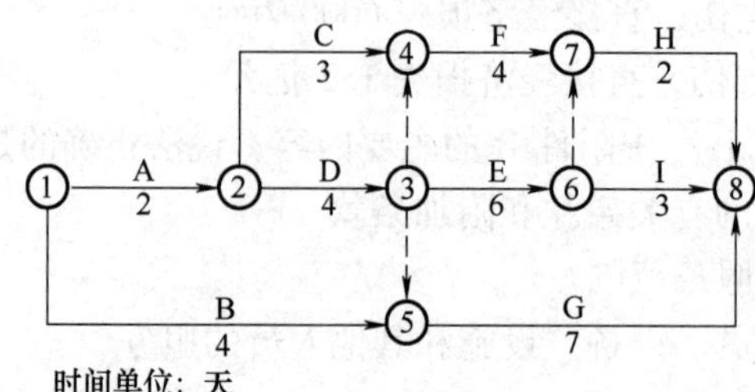

A. 工作 B 的最迟完成时间是第 8 天

B. 工作 C 的最迟开始时间是第 7 天

C. 工作 F 的自由时差是 1 天

D. 工作 H 的最早开始时间是第 13 天

48. 根据《建设工程质量管理条例》，下列关于参建各方质量责任的说法，正确的是（　　）。

A. 除有特殊要求的材料、设备和工艺生产线外，建设单位不得指定生产供应商

B. 设计方应参与工程事故分析，对因勘察、设计、施工造成的事故提出技术处理方案

C. 建设单位可以委托具有工程监理相应资质等级并与被监理工程的施工承包单位没有隶属关系的设计单位进行监理

D. 施工单位应当建立质量责任制度，确定工程项目的项目经理和技术负责人

49. 根据《质量管理体系基础和术语》（GB/T 19000—2016），关于企业质量管理体系文件，下列说法正确的是（　　）。

A. 企业质量管理体系文件由质量手册、程序性文件、质量计划和质量方针构成

B. 生产过程管理程序属于程序性文件中的通用性文件，应做统一规定

C. 文件控制及内部审核程序不属于通用性文件

D. 服务过程、管理过程和监督过程不属于通用性文件，不做统一规定

50. 根据《建筑工程施工质量验收统一标准》中关于质量缺陷处理及工程质量资料的规定，下列说法正确的是（　　）。

A. 经法定检测机构检测鉴定，能够达到设计要求的，应重新组织验收

B. 经原设计单位核算认可，能够满足安全和使用功能的检验批，可予以验收

C. 经返修或加固处理的分项、分部工程，满足安全及使用功能要求时，应重新组织验收

D. 经返工或返修的检验批，可予以验收

51. 根据全面质量管理的思想，下列关于全面质量控制说法错误的是（　　）。

A. 工程项目全面质量管理中的“全面”包含工程质量管理和工作质量管理两方面

B. 质量控制阶段包括策划与决策、勘察设计、采购生产、回访维修、项目运行等

C. 质量控制是质量管理的一部分，致力于满足质量要求的一系列相关活动

D. 工程项目质量控制包括项目的建设、勘察、设计、施工、监理各方的质量控制活动

52. 梁板类简支受弯混凝土预制构件进场时应进行（　　）检验。

A. 混凝土强度　　B. 预埋件

C. 结构性能　　D. 灌浆强度

53. 对建设工程施工合同中发包人的责任进行分析时，主要分析其（　　）。

A. 报批责任　　B. 监督责任

C. 合作责任　　D. 组织责任

54. 某施工总承包单位依法将自己没有足够把握实施的防水工程分包给有经验的分包单位，属于质量风险应对的（　　）策略。

A. 转移　　B. 规避

C. 减轻　　D. 自留

55. 关于工程竣工质量验收程序和组织的说法，正确的是（　　）。

A. 单位工程完工并对存在的质量问题整改完毕后，施工单位向监理单位提交工程竣工报告

B. 工程竣工预验收由总监理工程师组织各专业监理工程师进行

C. 建设单位于竣工验收 7 日前，将验收的时间、地点及验收组名单书面通知质量监督机构

D. 重大工程和技术复杂的工程，应邀请有关专家参加验收组

56. 编制安全技术措施计划包括以下工作：①工作活动分类；②风险评价：③危险源识别：④制定安全技术措施计划：⑤评价计划的充分性：⑥风险确定。正确的编制步骤是（　　）。

A. ①→②→③→④→⑤→⑥　　B. ③→①→②→⑥→④→⑤

C. ①→③→⑥→②→⑤→④　　D. ①→③→⑥→②→④→⑤

57. 关于施工企业安全生产管理体系，下列说法正确的是（　　）。

A. 一个完整的预警体系由事故预警系统、内部管理不良预警系统和外部环境预警系统组成

B. 完善的预警体系为事故预警提供了物质基础

C. 确定预警级别和预警信号标准，属于安全生产管理预警分析中预警监测的工作内容

D. 安全状况为“受到事故的严重威胁”时，预警等级为 I 级，用橙色表示

58. 关于施工项目安全技术交底的说法，错误的是（　　）。

A. 施工项目必须实行逐级安全技术交底，交底内容应针对潜在危险因素和存在的问题

B. 必须经过两阶段技术交底，交底时应将施工程序向工长、班组长详细书面交底

C. 应优先采用新的安全技术措施

D. 交底内容包括施工作业特点和危险点、针对危险点的预防措施

59. 关于建设工程安全事故报告的说法，正确的是（　　）。

A. 现场有关人员应立即向单位负责人报告，单位负责人应于 2 小时内向有关部门报告

B. 专业工程出现安全事故只向建设行政主管部门报告

C. 应急管理部门和负有安全生产监督管理职责的有关部门每级上报时间不超过 1 小时

D. 重大事故，逐级上报至国务院应急管理部门和负有安全生产监督管理职责的有关部门

60. 施工现场文明施工管理组织的第一责任人是施工单位的（　　）。

A. 项目经理　　B. 主要负责人

C. 项目技术负责人　　D. 项目总工程师

61. 下列施工现场防止噪声污染的措施中，最根本的措施是（　　）。

A. 限制高音喇叭的使用　　B. 利用消声器阻止传播

C. 使用耳塞　　D. 采用低噪声设备

62. 施工安全隐患处理的事故直接隐患与间接隐患并治原则指的是（　　）。

A. 人、机、料、法、环境任一环节的安全隐患，都要从五者匹配的角度考虑处理

B. 在处理安全隐患时应设置多道防线

C. 既对人、机、环境系统进行安全治理，又需治理安全管理措施

D. 减少事故的可能性，对事故减灾做充分准备

63. 关于建设工程施工现场环境保护措施的说法，正确的是（　　）。

A. 主要道路应换土覆盖，定期洒水清扫

B. 施工现场必须使用预拌混凝土

C. 施工现场可以焚烧材料包装物

D. 搭设专用封闭通道清运建筑物内垃圾

64. 关于建设工程施工招投标的说法，正确的是（　　）。

A. 投标报价中出现单价与数量的乘积之和与总价不一致时，将作为无效标处理

B. 对于总价合同，如果业主在投标前对争议工程量不予更正，而且是对投标者不利的情况，投标者应按清单工程量调整报价

C. 评标委员会推荐的中标候选人应当限定在 1~3 人，必须标明排列顺序

D. 招标文件所附的设计文件可酌收押金，开标后投标人退还的，招标人应当退还押金

65. 关于建设工程合同订立程序的说法，正确的是（　　）。

A. 招标人通过媒体发布招标公告，称为承诺

B. 招标人向符合条件的投标人发出招标文件，称为要约邀请

C. 投标人向招标人提交投标文件，称为承诺

D. 招标人向中标人发出中标通知书，称为要约邀请

66. 根据《建设工程施工合同（示范文本)》，保修期的开始计算时间是指（　　）。

A. 竣工验收合格日　　B. 合同基准日期

C. 实际竣工日期　　D. 保证金扣留日

67. 关于总价合同，下列说法错误的是（　　）。

A. 固定总价在国际上较少采用

B. 采用总价合同的前提是施工图设计完成，施工任务和范围比较明确

C. 固定总价合同模式下，承包商承担全部工作量和价格风险

D. 固定总价合同适用于图纸完整、任务范围明确、工期一年左右的工程

68. 合同分析的作用不包括（　　）。

A. 分析合同执行情况，完善竣工验收报告

B. 分析合同漏洞，制定履行合同对策

C. 分析合同风险，制定风险管理对策

D. 合同任务的分解、落实

69. 关于建设工程一切险及第三方责任险，下列说法正确的是（　　）。

A. 投保人应以本方的名义投保建设工程一切险

B. 根据我国保险制度，工程一切险通常由承包人办理

C. 建设工程一切险包括建筑工程一切险和安装工程一切险

D. 发承包双方在工地的财产损失及职工伤亡属于第三方责任险赔偿范围

70. 下列建设项目信息中，属于技术类信息的是（　　）。

A. 编码信息　　B. 质量控制信息

C. 工作量控制信息　　D. 进度控制信息

二、**多项选择题**（共 30 题，每题 2 分。每题的备选项中有 2 个或 2 个以上符合题意，至少有 1 个错项。错选，本题不得分；少选，所选的每个选项得 0.5 分）

71. 关于参建各方项目管理目标及任务，下列说法正确的有（　　）。
A. 设计方的项目管理工作主要在设计阶段，也会涉及决策阶段、动用前准备和运营阶段
B. 供货方的项目管理工作主要在供货阶段进行
C. 工程总承包方项目管理工作包括施工方的质量管理目标
D. 项目总承包方项目管理工作涉及整个实施阶段
E. 按照国际工程惯例，建设工程采用指定分包时，施工总承包方对分包工程的工期、质量目标负责

72. 下列成本加酬金合同的优点中，对业主有利的有（　　）。
A. 可以确定合同工程内容、工程量及合同终止时间
B. 可以通过分段施工缩短施工工期
C. 可以通过最高限价约束工程成本，转移全部风险
D. 可以利用承包商的施工技术专家帮助改进设计的不足
E. 可以较深入地介入和控制工程施工和管理

73. 关于项目的采购模式，下列说法正确的有（　　）。
A. 业主方物资采购模式主要有业主自行采购、承包商采购、与承包商约定某些物资的指定供应商
B. 国际上，专业设计事务所中通常起主导作用的是建筑师事务所
C. 我国业主方选择设计单位的主要方式是设计竞赛，国际上常使用的是设计招标
D. 工程总承包的基本出发点在于总价包干和“交钥匙”
E. 工程总承包企业可按合同约定对勘察、设计、采购、施工、试运转等实行全过程或若干阶段的承包

74. 项目风险管理过程中，风险识别工作包括（　　）。
A. 确定风险因素
B. 分析风险因素发生的概率
C. 编制项目风险识别报告
D. 分析各风险的损失量
E. 收集与项目风险有关的信息

75. 关于工作任务分工和管理职能分工的说法，正确的有（　　）。
A. 管理职能是由管理过程的多个工作环节组成的
B. 在一个项目实施的全过程中，应视具体情况对工作任务分工进行调整
C. 项目管理职能分工表既可用于项目管理，又可用于企业管理
D. 项目各参与方应编制统一的工作任务分工表和管理职能分工表
E. 编制任务分工表前应对项目实施各阶段的具体管理工作进行详细分解

76. 关于建筑施工企业项目经理，下列说法正确的有（　　）。
A. 建造师属于一种工作岗位，而项目经理是专业人士名称
B. 项目经理是施工企业法定代表人在工程项目上的代表人
C. 注册建造师证书的人员是否担任项目经理，由企业自主决定

D. 承包人需要更换项目经理的，应提前 7 天书面通知发包人和监理人

E. 项目管理目标责任书，由法定代表人或其授权人与项目经理协商制定

77. 关于施工企业人力资源管理，下列说法正确的有（　　）。

A. 项目人力资源管理的目的是调动所有项目参与人的积极性

B. 施工企业劳务人员发生变更的，应在变更后 7 天内在企业信息管理系统中做出变更

C. 建筑施工企业与劳动者应当自试用期满后，按照劳动合同的规定签订书面劳动合同

D. 施工企业每月至少支付一次劳务工资，每季度末结清劳动者剩余应得工资

E. 施工企业延期支付工资不得超过 30 天，否则视为无故拖欠工资

78. 下列施工成本管理的措施中，属于经济措施的有（　　）。

A. 对施工方案进行经济效果分析论证

B. 通过生产要素的动态管理控制实际成本

C. 使用外加剂降低材料消耗的费用

D. 对各种变更及时落实业主签证并结算工程款

E. 对施工成本管理目标进行风险分析并制定防范性对策

79. 采用过程控制的方法控制施工成本时，控制的要点有（　　）。

A. 人工费和材料费均采用量价分离原则进行控制

B. 施工机械使用费的控制主要从台班数量和台班单价两个方面进行

C. 材料价格由项目经理负责控制，材料控制优先选用指标控制

D. 对于有消耗定额的材料，以消耗定额为依据，实行限额领料制度

E. 机械费的控制，重点是有效控制施工机械的台班数量和台班单价

80. 某工程单代号网络计划如下图所示（单位：天），图中节点上下方数字分别表示相应工作代号和持续时间。时间参数计算正确的有（　　）。

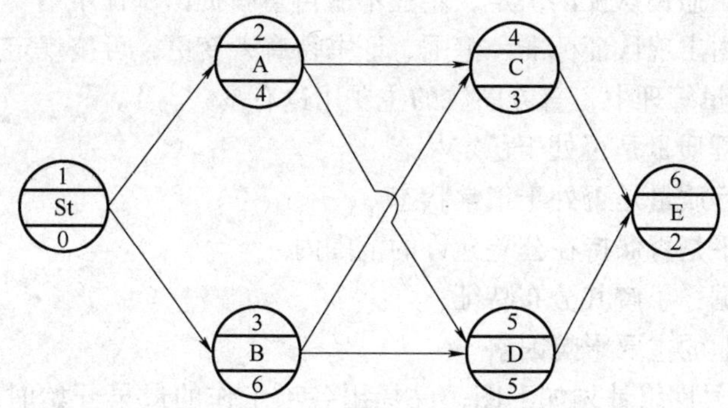

A. $LS_A = 0$　　　　B. $LS_B = 0$

C. $TF_C = 0$　　　　D. $FF_D = 0$

E. $LF_E = 13$

81. 必须实行监理的建设工程有（　　）。

A. 国家重点建设工程　　　　B. 公用事业工程

C. 住宅小区工程　　　　D. 利用外国政府援助资金的工程

E. 利用国际组织贷款的工程

82. 关于建设工程项目进度控制的说法，正确的有（　　）。

A. 进度控制的过程，就是随着项目的进展，进度计划不断调整的过程

B. 业主方进度控制的任务，是控制整个项目实施阶段的进度
C. 施工方在确保工程成本的前提下控制工程的进度
D. 施工进度控制仅关系到进度目标能否实现，一般不关系到质量和成本
E. 设计工作进度应尽量与招标、施工、物资采购等工作进度相协调

83. 下列进度控制的措施中，说法正确的有（　　）。
A. 编制进度计划属于组织措施
B. 分析影响项目工程进度的风险属于管理措施
C. 编制资源需求计划属于经济措施
D. 采用网络计划优化工程施工工期属于技术措施
E. 应用信息技术提高进度信息的处理效率属于技术措施

84. 工程竣工验收时，应具备的条件包括（　　）。
A. 完成建设工程设计和合同约定的各项内容
B. 有完整的技术档案和施工管理资料
C. 有工程使用的主要建筑材料、构配件和设备的进场试验报告
D. 有设计、施工、监理单位分别签署的竣工决算书
E. 有施工单位签署的工程保修书

85. 下列关于质量管理体系认证的说法，正确的有（　　）。
A. 企业质量认证，是由公正的第三方认证机构对企业产品及质量体系做出正确可靠的评价
B. 企业的定期监督检查通常为每两年一次
C. 认证撤销属于认证机构采取的警告措施
D. 认证机构做出撤销认证的决定，企业不服可重新提出认证申请
E. 证书有效期内出现认证标准、范围、证书持有者变更，可按规定重新换证

86. 施工现场质量管理中，直方图法的主要用途有（　　）。
A. 分析生产过程质量是否处于稳定状态
B. 分析生产过程质量是否处于正常状态
C. 分析质量水平是否保持在公差允许的范围内
D. 整理统计数据，了解其分布特征
E. 找出质量问题的主要影响因素

87. 某工程双代号网络计划如下图，已标出各项工作的最早开始时间（ES_{i-j}）、最迟开始时间（LS_{i-j}）和持续时间（D_{i-j}）。该网络计划表明（　　）。

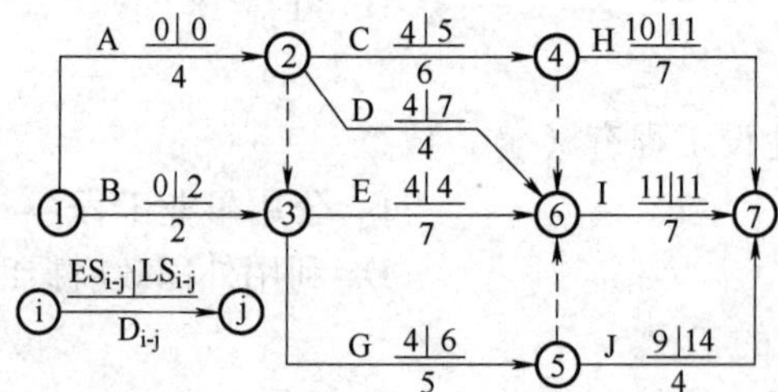

A. 工作 C 和工作 E 均为关键工作

B. 工作 B 的总时差和自由时差相等

C. 工作 D 的总时差和自由时差相等

D. 工作 G 的总时差、自由时差分别为 2 天和 0 天

E. 工作 J 的总时差和自由时差相等

88. 下列建设工程施工现场的防治措施中，属于大气污染防治措施的有（　　）。

A. 清理高大建筑物的施工垃圾时使用密闭式容器

B. 施工现场道路指定专人定期洒水清扫

C. 机动车安装减少尾气排放的装置

D. 拆除旧建筑时，适当洒水

E. 化学用品妥善保管，库内存放避免污染

89. 下列关于施工准备的质量控制，正确的有（　　）。

A. 施工技术准备工作的质量控制是建设工程产品由设计转化为实物的第一步

B. 现场施工准备工作的资料控制包括计量控制、测量控制和施工平面图控制

C. 施工技术准备工作包括熟悉施工图纸、审核相关质量文件、编制施工作业技术指导书等

D. 施工单位在开工前编制测量控制方案，经项目技术负责人批准后实施

E. 施工单位对建设单位提供的原始坐标点、基准线进行复核，复测结果报总监理工程师审核

90. 下列工程招投标的说法中，正确的有（　　）。

A. 依法必须招标的项目，招标文件自停售之日起至投标截止日最短不得少于 15 日

B. 资格预审文件出售之日起至停止出售之日止，最短不得少于 5 日

C. 投标人必须自费购买相关招标或资格预审文件，未中标时予以退还

D. 标书密封不满足要求，但经甲方同意投标是有效的

E. 在招标文件要求提交的截止时间后送达的投标文件，招标人可以拒收

91. 关于横道图进度计划的说法，正确的有（　　）。

A. 便于进行资源化和调整

B. 能直接显示工作的开始和完成时间

C. 计划调整工作量大

D. 可将工作简要说明直接放在横道上

E. 有严谨的时间参数计算，可使用计算机自动编制

92. 根据《建设工程施工劳务分包合同（示范文本）》，属于劳务分包人的主要义务有（　　）。

A. 组织编制物资需用量计划表

B. 负责工程沉降观测

C. 负责工程测量定位

D. 加强安全教育

E. 科学安排作业计划

93. 根据《建设工程施工合同（示范文本）》，除专用合同条款另有约定外，发包人的责任和义务主要有（　　）。

A. 办理项目审批手续，办理施工许可证

B. 向承包人提供图纸、地质勘案资料等

C. 履行合同中约定的付款义务

D. 编制竣工资料，完成竣工资料立卷及归档

E. 承担运输超重件所需的道路临时加固费用

94. 关于单价合同的特点，下列说法正确的有（　　）。

A. 单价合同的特点是单价优先

B. 单价合同允许随工程量变化而调整总价，故业主和承包商均不存在工程量风险

C. 固定单价合同下，无论发生哪些影响价格的因素都不对单价进行调整

D. 采用固定单价合同时，业主招标准备时间较长

E. 变动单价合同下，承包商存在通货膨胀带来的单价上涨的风险

95. 关于政府主管部门质量监督程序的说法，正确的有（　　）。

A. 监督机构在工程基础和主体结构分部工程质量验收前，要对地基基础和主体结构混凝土分别进行监督检测

B. 工程项目开工后，监督机构接受建设单位有关建设工程质量监督的申报手续，并对文件进行审查，合格后签发质量监督文件

C. 项目工程质量监督档案按单项工程建立

D. 监督机构参加竣工验收会议，对验收的程序及验收的过程进行监督

E. 监督机构对工程实体质量和工程质量行为进行抽查、抽测

96. 关于施工现场职业健康安全卫生的要求，正确的有（　　）。

A. 宿舍内应保证有必要的生活空间，室内净高不得小于2.5m，通道宽度不得小于0.9m

B. 宿舍不宜采用通铺

C. 高层建筑超过8层以后，每隔4层宜设置临时厕所

D. 施工现场作业人员发生法定传染病、食物中毒或急性职业中毒时，必须在2小时内向施工现场所在地防疫部门报告

E. 现场施工人员患有法定传染病时，应及时进行隔离，并由卫生防疫部门进行处置

97. 进行分部分项工程施工成本分析时，其资料来源包括（　　）。

A. 工程概算

B. 施工概算

C. 施工预算

D. 投标报价成本

E. 实际工程量

98. 下列建设工程项目风险中，属于组织风险的有（　　）。

A. 人身安全控制计划

B. 工作流程组织

C. 引起火灾和爆炸的因素

D. 任务分工和管理职能分工

E. 设计人员和监理工程师的能力

99. 建设工程项目施工准备阶段，建设监理工作的主要任务有（　　）。

A. 审查分包单位资质条件

B. 检查施工单位的试验室

C. 审查工程开工条件

D. 签署单位工程质量评定表

E. 审查施工单位提交的施工进度计划

100. 某网络计划中，计算工期超过计划工期时，可压缩关键工作的持续时间以满足要求。在确定缩短持续时间的关键工作时，宜选择（　　）。

A. 缩短持续时间而不影响质量和安全的工作

B. 有多项紧前工作的工作

C. 缩短持续时间所增加的费用相对较少的工作

D. 有充足备用资源的工作

E. 单位时间消耗资源量大的工作

参考答案

一、单项选择题

题号	1	2	3	4	5	6	7	8	9	10
答案	A	C	A	D	D	D	B	C	A	B
题号	11	12	13	14	15	16	17	18	19	20
答案	B	B	A	B	B	C	A	D	C	D
题号	21	22	23	24	25	26	27	28	29	30
答案	C	B	A	D	B	D	C	B	A	C
题号	31	32	33	34	35	36	37	38	39	40
答案	A	C	A	D	C	C	B	C	B	B
题号	41	42	43	44	45	46	47	48	49	50
答案	B	D	D	B	D	A	A	C	D	B
题号	51	52	53	54	55	56	57	58	59	60
答案	B	C	C	A	B	D	B	B	D	A
题号	61	62	63	64	65	66	67	68	69	70
答案	D	C	D	D	B	A	A	A	C	B

二、多项选择题

题号	71	72	73	74	75	76	77	78	79	80
答案	DE	BDE	ABE	ACE	ABE	BCE	ADE	DE	ABDE	BDE
题号	81	82	83	84	85	86	87	88	89	90
答案	ADE	ABE	ABC	ABCE	ADE	ABCD	BCDE	ABCD	BCDE	ABE
题号	91	92	93	94	95	96	97	98	99	100
答案	BCD	DE	ABC	ABC	ADE	CE	CDE	BDE	ABC	ACD

附录B 预测模拟试卷（二）

一、单项选择题（共70题，每题1分。每题的备选项中，只有1个最符合题意）

1. 建设工程管理工作是一种增值服务工作，下列属于工程使用增值的是（　　）。

A. 有利于环保　　B. 提高工程质量

C. 有利于投资（成本）控制　　D. 有利于进度控制

2. 根据《项目管理知识体系指南（PMBOK指南）》，正确的是（　　）。

A. 项目经理应具备的技能包括项目管理技术、决策能力、商业管理技能和战略管理技能

B. 项目集中不包括各单个项目范围之外的相关工作

C. 项目组合中的项目不一定彼此依赖或有直接关系

D. 项目的目的仅仅是提交交付物

3. 关于项目管理职能分工表的说法，正确的是（　　）。

A. 业主方和项目各参与方应编制统一的项目管理职能分工表

B. 管理职能分工表不适用于企业管理

C. 可以用管理职能分工描述书代替管理职能分工表

D. 对多个方案进行选择是决策环节的工作

4. 关于管理职能分工表的说法，错误的是（　　）。

A. 用表的形式反映项目管理班子内部项目经理、各工作部门和各工作岗位对各项工作任务的项目管理职能分工

B. 可辅以管理职能分工描述书来明确每个工作部门的管理职能

C. 管理职能分工表无法暴露仅用岗位责任描述书时所掩盖的矛盾

D. 可以用管理职能分工表来区分业主方和代表业主利益的项目管理方和工程建设监理方等的管理职能

5. 下列项目策划的工作内容中，属于项目决策阶段合同策划的是（　　）。

A. 项目管理委托的合同结构方案　　B. 方案设计竞赛的组织

C. 实施期合同结构总体方案　　D. 项目物资采购的合同结构方案

6. 关于建设工程项目施工成本管理的说法，正确的是（　　）。

A. 成本管理是全员的活动，组织措施是最易为人们所接受和采用的措施

B. 不需要增加额外费用的是合同措施

C. 编制施工成本工作计划属于施工成本管理的技术措施

D. 寻求施工过程中的索赔机会属于施工成本管理的合同措施

7. 对竣工工程进行现场成本、完全成本核算的目的是分别考核（　　）。

A. 企业经营效益和企业社会效益　　B. 项目管理绩效和项目管理责任

C. 企业经营效益和项目管理绩效　　D. 项目管理绩效和企业经营效益

8. 下列有关成本管理的说法，错误的是（　　）。

A. 施工成本管理的首要任务是成本控制

B. 编制施工成本计划时，采用先进的技术经济指标

C. 施工成本核算一般以单位工程为对象

D. 成本控制应贯穿于项目从投标阶段开始直至保证金返还的全过程

9. 为了取得成本管理的理想效果，项目经理可采取的组织措施是（　　）。

A. 加强施工调度，避免窝工损失　　B. 进行技术经济分析，确定最佳施工方案

C. 对各种变更及时落实业主签证　　D. 研究合同条款，寻找索赔机会

10. 根据《建筑工程施工质量验收统一标准》（GB 50300—2013），下列说法正确的是（　　）。

A. 分项工程的质量验收由专业监理工程师组织进行

B. 分部工程的质量验收由专业监理工程师组织进行

C. 单位工程的质量验收由总监理工程师组织进行

D. 检验批的质量验收由监理员组织进行

11. 关于施工成本偏差分析表达方法的说法，错误的是（　　）。

A. 横道图法形象、直观，一目了然

B. 表格法反映的信息量大

C. 表格法具有灵活、适用性强的优点

D. 横道图可借助计算机，大大提高速度

12. 用曲线法进行施工成本偏差分析时，在检测时间点上已完工作实际费用曲线与已完工作预算费用曲线的竖向距离表示（　　）。

A. 累计费用偏差　　B. 累计进度偏差

C. 局部进度偏差　　D. 局部费用偏差

13. 关于施工成本控制的说法，正确的是（　　）。

A. 施工成本管理体系由社会有关组织进行评审认证

B. 施工成本控制可分为事先控制、过程控制和事后控制

C. 管理行为控制程序是进行成本过程控制的重点

D. 管理行为控制程序是项目施工成本结果控制的主要内容

14. 下列建设工程项目风险中，属于经济与管理风险的是（　　）。

A. 事故防范措施和计划　　B. 工程物资

C. 引起火灾和爆炸的因素　　D. 承包方管理人员的能力

15. 按施工进度编制施工成本计划时，若所有工作均按照最早开始时间安排，则对项目目标控制的影响是（　　）。

A. 不能保证工程质量　　B. 有利于节约工程成本

C. 不利于节约资金贷款利息　　D. 有利于降低投资

16. 编制施工项目成本计划的关键是确定（　　）。

A. 预算成本　　B. 平均成本

C. 目标成本　　D. 实际成本

17. 建设工程项目施工过程中，投资的计划值和实际值的比较包括（　　）。

A. 工程概算与投资规划　　B. 工程预算与工程概算

C. 工程合同价与工程概算　　D. 工程结算与工程概算

18. 关于施工成本分析：①施工成本及成本信息；②选择成本分析方法；③分析成本形成原因；④进行成本数据处理；⑤确定成本结果。应遵循的步骤是（　　）。

A. ①→②→④→⑤→③　　B. ②→①→④→③→⑤

C. ②→③→①→⑤→④　　D. ①→③→②→④→⑤

19. 施工项目的专项成本分析中，“成本支出率”指标用于分析（　　）。

A. 工期成本　　B. 成本盈亏

C. 分部分项工程成本　　D. 资金成本

20. 下列成本计划指标中，属于质量指标的是（　　）。

A. 单位工程成本计划额　　B. 设计预算成本计划降低率

C. 设计预算成本计划降低额　　D. 材料计划成本额

21. 下列对成本管理各环节任务的理解，正确的是（　　）。

A. 施工成本管理是通过采取措施，把成本控制在计划范围内，并最大程度地节约成本

B. 施工成本考核是通过成本的归集和分配，计算施工项目的实际成本

C. 成本偏差的控制，分析是核心，纠偏是关键

D. 成本核算以成本降低额和成本降低率作为主要指标

22. 关于关键工作和关键线路的说法正确的是（　　）。

A. 关键线路上的工作全部是关键工作　　B. 关键工作不能在非关键线路上

C. 关键线路上不允许出现虚工作　　D. 关键线路上的工作总时差均为零

23. 根据《建设工程施工合同（示范文本）》，关于发包人书面通知更换不称职项目经理的说法，正确的是（　　）。

A. 承包人应在接到第二次更换通知后 14 天内更换项目经理

B. 承包人应在接到更换通知后 28 天内向发包人提出书面改进报告

C. 发包人要求更换项目经理的，承包人无须提供继任项目经理的证明文件

D. 发包人接收承包人提出的书面改进报告后，可不更换项目经理

24. 已知工作 F 有且仅有两项平行的紧后工作 G 和 H，工作 G 的最迟开始时间为第 12 天，最早开始时间为第 8 天，工作 H 的最迟完成时间为第 14 天，最早完成时间为第 12 天；工作 F 与工作 G、H 的时间间隔分别为 4 天和 5 天，则工作 F 的总时差为（　　）天。

A. 0　　B. 5　　C. 7　　D. 9

25. 某单代号网络计划如下图所示（单位：天），工作 5 的最迟完成时间是第（　　）天。

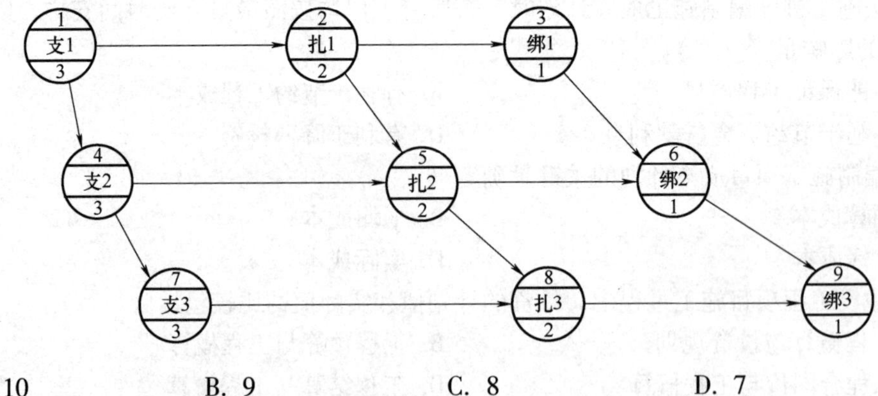

A. 10　　B. 9　　C. 8　　D. 7

26. 在工程网络计划中，关键工作指（　　）的工作。

A. 双代号网络计划中持续时间最长

B. 最迟完成时间与最早完成时间的差值最小

C. 总时差为零的工作

D. 双代号时标网络计划中无波形线

27. 关于风险对策的说法，正确的是（　　）。

A. 编制安全生产应急事故预案是生产者安全风险规避策略

B. 招标人要求中标人提交履约担保是招标人合同风险减轻策略

C. 承包商确定质量风险缺陷基金是承包商的质量风险自留策略

D. 依法进行招标、投标，慎重选择有资质、有能力的项目设计、施工、监理单位是招标人风险转移策略

28. 关于项目质量控制体系的说法，正确的是（　　）。

A. 项目质量控制体系需要第三方认证

B. 项目质量控制体系涉及项目实施过程所有的质量责任主体

C. 项目质量控制体系是一个永久性的质量管理体系

D. 项目质量控制体系既适用于特定项目的质量控制，也适用于企业的质量管理

29. 建立工程项目质量控制系统时，确定质量责任静态界面的依据是法律法规、合同条件和（　　）。

A. 设计与施工单位间的责任划分　　B. 质量管理的资源配置

C. 组织内部职能分工　　D. 质量控制协调制度

30. 基于数据和信息的分析和评价的决策，更有可能产生期望的结果，这是质量管理原则中（　　）的要求。

A. 以顾客为关注焦点　　B. 循证决策

C. 全员积极参与　　D. 关系管理

31. 下列质量控制工作中，事中质量控制的重点是（　　）。

A. 工序质量的控制　　B. 质量管理点的设置

C. 施工质量计划的编制　　D. 工序质量偏差的纠正

32. 下列质量管理的内容中，属于施工质量计划的基本内容的是（　　）。

A. 项目部的组织机构设置　　B. 质量控制点的控制要求

C. 工序质量偏差的纠正　　D. 施工质量体系的认证

33. 施工技术准备工作的质量控制包括（　　）。

A. 明确质量控制方法　　B. 计量控制

C. 测量控制　　D. 正确安装设置施工机械设备

34. 建设工程施工质量验收时，分部工程的划分一般按（　　）确定。

A. 施工工艺、设备类别　　B. 专业性质、工程部位

C. 专业类别、工程规模　　D. 材料种类、施工程序

35. 装配式混凝土建筑的预制构件的质量验收内容，下列说法错误的是（　　）。

A. 预制构件进场时应检查质量证明文件或质量验收记录

B. 不允许出现裂缝的预应力混凝土构件应进行承载力、挠度和抗裂检验

C. 允许出现裂缝的预应力混凝土构件应进行承载力、挠度和裂缝宽度检验

D. 对于不可单独使用的叠合板预制底板，应进行结构性能检验

36. 根据《职业健康安全管理体系要求及使用指南》的总体结构，属于“运行”要素内容的是（　　）。

A. 应急准备和响应　　　　B. 持续改进

C. 事件、不符合和纠正措施　　　　D. 监视、测量、分析和绩效评价

37. 关于施工企业职业健康安全与环境管理要求的说法，正确的是（　　）。

A. 取得安全生产许可证的施工企业，可以不设立安全生产管理机构

B. 分包单位不服从管理导致生产安全事故的，由总包单位承担主要责任

C. 工程竣工后，环保设施经监理单位验收合格后方可投入使用

D. 企业法定代表人是安全生产的第一负责人，项目经理是施工项目生产的主要负责人

38. 职业健康安全管理体系与环境管理体系的作业文件不包括（　　）。

A. 操作规程、管理规定　　　　B. 程序文件引用的表格

C. 绩效报告　　　　D. 监测活动准则

39. 关于安全生产教育培训的说法，正确的是（　　）。

A. 企业新员工按规定经过三级安全教育和实际操作训练后即可上岗

B. 项目级安全教育由企业安全生产管理部门负责人组织实施，安全员协助

C. 班组级安全教育由项目负责人组织实施，安全员协助

D. 企业安全教育培训包括对管理人员、特种作业人员和企业员工的安全教育

40. 关于施工安全技术措施要求的说法，正确的是（　　）。

A. 施工安全技术措施必须包括应急预案

B. 施工企业针对工程项目可编制统一的施工安全技术措施

C. 编制施工安全技术措施应与工程施工同步进行

D. 编制施工组织设计时必须包括专项安全施工技术方案

41. 工程施工质量事故的处理包括：①事故调查；②事故原因分析；③事故处理；④事故处理的鉴定验收；⑤制定事故处理方案。其正确的程序为（　　）。

A. ①→②→③→④→⑤　　　　B. ②→①→③→④→⑤

C. ②→①→⑤→③→④　　　　D. ①→②→⑤→③→④

42. 某房屋建筑拆除工程施工中，发生倒塌事故，造成12人重伤、6人死亡，根据《企业职工伤亡事故分类》，该事故属于（　　）。

A. 较大事故　　　　B. 特大伤亡事故

C. 重大事故　　　　D. 重大伤亡事故

43. 有关建设工程现场文明施工和环境保护的措施，正确的是（　　）。

A. 施工现场的围挡一律不得低于2.5m

B. 施工现场的道路必须实行混凝土硬化处理

C. 施工现场搅拌站废水经沉淀池沉淀合格后也不能用于工地洒水降尘

D. 施工过程中的场界环境噪声夜间限值为55dB（A）

44. 关于建设工程施工现场食堂卫生防疫要求的说法，正确的是（　　）。

A. 制作间灶台及周边应贴瓷砖高度不宜小于1.5m

B. 项目管理人员定期进入现场食堂的制作间进行卫生防疫检查

C. 食堂外应设置开放式泔水桶

D. 炊事人员必须持岗位技能证上岗

45. 下列关于合同谈判与签约的说法，错误的是（　　）。

A. 合同谈判中，经双方确认的工程内容和范围方面的修改或调整，以“合同补遗”或“会议纪要”方式体现

B. 合同计价方式是合同谈判的主要内容之一

C. 发承包双方开展合同谈判的时间是明确中标人并发出中标通知书后

D. 合同谈判时，承包人应力争以维修保函代替业主扣留的质量保证金

46. 根据《建设工程施工合同（示范文本）》，关于合同文件具有最优先解释权的是（　　）。

A. 专用合同条款　　B. 中标通知书

C. 技术标准和要求　　D. 投标函及其附录

47. 根据《建设工程施工合同（示范文本）》，关于施工承包合同中缺陷责任说法，正确的是（　　）。

A. 缺陷责任期最长不超过12个月，承包人维修并承担相应费用后，可免除对工程的损失赔偿责任

B. 缺陷责任期满，承包人仍应按合同约定的各部位保修年限承担保修义务

C. 因发包人原因导致工程无法按合同约定期限进行竣工验收的，缺陷责任期自竣工验收合格之日开始计算

D. 发包人未经竣工验收擅自使用工程的，缺陷责任期自承包人提交竣工验收申请报告之日开始计算

48. 根据《建设工程施工合同（示范文本）》，下列对进度条款的有关论述，错误的是（　　）。

A. 监理人应在计划开工日期7天前向承包人发出开工通知，工期自开工通知中载明的开工日期起计算

B. 因发包人原因造成监理人未能在计划开工日期之日起90天内发出开工通知的，承包人有权提出价格调整要求，但不能解除合同

C. 因承包人原因导致工期延误的，承包人支付逾期竣工违约金后，不免除继续完成工程及修补缺陷的义务

D. 工程经竣工验收合格的，实际竣工日期为承包人提交竣工验收申请报告之日

49. 根据《建设工程施工劳务分包合同（示范文本）》，必须由劳务分包人办理并支付保险费用的是（　　）。

A. 为租赁使用的施工机械设备办理保险

B. 为运至施工场地用于劳务施工的材料办理保险

C. 为施工场地内自有人员及第三方人员的生命财产办理保险

D. 为从事危险作业的职工办理意外伤害险

50. 下列关于建筑材料采购合同的主要内容，正确的是（　　）。

A. 建筑材料质量没有国家标准和行业标准的，由双方协商确定

B. 建筑材料价格属于国家定价但国家尚未定价的，由供需双方协商确定

C. 供货方送货的，以供货方按合同规定通知的提货日期为准

D. 验收方式有驻厂验收、提运验收、接运验收和入库验收等方式，入库验收是广泛采用的正式的验收方法

51. 关于工程保险的说法，正确的是（　　）。

A. 工程一切险要求投保人以项目法人的名义投保，国内工程开工前均要集中投保工程一切险

B. 人身意外伤害险由发包人和承包人共同投保

C. 第三方责任险一般附加在工程一切险中

D. 承包人设备保险的保险范围不包括准备用于永久工程的设备

52. 下列担保中，担保金额在担保有效期内逐步减少的是（　　）。

A. 投标担保　　B. 履约担保　　C. 支付担保　　D. 预付款担保

53. 在建设工程施工合同分析时，关于承包人任务的说法，正确的是（　　）。

A. 应明确承包人的合同标的

B. 工程变更补偿合同范围以合同金额的一定百分比表示时，百分比值越大，承包人的风险越小

C. 合同实施中，对工程师指令的变更，承办人必须无条件执行

D. 工程变更的索赔有效期越短，对承包人越有利

54. 下列建设工程施工合同跟踪的对象中，属于对业主跟踪的是（　　）。

A. 成本的增减　　B. 图纸的提供　　C. 施工的质量　　D. 分包人失误

55. 下列合同实施偏差分析的内容中，不属于合同实施趋势分析的是（　　）。

A. 总工期的延误　　B. 项目管理团队绩效奖惩

C. 总成本的超支　　D. 最终工程经济效益水平

56. 关于建筑市场诚信行为记录的说法，错误的是（　　）。

A. 不良行为记录信息公布期限最短不得少于3个月

B. 不良行为记录信息的公布期限一般为1年

C. 良好行为记录信息的公布期限一般为3年

D. 不良行为记录信息公布时间是行政处罚决定做出后7日内

57. 关于FIDIC《EPC交钥匙项目合同条件》特点的说法，正确的是（　　）。

A. 适用于承包商做绝大部分设计的工程项目，承包商要按照业主的要求进行设计、提供设备以及建造其他工程

B. 合同采用固定总价合同，只有在特定风险出现时才调整价格

C. 业主委派工程师管理合同，监督工程进度质量

D. 承包商承担的风险较小

58. 关于FIDIC施工合同条件中采用DAB（争端裁决委员会）方式解决争议的说法，正确的是（　　）。

A. 业主应按支付条件支付DAB报酬的70%

B. DAB提出的裁决具有终局性

C. 特聘争端裁决委员的任期与合同期限一致

D. DAB 可在项目开始时就介入项目

59. 关于项目信息门户的说法，下列正确的是（　　）。

A. 施工总承包方是项目信息门户的主持者

B. 项目信息门户建立和运行的理论基础是远程合作理论

C. 国际上项目信息门户的应用的主流是 PSWS 模式

D. 软件对信息门户的正常运行起着支撑作用

60. 下列项目管理工具中，服务于项目所有参与单位的是（　　）。

A. 管理信息系统　　B. 项目信息门户

C. 项目管理信息系统　　D. 设施管理信息系统

61. 承包商对工程的成本控制、进度控制、质量控制、合同管理和信息管理等管理工作进行编码的基础是（　　）。

A. 项目结构图　　B. 工作任务分工表

C. 管理职能分工表　　D. 工作流程图

62. 施工过程中，对于没有消耗定额的材料用量的控制，宜采用的方法是（　　）。

A. 指标控制　　B. 采购控制　　C. 定额控制　　D. 分包控制

63. 某工程双代号时标网络计划执行到第 4 周末和第 10 周末时，检查其实际进度如下图前锋线所示，检查结果表明（　　）。

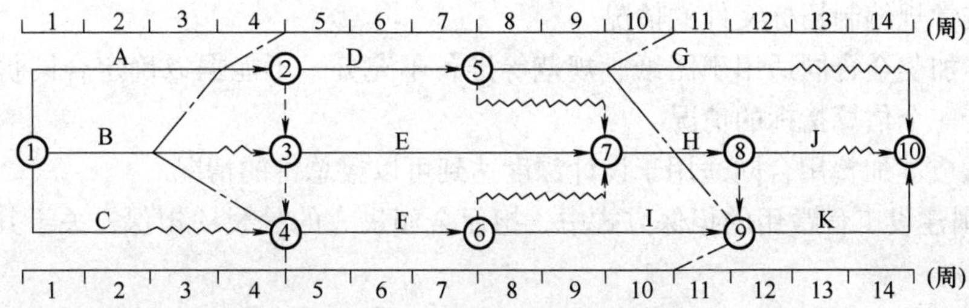

A. 第 4 周末检查时工作 B 拖后 1 周，但不影响总工期

B. 第 4 周末检查时工作 A 拖后 1 周，影响总工期 1 周

C. 第 10 周末检查时工作 G 拖后 1 周，影响总工期 1 周

D. 第 10 周末检查时工作 I 提前 1 周，可使总工期提前 1 周

64. 下列项目质量的影响因素中，属于管理环境因素的是（　　）。

A. 项目参建单位的质量管理制度　　B. 企业经营资质管理制度

C. 项目法人决策的理性化程度　　D. 经营者的经营管理理念

65. 下列施工现场质量检查中，属于实测法检查的是（　　）。

A. 超声波探伤、X 射线探伤

B. 用敲击工具检查地面砖铺贴的密实度

C. 用直尺检查地面的平整度

D. 内墙抹灰的大面及口角是否平直

66. 下列工程质量问题中，可不作处理的情况是（　　）。

A. 混凝土结构出现宽度不大于 0.3mm 的裂缝

B. 防洪堤坝填筑压实后，压实土干密度未达到规定值

C. 某一结构构件截面尺寸不足，但进行复核验算后能满足设计要求

D. 混凝土结构表面出现蜂窝、麻面

67. 根据《建设工程安全生产管理条例》，对达到一定规模的危险性较大的分部分项工程，正确的安全管理做法是（　　）。

A. 所有专项施工方案均应组织专家进行论证、审查

B. 施工单位应当编制专项施工方案，并附具安全验算结果

C. 专项施工方案应由企业法定代表人审批

D. 专项施工方案经现场工程师签字后即可实施

68. 根据《建设项目工程总承包合同（示范文本）》（GF-2020-0216），承包人的一般义务是（　）。

A. 编制设计、施工的组织和实施计划

B. 提供项目基础资料

C. 审查设计文件

D. 办理许可和批准

69. 关于成本加酬金合同的说法，错误的是（　　）。

A. 当设计深度达到可以报总价的深度时，适宜采用成本加奖金合同

B. 成本加固定比例费用合同适用于工程初期很难描述工作范围和性质，或工期紧迫无法按常规编制招标文件的情况

C. 成本加奖金合同适用于图纸、规范等准备不充分，不能据以确定合同价格，而仅能制定一个估算指标的情况

D. 最大成本加费用合同适用于设计深度达到可以报总价的情况

70. 我国建设工程常用的担保方式中，担保金额最大的是履约担保，关于其说法，正确的是（　　）。

A. 履约担保是为保证正确、合理使用发包人支付的预付款而提供的担保

B. 履约担保书由商业银行开具，金额在保证金的担保金额之内

C. 银行履约保函担保金额通常为合同金额的10%左右，建筑行业通常倾向于采用无条件的保函

D. 发包人累计扣除的质量保证金总额不得超过工程价款结算总额的3%

二、多项选择题（共30题，每题2分。每题的备选项中有2个或2个以上符合题意，至少有1个错项。错选，本题不得分；少选，所选的每个选项得0.5分）

71. 建设项目工程总承包方的项目管理目标包括（　　）。

A. 施工方的质量目标

B. 工程建设的安全管理目标

C. 项目的总投资目标

D. 工程总承包方的成本目标

E. 工程总承包方的进度目标

72. 根据《建筑施工组织设计规范》，以分部（分项）工程或专项工程为主要对象编制的施工方案，其主要内容包括（　　）。

A. 工程概况

B. 施工部署

C. 施工方法和工艺要求

D. 施工准备与资源配置计划

E. 施工总进度计划

73. 施工成本计划的编制方式有（　　）。

A. 按工程实施阶段编制施工成本计划

B. 按施工成本组成编制施工成本计划

C. 按施工质量编制施工成本计划

D. 按施工合同编制施工成本计划

E. 按施工项目结构编制施工成本计划

74. 关于成本核算方法的说法，正确的有（　　）。

A. 项目财务部门一般采用表格法进行成本核算

B. 表格核算法的基础是施工项目内部各环节的成本核算

C. 会计核算法科学严密，覆盖面较大

D. 会计核算法适用于工程项目内各岗位成本的责任核算

E. 表格核算法精度不高，覆盖面较小

75. 单位工程竣工成本分析的内容包括（　　）。

A. 专项成本分析　　B. 竣工成本分析

C. 成本总量构成比例分析　　D. 主要资源节超对比分析

E. 主要技术节约措施及经济效果分析

76. 与施工总承包模式相比，施工总承包管理模式的特点有（　　）。

A. 整个建设项目合同总额的确定较有依据

B. 多数情况下，由业主方与分包人直接签约，无须经过施工总承包管理单位的认可

C. 对业主节约投资较为有利

D. 对施工现场的总体管理与协调较为有利

E. 缩短建设周期，对进度控制较为有利

77. 根据《中华人民共和国劳动法》及有关规定，下列施工企业劳动用工管理的做法，正确的有（　　）。

A. 目前各级政府主管部门明令必须加强劳动用工管理的重点对象是所有建筑企业的用工

B. 施工企业应当每月对劳动者应得的工资进行核算，每季度末结清劳动者剩余工资

C. 建筑施工企业应当至少每月向劳动者支付一次工资，且应不低于当地最低工资水平

D. 自用工之日起按照劳动合同法规的规定订立书面劳动合同，劳动合同应一式两份

E. 建筑施工企业在办理和劳动者解除劳动合同的手续时，应一次性付清劳动者工资

78. 根据《建设工程监理规范》，工程建设监理实施细则应包括的内容有（　　）。

A. 监理的工作范围　　B. 专业工程的特点

C. 监理工作的流程　　D. 监理工作的控制要点及目标值

E. 监理工作的程序

79. 大型建设工程项目总进度纲要的主要内容包括（　　）。

A. 项目实施总体部署　　B. 项目施工方案的比选

C. 确定里程碑事件的计划进度目标　　D. 项目结构分析

E. 项目目标实现的条件和应采取的措施

80. 某双代号网络计划如下图所示，图中存在的绘图错误有（   ）。

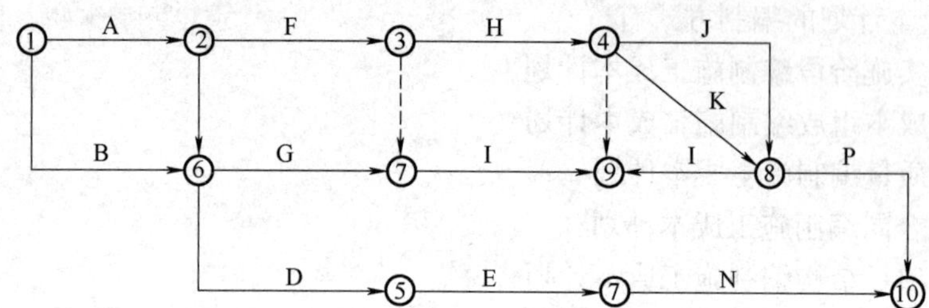

A. 多个终点节点
B. 节点编号重复
C. 两项工作有相同的节点编号
D. 有循环回路
E. 多个起点节点

81. 施工质量保证体系的运行，应按照计划-实施-检查-处置的循环方式展开控制，其各阶段的职能说法正确的有（   ）。

A. 计划职能包括确定质量目标和制定实现质量目标的行动方案两方面
B. 实施职能在于将质量的目标值，通过生产要素的投入、作业技术活动和产出过程，转换为质量的实际值
C. 检查指对计划实施过程进行的各种检查，包括作业者的自检、互检和专职管理者专检
D. 处置阶段的主要任务是对质量问题进行原因分析，采取措施予以纠正
E. 部署和交底属于计划职能

82. 关于企业质量管理体系的认证与监督，下列说法错误的有（   ）。

A. 建筑施工企业进行质量管理体系认证的程序包括维持和监督管理
B. 认证机构对企业质量管理体系维持情况的监督检查定期进行，定期检查通常为每年一次
C. 认证注销是企业自愿行为，当在认证证书有效期内出现体系认证标准变更的，企业可采取的行动是重新换证
D. 企业质量管理体系发生不符合认证要求的情况时，应撤销认证
E. 对企业在认证暂停规定期限内未整改的，应撤销其认证，撤销认证的企业三年后可重新提出认证申请

83. 必须实行监理的建设工程有（   ）。

A. 国家重点建设工程
B. 大中型公用事业工程
C. 住宅小区工程
D. 利用外国政府援助资金的工程
E. 利用国际组织贷款的工程

84. 下列可能导致施工质量事故发生的原因中，属于管理原因的有（   ）。

A. 质量控制不严
B. 操作人员技术素质差
C. 地质勘查过于疏略
D. 材料质量检验不严
E. 违章作业

85. 使用质量特性要因分析法时，应注意的事项有（   ）。

A. 分析时要充分发表意见，层层深入，排出1至5项最主要原因

B. 通常采用 QC 小组活动方式进行，以便集思广益，共同分析

C. QC 小组以外的人员不能参加，由 QC 小组组长最终确定分析结果

D. 根据管理需要和统计目的，分门别类收集数据

E. 一个质量特性或一个质量问题使用一张图分析

86. 工程质量管理常用的数理统计方法中，排列图方法可用于（　　）的数据状况描述。

A. 质量偏差　　B. 质量稳定程度

C. 质量缺陷　　D. 造成质量问题原因

E. 质量受控情况

87. 关于生产安全事故应急预案的说法，正确的有（　　）。

A. 应急预案体系包括综合应急预案、专项应急预案和现场处置方案

B. 编制目的是为了杜绝职业健康安全和环境事故的发生

C. 综合应急预案从总体上阐述应急的基本要求和程序

D. 专项应急预案是针对具体装置、场所或设施、岗位所制定的应急措施

E. 现场处置方案是针对具体事故类别、危险源和应急保障而制定的计划或方案

88. 某工程施工中，因基坑坍塌导致 10 人重伤、直接经济损失 550 万元。针对该起事故，下列表述正确的有（　　）。

A. 该事故属于较大事故

B. 负责该事故调查的人民政府应当自收到事故调查报告之日起 30 日内做出批复

C. 该事故应由事故发生地省级人民政府负责事故调查

D. 自该事故发生之日起，事故的调查报告应在 60 日以内提交

E. 按照负责事故调查的人民政府的批复，由事故发生单位对本单位负有事故责任的人员进行处理

89. 根据《生产安全事故报告和调查处理条例》（国务院令第 493 号），事故调查报告的内容主要有（　　）。

A. 事故发生单位概况

B. 事故发生经过和事故救援情况

C. 事故造成的人员伤亡和直接经济损失

D. 事故责任者的处理结果

E. 事故发生的原因和事故性质

90. 下列施工现场环境保护措施中，属于空气污染防治措施的有（　　）。

A. 指定专人定期清扫施工现场道路

B. 化学药品库内存放

C. 施工现场不得无故甩打模板

D. 工业茶炉采用电热水器

E. 使用封闭式容器处理高空废弃物

91. 关于建设工程施工现场环境保护措施和施工现场职业安全卫生要求的说法，错误的有（　　）。

A. 工地茶炉不得使用烧煤茶炉

B. 经无害化处理后的建筑废弃残渣用于土方回填

C. 施工现场设置符合规定的装置用于熔化沥青
D. 严格控制噪声作业，夜间作业时将噪声控制在 70dB（A）以下
E. 施工区必须配备开水炉

92. 关于建设工程施工招标标前会议的说法，正确的有（　　）。
A. 标前会议是招标人按投标须知在规定的时间、地点召开的会议
B. 招标人对问题的答复函件须注明问题来源
C. 招标人可以根据实际情况在标前会议上确定延长投标截止时间
D. 标前会议纪要与招标文件内容不一致时，应以招标文件为准
E. 标前会议结束后，招标人应将会议纪要用书面通知形式发给每一个获得招标文件的投标人

93. 关于工程招标信息的发布和修正，正确的说法有（　　）。
A. 自招标文件或资格预审文件出售之日起至停止出售之日止，最短不得少于 5 日
B. 必须招标项目的招标信息，在其他媒体转载时不需要注明信息来源
C. 招标公告只能在中国招标投标公共服务平台发布
D. 发布的招标信息应当由招标人或招标代理机构盖章，并由主要负责人签名
E. 招标信息修改或澄清的时限是招标文件要求提交投标文件截止时间的 15 日前

94. 根据《建设工程施工专业分包合同（示范文本）》，分包人的工作包括（　　）。
A. 履行并承担总包合同中与分包工程有关的所有义务
B. 向承包人提供详细的施工组织设计，向承包人提供工程进度计划及相应进度统计报表
C. 已竣工工程未交付承包人之前，负责已完分包工程的成品保护工作
D. 遵守政府规定，按规定办理相关手续并承担相应的费用
E. 按照合同约定的时间，完成规定的设计内容，并承担由此发生的费用

95. 建设周期一年半以上的工程项目，采用变动总价合同时，应考虑引起价格变化的因素有（　　）。
A. 银行利率的调整　　　　B. 材料费的上涨
C. 人工工资的上涨　　　　D. 国家政策改变引起的工程费用上涨
E. 设计变更引起的费用变化

96. 某分部工程的单代号网络计划如下图所示（单位：天），正确的有（　　）。

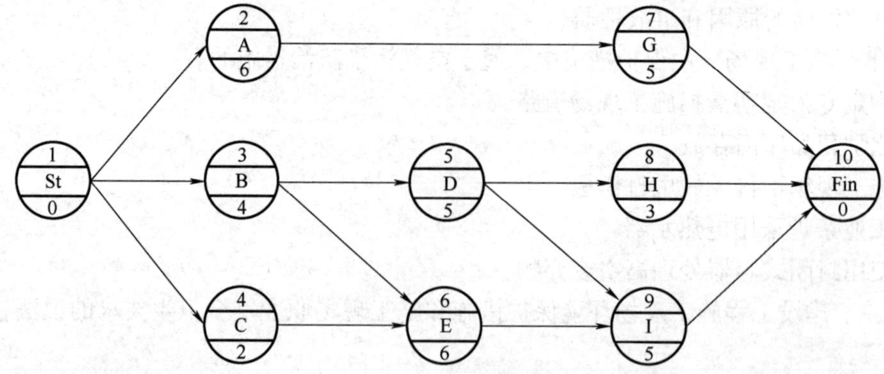

A. 计算工期为 15 天　　　　B. 有两条关键线路
C. 工作 H 的自由时差为 2 天　　　　D. 工作 G 的总时差和自由时差均为 4 天

E. 工作D和I之间的时间间隔为1天

97. 承包人向发包人提交的索赔文件，其内容包括（　　）。

A. 索赔意向通知　　B. 索赔证据

C. 索赔事件总述　　D. 索赔的论证

E. 索赔款项（或工期）计算书

98. 下列建设工程施工合同的风险中，属于管理风险的有（　　）。

A. 政府工作人员干预　　B. 环境调查不深入

C. 投标策略错误　　D. 汇率调整

E. 合同条款不严密

99. 工程项目分部工程质量验收合格的基本条件有（　　）。

A. 所含分项工程验收合格

B. 质量控制资料完整

C. 观感质量应符合要求

D. 主控项目的质量经抽样检验均应合格

E. 有关安全、节能、环境保护和主要使用功能的检验结果应符合相应规定

100. 质量管理方法中，直方图的分布区间宽窄取决于其质量特性统计数据的（　　）。

A. 平均值　　B. 中位数

C. 极差　　D. 标准偏差

E. 变异系数

参考答案

一、单项选择题

题号	1	2	3	4	5	6	7	8	9	10
答案	A	C	D	C	C	D	D	A	A	A
题号	11	12	13	14	15	16	17	18	19	20
答案	D	A	B	A	C	C	C	B	D	B
题号	21	22	23	24	25	26	27	28	29	30
答案	A	A	D	C	B	B	C	B	C	B
题号	31	32	33	34	35	36	37	38	39	40
答案	A	B	A	B	D	A	D	C	D	A
题号	41	42	43	44	45	46	47	48	49	50
答案	D	B	D	A	B	B	B	B	D	D
题号	51	52	53	54	55	56	57	58	59	60
答案	C	D	A	B	B	B	B	D	B	B
题号	61	62	63	64	65	66	67	68	69	70
答案	A	A	B	A	C	C	B	A	A	D

二、多项选择题

题号	71	72	73	74	75	76	77	78	79	80
答案	BCDE	ACD	ABE	BCE	BDE	ACE	BCE	BCD	AC	ABC
题号	81	82	83	84	85	86	87	88	89	90
答案	ABCD	ADE	ABDE	ADE	ABE	ACD	AC	ADE	ABCE	ADE
题号	91	92	93	94	95	96	97	98	99	100
答案	ABDE	ACE	ADE	ABC	BCD	ADE	BCDE	BCE	ABCE	AD